本书为国家社科基金教育学一般项目“以课堂教学转型为旨趣的中小学学习中心课堂建设的理论与行动研究”（项目编号 BHA120054）的成果

小学生学习活动研究丛书

丛书主编 / 张彦平

小学课堂学习活动设计与指导

——基于“学习中心”和“有效学习”的探讨

陈佑清　余国卿　熊甦烨　主编

華中師範大學出版社

新出图证（鄂）字 10 号
图书在版编目（CIP）数据

小学课堂学习活动设计与指导——基于“学习中心”和“有效教学”的探讨/陈佑清，余国卿，熊甦烨主编. —武汉：华中师范大学出版社，2016.10
（小学生学习活动研究丛书）
ISBN 978-7-5622-7568-8

Ⅰ.①小… Ⅱ.①陈… ②余… ③熊… Ⅲ.①课堂教学—教学设计—小学 Ⅳ.①G622.421

中国版本图书馆 CIP 数据核字（2016）第 235643 号

责任编辑：陈良军　　**封面设计**：胡　灿
责任校对：罗　艺
编　辑　室：幼教中心　　**电　　话**：027－67867317
出版发行：华中师范大学出版社有限责任公司
社址：湖北省武汉市珞喻路 152 号
电话：027－67863280/3426　　**邮购**：027－67861321
传真：027－67863291　　**邮编**：430079
网址：http://www.ccnupress.com　　**电子信箱**：press@mail.ccnu.edu.cn
印刷：武汉鑫昶文化有限公司　　**督印**：王兴平
字数：290 千字
开本：710mm×1000mm　1/16　　**印张**：20.5
版次：2016 年 10 月第 1 版　　**印次**：2016 年 10 月第 1 次印刷
定价：42.00 元

欢迎上网查询、购书

序　言

陈佑清

“小学生学习活动研究丛书”是崇仁寄宿学校承担的武汉市“十二五”规划重点课题“以优质教育为取向的小学生学习活动整体建构”研究成果的汇集，体现了该校多年校本研究的最新进展。

真心实意地投入教育科学研究，并借助教育科研促进教师成长和学校发展，是崇仁寄宿学校多年办学形成的传统和特色。我自1999年秋季进入崇仁寄宿学校与学校开展合作研究以来，亲身经历和见证了“科研兴校”“科研兴师”的理念在崇仁寄宿学校扎根和显效的过程。

崇仁寄宿学校的科研工作长期坚持不懈，主题鲜明。自“九五”以来的每个五年科研周期，一直以张扬学生和教师的主体性为研究主题，先后完成了武汉市教育科学规划“九五”重点课题“小学生主体意识和自主学习能力培养研究”、“十五”重点课题“小学教师自主选择和创造教育模式研究”、“十一五”重点课题“基于教育创造的小学教师主体性发展研究”等课题的研究。“十一五”课题结题之前，学校就开始筹划“十二五”课题研究的方向和内容。在全面反思过去几个五年的科研取向的基础上，尤其是“十五”、“十一五”关注教师主体性发展研究的基础上，学校决定将“十二五”课题研究重新回归到研究作为学生主体性表现和落实的主要方式的学习活动问题上。

研究小学生学习活动的整体建构，充分体现了新时期我国基础教育发展的新追求。新的历史时期，我国基础教育发展呈现出转型性变革的态势，突出的表现是：第一，教育价值取向的转变：以学生发展为本。区别于传统教育以知识掌握为本，我国新时期教育发展在价值取向上突出以学生的发展为本，而将知识学习当作是促进学生身心素质形成与完善的资源、手段。第二，教育实施过程的调整：以学生学习为中心。现代教育过程强调要把学生的学习作为教育过程的中心或本体，而将教师的教导当作是激发和促进学生能动、有效学习发生的条件或手段。以发展为本必然要求以学习为中心。第三，课程或学习内容的变革：实现学习活动的多样化。学生身心发展的全面程度与他们参与的学习活动的多样化程度之间呈正相关关系：单一、片面的学习活动会导致学生片面发展；学生全面发展需要在多样、丰富的学习活动中才能实现。

基于基础教育转型所形成的新的教育理念，围绕小学生学习活动的整体建构，该校的课题研究做了大量的具有探索意义的工作，并在如下问题上取得了重要的理论成果与实践成果。

(一) 揭示了小学生学习活动的总体特征及其设计和实施的基本原则

在对学生活动与学生发展之间关系认识的基础上，课题研究揭示出，促进小学生有效学习与发展的学习活动具有如下的特征：①能动性。学习活动的能动性包括学生能动地参与学习活动，并能动地完成对学习对象的加工和建构。②针对性。指学习活动与所要学习内容的特性、学生学情的特点、学习目标的要求、教学条件的可能是匹配的。③多样性。即与多样的教学目标、多样的教学内容、不同的教学条件相对应，学生的学习活动不是单一的而是多样化的。④选择性。即允许不同学情的学生在学习同样的内容时，可以选择不同的时长、频率和方式。

在如何设计小学生的学习活动和教师的教导活动方面，课题研究提炼出了相应的原则。其中，关于如何设计小学生的学习活动，提出应遵循“因境设学”的原则，即教师要按照有效教学的要求，统筹具体教学情境中学习目标实现的需要、学习内容的特性、学生学情的实际以及学习条件的可能，确定学习活动的类型，设计学习活动的流程，选择开展学习活动所必须的学习工具和资源。而教师教导活动设计应遵循的基本原则是“为学而教”，即依据引起和促进学生能动而有效地完成学习活动过程的需要，来选择和设计教师教导活动的种类及方式。

课题研究还提出了以学习为中心的教学过程组织和实施的原则，尤其是在处理教导行为与学习行为关系方面应体现的原则。总的原则是：“学为本体（学为目的），教为条件（教为手段）。”具体原则包括：在教什么和如何教的决策上，应“依学定教”；在教与学占据教学时空大小上，应“少教多学”；在教与学的先后顺序上，要依据具体情况采用“先教后学”、“先学后教”或“学教同时”；在教学效果的评价标准上，要“以学论教”。这些原则的建立，突破了传统的教学关系观仅仅在“主导—主体”层面把握教与学的关系的局限，深化和拓展了对于教与学关系的认识。

（二）具体探讨了小学生主要学习活动领域的学习活动设计和实施的策略

首先，提出了对于小学生学习活动领域或类型的新认识。课题研究将小学生学习活动的基本领域划分为课堂学习活动、班级学习活动、社团学习活动、社会实践学习活动四个方面。这种理解在理论上有重要的突破，它将小学生的学习从“课堂学习”和“书本知识学习”拓展为在多种空间（课堂、专用教室、操场、现场、社会生活）中学习和以多种事物为对象的学习（符号学习、操作学习、交往学习、观察学习、实践学习），形成了一种全面、立体的学习观。基于这种学习观组织小学生的学习过程，能真正促进小学生的全面发展。

其次，深入、具体地探讨了各个领域学习活动的设计及其指导策略。在课堂学习活动方面，依据影响小学生学习活动选择的主要因素，分别研究了不同教学目标、特定教学内容、不同学生学情和具体教学条件下的学习活动的设计问题，并探讨了促进学习活动有效进行的导向自学、导思互学、导练悟学、导评拓学等指导策略；在班级学习活动方面，将小学生的学习活动划分为班级民主管理中的参与性活动、学习小组建设中的协同性活动、特色教育中的体验性活动和班级日常生活中的交往活动，并深入地探讨了每类活动的具体内容设计和过程组织的策略；在社团学习活动方面，研究了社团管理中的交往学习、技能练习中的操作性学习、专题知识中的研究性学习、活动策划中的创编性学习、成果展示中的表现性学习等学习形式的组织和实施的策略。

上述研究成果的取得，是该校领导、教师在教育科研方面付出大量的时间和精力的结果，也深刻地体现了他们对优质教育执着追求的教育情怀、探索精神和实践智慧。

综观崇仁寄宿学校这些年来的科研历程，我们会形成一个整体观感。

该校的教育科学研究既顺应了我国教育发展的潮流，也切合学校自身发展的实际，并能保持连续一贯。正是通过这种持续的、深耕细作式的研究，使得该校教师的科研意识不断强化、科研能力不断提高，最终促进教师在职业学习和专业发展方面产生了质变，一批又一批的教师通过教育科研脱颖而出，成长为具有研究气质的名师，如市、区优秀青年教师、学科带头人、特级教师等。

本丛书的出版，既展示了崇仁寄宿学校在“十二五”期间的教育科研成果，也体现了该校长期坚持的科研兴师、科研兴校的办学风格。我相信，它的出版对于国内怀有超越志向和探索兴趣的学校及教师具有特别的启发和借鉴意义。

（作者系华中师范大学教育学院教授、博士生导师，华中师范大学中小学发展研究中心主任、课程与教学研究所所长，全国教学论专业委员会副理事长）

目　录

第一部分

研究历程

崇仁寄宿学校“十二五”课题子课题一“课堂教学中学习活动的设计与教学组织策略的研究”经历了五年的研究，按照研究方案的预设，我们在研究内容的落实、研究目标的达成上基本完成各项任务。

在课题组专家的指导下，课题组开展各种研究活动，提出了“伙伴学习课堂”的理念，将力量集中于课堂，用“伙伴理念”引领课堂，运用六大策略深入推进子课题一的研究。

策略一：进行了学生主动学习能力评估调查。对七个实验班级从五个层面对学生的主动学习情况进行前测。

策略二：聚焦了三个问题。围绕“学生自学意识与自学能力的培养、学习小组的建设、学习活动的设计”三项问题开展深入研究，累积案例。

策略三：进行课例研究。在本校和分校语文、数学、英语、美术、体育、音乐等学科中进行了课例研究，实验班级与实验教师起到了研究引路作用，驻校专家深入课堂进行指导。

策略四：典型教师引路推进研究。对典型实验教师汪亭的六（4）班进行了个案解读与分析，全校老师开展“汪亭的班，汪亭的课”的学习与讨论，将教师的成功经验及时推广。

策略五：提炼归纳“伙伴学习”课堂教学模式。引领教师们进一步深入开展研究，并在实施中不断丰富完善。

策略六：提炼了案例归纳的“八项”格式。使每次课堂案例研究能够按照科研的规范形成典型案例，便于老师分享和学校集结出版。

我们在实践中的探索并非一帆风顺，其间经历了多次观念的碰撞与反复。

早在2011年11月，数学老师牛振华、美术老师韦文艳、语文老师王晓红在专家指导下开始了课例研究，他们在阶梯教室展示了《数字编码》、《农民画》和《梅花魂》。她们尝试“先学后教、小组合作”的方式来组织教学。这三节课有明显的变化，学生参与面更广，积极性更高。但效能不够，学生自学和合作学习的能力有待提高。

此后我们对研究方案做了调整，并选定了实验班级和教师。

2012年5月，俞秋明老师的四（6）班开始了新的尝试。俞老师设计了导学案，让学生自主学习与练习，主动质疑与答疑。可是，40分钟的课上了1个多小时，教学远不能达到目的，因为学生提出的问题五花八门，层次不一，教师不知如何梳理各种问题，自然难达目的。课堂上学生确实是一改被动的状态，纷纷行动起来，可上课的情境真叫乱糟糟一片。导学案、自学单实验起来并不是想象中的轻松和容易。

2012年7月，学校向全体教师推荐了佐藤学的《学校的挑战》、陈佑清教授的《教学论新编》。带着实践中的困惑，老师们在假期里阅读、思考，什么是真正的学习？如何设计合适的学习活动？怎样才能让有效的学习发生在每个孩子身上？

2012年9月，我们把视角投向学生，研究学生，和学生一起座谈：你们是怎么阅读一篇课文的？面对一个例题，你怎样理解怎样思考？你在课堂上喜欢参与什么样的学习活动？并在此基础上开展众多的课例研究。尹其丽、黄玲、倪敏、唐静、陈静上高年级语文研究课；王晓红、陈元钧、王俊、何芳上低年级语文研究课；胡雯、黄英、牛振华、蓝燕、江黎上数学研究课；马丽、郑丽、黄芳、李丹和外教上英语研究课；韦文艳、祝昭琼上美术研究课；张飞、徐翌、王翎上体育和音乐研究课……

每一位老师的研究课都是一次艰辛的跋涉，每一次研究都凝聚着课题组和专家组的心血和智慧，这其中有很多故事和波折，其中有些课例的研究过程具有节点价值，值得回顾。

2013年3月，推出了汪亭老师的《青海湖，梦幻般的湖》一课，专家组全部到场指导。此课很好地解决了学生自学效能的问题，汪亭老师自创的“六字诀”及语文阅读教学第一课时学生的自学及合作学习的展示非常成功。此次课例研究极大地鼓舞了我们的信心，也提出了后续需要研究的问题：第二课时如何上？文本特点如何兼顾？

2013年4月，再次推出了汪亭老师和黄玲老师的同课异构《童年的小花狗》，这次着重解决语文阅读教学第二课时的困惑，即如何在第二课时落实自学和合作学习。两位老师的课取得了很大的成功，学生的深度自学与合作学习的活动安排及指导策略已见雏形。

2013年10月，全国整体改革专业委员会湖北协作体的年会在硚口区召开，我校多位教师要在体育馆小学展示我们的伙伴课堂。李雪芳老师的数学课与李丹老师的英语课的研究过程颇有意义。李雪芳老师执教三年级数学“同分母加减法”，她按照课题组的研究思路，在三（5）班试教，效果很好，可是到体育馆小学试教，根本无法推进。因为学生没有小组建设，也没有自学、合作学习的相关基础，这让我们不得不调整学习活动设计，也让我们再次审视学情在学习活动中的重要意义。李丹老师执教英语“food”一课，她与外教Brain之间合作愉快，在学校的课例研究中得到了高度评价，充分考虑到了合理利用小组引发每一名学生积极参与到英语单词的识记、理解和运用中，可是这样的课被没有参与到我校科研的专家批评得一无是处。这主要是不同教学观念的冲突，让我们在思考学习活动设计时更加重视学科特点，重视对传统课堂教学精华的继承与发扬。

2013年11月，音乐组王玲老师执教音乐欣赏课《圆舞曲》，她先后在5个班里执教，王老师在与专家组会谈后，非常不愿意在音乐欣赏中让学生进行合作讨论，她说这样冲淡了音乐课那浓郁的艺术感觉。这其中的探索，让我们意识到，不同学科，不同内容的教学，学生学习活动的安排必须得有切合性。

2014年3月，武汉市教科院对我校课堂教学进行调研，汪亭老师执教的六年级语文课《我的小桃树》得到了专家的高度认可。这节课旨在研究如何在一节课时间内整合传统课堂教学一、二课时的内容，让基于课前自学的语文教学减负增效。这又是一次超越，吸引了众多的老师来观摩，连窗外都站满了人。学生的表现折服了所有听课的教师，大家无不为课堂变革的成效所佩服。

2014年5月16日，湖北省健康课堂课题组在我校召开全省的课堂教学现场会。这是一次全面的成果发布，既有28位老师展示了伙伴课堂，还有汪亭老师的个案研究专辑《汪亭的班，汪亭的课》的文稿，《长江日报》以《在蝶变中成长的伙伴精灵》为题长篇报道了汪亭老师的改革经验。会后《光明日报》、《中国教育报》、《湖北教育》都对我校的课堂教学变革做了报道。

2014年6月，胡雯老师在硚口区小学数学年会上执教六年级数学课《有趣的平衡》。这节课是我校数学学科课堂变革的一个典型成果，学生思维活跃，自学互学，是一节具有革命意义的现代数学课。

……

课堂研究的故事难以穷尽。

除了课例研究之外，还伴随着很多的变革，就连教室内桌椅的摆放也是几经曲折。2012年9月，黄玲等老师将50多个人的一个大集体，分成了10来个4个人的小集体，孩子们组成了一个个学习小组，唐静老师的三（2）班四人一组，陈元钧老师的二（8）班六人一组，五（4）班语数老师一起动脑筋把14个小组拼进了不大的教室。在不同教师的班上，桌椅摆放方式各有不同，有四人小组摆放的，有一半小组，一半秧田式摆放的；有经历了小组摆放、还原、再拉成小组如此反复的。

研究就有收获，坚持就有成效。在改革的进程中，我们做了不少的总结、提炼。2013年1月，学校提出了“伙伴学习课堂”模式，引领广大教师们展开尝试。

2013年12月，形成《课题研究行动指南》，全校推广研究成果。

2014年4月，开展“六（4）班的一天”个案研究，把该班率先取得的课堂改革成效向全校发布和观摩。

2015年5月，崇仁寄宿学校以年级组、学科组为单位的“十二五”科研博览会陆续展开成果发布会。语文组、数学组、并开组相继进行了不同年级、不同学科的科研成果发布，教师们的智慧、学生们的灵动、专家的倾情指导使此次博览会发布精彩纷呈。通过这次科博会成果展示与发布，促进了教师研究某一类具有典型特征的教材文本的课堂学习活动，老师梳理总结了一类课型的教学模式，从而使“为学而教，不教之学”的伙伴学习活动变革在课堂中真实的发生，并能在每一节课中生根，发芽，真正的让每一个孩子受益终身。

回眸往昔，一路走来，颇多感慨。对照方案，则又战战兢兢，因为我们还有很多的事情需要继续努力，甚至需要留待后日。

第二部分

理论追寻

一、如何理解学习活动

（一）何谓学习活动

一般而言，活动是指人运用一定的工具（实物工具或符号性的工具），作用于一定对象以实现某种目的的过程。

学习活动是指学生主动地对某种学习对象（自然、他人或社会、精神文化）进行外部操作（身体活动）和内部操作（心理活动），以达到某种学习目的的过程。或者简单地说，学生的学习活动，是指学生为促进自身身心发展而参与的身体的、心理的以及身心统一的各种活动。其中，外部操作（外部活动）和内部操作（内部活动）是构成学习活动的两个具有相对独立性的部分，它们各有自身的表现形式。

外部活动：人以自身之外某种事物为对象，且需要运用某种身体器官动作才能完成的活动。包括：操作活动，如身体运动或器官动作（体育活动、舞蹈、唱歌、戏剧表演）、动手操作（如制作、实验、绘画、演奏、雕塑等）；交往活动，如人际互动、对话、讨论；符号活动，如听说读写、看电视、上网等；观察活动，如参观、旅游、视察等。

内部活动：人以自身大脑中的观念、形象为对象，借助语言或数理逻辑等符号性的工具而在脑内进行的思维操作、信息加工、感受体验等活动。如注意、记忆、思维（分析、综合、抽象、概括、推理、想象、选择、判断）、建构、反思，以及对信息加工过程进行调节控制的动机、情感、意志等活动。

身体活动与心理活动虽然具有相对独立性，但在小学生的学习中，学习活动很多时候是身心统一或手脑并用的。通常的情况是，外部身体活动是为辅助、带动学生内部心理活动服务的。

（二）活动的构成要素

活动涉及的基本要素有：活动目的（活动任务）、活动主体（单个主体、合作主体）、活动客体（对象）、活动工具（手段）、活动过程（方式、方法、策略、程序）、活动的时空。分析、评价或设计学习活动，主要是从上述活动的构成要素入手。比如，在小学生“测量操场的边长”、“动手制作汽车模型”这两种活动中，其对应的活动目的（活动任务）、活动主体、活动客体、活动工具、活动过程、活动的时空是不完全一样的。

（三）研究小学学习活动应关注的主要问题

所有的学习都要通过一定的活动才能实现。从这个角度讲，学习活动是一个很普通且非常普遍的活动。无论你是否有意去研究它，只要有学习发生，就一定会有相应的活动存在。小学生学习的状态是由他参与的活动状态决定的，不同的活动导致不同的学习过程与结果。在传统教学中，小学生的学习不是没有参与活动，而是参与的活动的状态存在问题，主要表现在，小学生学习活动存在被动、单一、无针对性（低效）、不能选择等问题。

现代教学因为在价值取向上强调以学生的发展为本，在过程上突出有效教学，所以对学生学习活动的主动性、多样性、针对性和选择性提出了很高要求。因此，我们研究学习活动时，主要应关注小学生学习活动的主动性、多样性、针对性和选择性等问题。

二、促进学生全面、有效发展的学习活动的特征

学习行为与学习结果及效率之间存在直接的相关性和对应性。因此，学习行为是影响有效教学的直接控制变量。那么，什么样的学习行为才能真正促进学生全面、有效发展呢？我们认为，实现有效教学的学习行为具有如下特征（见表 2-1）：

表 2-1 实现有效教学的学习行为的主要特征

学习行为特征表现	学习行为特征的内涵
学习行为的能动性	主动参与学习过程并积极进行内部信息加工
学习行为的针对性	与教学的目标、内容、学情、条件是匹配的
学习行为的多样性	采用与多样的学习任务相适应的多种行为
学习行为的选择性	学生可根据自己的学情进行学习行为选择

(一) 学习行为的能动性

学生主动参与学习过程是有效教学最重要的前提条件。从外部观察，“主动参与”代表学生的一种积极、投入、专注的学习状态，这种学习状态因为有外部的行为或表情表现，因此可以被他人观察到；从内部心理活动来看，“主动参与”表现为学生在头脑中积极主动、全神贯注地对学习对象进行思考、加工、建构和体验，以达到对知识的消化吸收或内化，并最终转化为自身的素质。

我国近年来出现的典型的教学改革经验也证明，学生在课堂教学中的主动参与是教学取得成功和有效的先决条件，如洋思中学、杜郎口中学的“以学为本”、“先学后教”的课堂教学改革经验，其核心和精要之处在于，它们采取了一些特殊的策略，落实了学生在课堂学习中的能动性。

一位记者综合若干专家和参观者的意见，把杜郎口的课堂归纳为三个印象，其中第一个印象是：“杜郎口的教学真正体现了学生的主体意识，极大地调动了学生学习的积极性和主观能动性。……整个教学活动中，全是学生主动在‘动’：主动讨论、主动解答、主动展示、主动检查、主动加强……虽然教师也在教室里，但教师的活动仅限于课堂开始时布置学习任务，随时解答学生主动提出的问题，再有便是对于学生展示分析说明过程中出现的问题，比如不清晰、不准确、不透彻的地方，进行简单的提示、指导。杜郎口中学真正把课堂还给了学生，也做到了学习是学生自己的事。这样的境界，他们的教师不再是课堂的主宰者，而是课堂活动的引领者、组织者、帮助者，而实施和策划其实是学生自己完成的。”①

---

① 李炳亭. 杜郎口“旋风”[M]. 济南：山东文艺出版社，2006：86-87.

在杜郎口中学的课堂中，学生表现出的主动参与、大胆表现、激情四溢的精神状态，引起很多参观者震惊。一位考察过杜郎口中学的专家认为："杜郎口的课堂真正属于学生。如果从参与面、参与主动性、参与程度、参与条件等多个维度分若干档次看学生的主体参与度，杜郎口都在高档位。"①

(二) 学习行为的针对性

有效的学习行为应是有针对性的学习行为。所谓有针对性的学习行为，即适宜的学习行为，这种行为是针对了影响学习行为的基本要素的实际情况而设计和选择的，如符合学习目标实现的需要、切合所学内容的特性、基于学生的学情（现有学习基础及其对应的学习可能性）、适合的教学条件（学习行为所要求的时空及物质条件）提供的可能等。当学生能动、积极地参与到学习过程之中，并且所运用的学习行为是有针对性的，这样的学习行为一定会产生相应的学习结果和效率，即具有有效性。反之，如果学生的学习行为是缺少针对性的，即未能反映教学目标、教学内容、学生学情、教学条件等要素中某一项要素的特性和实际，这种学习行为就会是无效的。

陶行知先生提出的"教学做合一"的思想，实际上揭示了学习行为与教导行为的针对性的问题，即应按照如何将事情做好的要求去选择对应的学习行为和教导行为。他说："事怎样做就怎样学，怎样学就怎样教，教的法子要根据学的法子，学的法子要根据做的法子……比如种田这件事，是要在田里做的，便须在田里学，在田里教。游水也是如此。游水是在水里做的事，便须在水里学，在水里教。"②

(三) 学习行为的多样性

多样性是由针对性派生出来的特性。因为，在一节课或一个单元的教学中，学习目标的多面性，学习内容的多样性、学情的差异性、教学条件的变化等，导致有针对性的学习行为必然是多样性的。另外，为了活跃课

---

① 蒋敦杰．杜郎口中学印象（上）[J]．基础教育课程，2010（6）：34-35．

② 中央教育科学研究所编．陶行知教育文选［M］．北京：教育科学出版社，1981：77．

堂气氛、吸引学生注意力，也要设计多样性的学习行为。

比如，有效教学所追求的发展目标的多面性，要求学生要综合运用多种行为进行学习，才能实现全面发展的目标。因为，活动与发展之间存在相关对应性。不同的学习行为具有不同的发展功能，同时也有其局限性①。以接受性的学习行为为例，这种行为比较有利于学生在有限的时间内高效率地掌握知识，但它不利于学生独立主动地学习，也难于让学生以探究的方式学习并促进学生探究能力的发展；相反，探究性学习行为则特别有助于培养学生探究、发现的意识和能力，但对于学生高效率的掌握知识而言，它就不是一种好的学习行为。由于一堂课的教学一般不是仅仅追求实现一个方面的目标，而要同时落实知识与技能、过程与方法、情感态度与价值观等多个维度的目标，因此，在一堂课中，教师应设计与教学目标相匹配的多种学习行为。

改革开放以来，我国中小学课堂的形态发生了很多的变化。其中，有一种变化是：从过去的“满堂讲”，到后来的“满堂问”，再到现在的“满堂讨”。在这种课堂形态的变化中，学生的学习行为分别从“满堂听”到“满堂答”再到“满堂交流”。“满堂听”、“满堂答”、“满堂交流”的学习行为存在的突出问题是什么，这个问题值得教育工作者深思和探讨。

（四）学习行为的选择性

这是从学生的角度来看的。基于已有生活经验、知识基础及思维方式等方面的差异，同一个班级中不同的学生在面对同样的学习目标、学习内容、学习条件时，其采取的学习行为也是有差异的。因此，应允许不同的学生选择不同的学习行为，包括不同类型和方式的行为、不同时间运用这种行为、不同频次或时长地使用这种行为，等等。在大班教学中，教师面向全班学生上课，最容易产生的问题是，讲课的内容、方式、速度、难度等，只可能针对班级中某部分学生的实际和需求，而难于照顾到全体学生。因此，增强学生对学习行为的选择性，是提高教学面对全班学生的有效性的重要条件。

---

① 陈佑清．论活动与发展之间的相关对应性［J］．教育研究，2005（2）：77-82.

国外主要通过“能力分组”的方式解决教学适应学生个别差异的问题。所谓能力分组，就是指“将能力相似的学生组成一个群体并且尝试用不同的教学手段来匹配不同群体的教学需要的方式”。在小学阶段，能力分组通常采取三种形式：班际分组，即将同年级不同班中成绩相近的学生分在一起学习；班内分组，即在某个学科的教学中，将学习基础不同的学生编排成不同的学习小组；跨年级分组，指将不同年级相近的学生组织在一起学习某个学科①。

国内总体上不太关注基于学生个别差异的学习行为的选择问题。目前仅有少数学校和教师采用“分层教学”的方式解决这个问题。最常见的做法是，教师在布置作业时，设置不同层次（难度）的作业，要求不同水平的学生选做层次不同的作业。而在听课或学习的阶段仍然实施的是同步教学。

三、学习活动的类型

活动的存在形态可以说是无限多样的。因此需要从多个角度，把握学生学习活动的类型。

（一）从活动目的或活动任务来看

从活动的目的或发展目标来看：有知识掌握活动、技能训练活动、情感熏陶活动、习惯养成活动、能力培养活动等。按目标划分活动类型一般突出活动的最终结果或意义，一般不指明具体的动作。

从活动完成的任务来看有预习、上课、复习、作业、交流、课外活动等。按任务划分活动类型，比较具体，一般要指明活动的具体动作。

从活动所实现的功能或最终追求的目的来看有学习活动、工作活动、娱乐休闲活动、志愿活动、有偿服务活动，等等。

---

① ［美］保罗·埃根，唐·考查克. 教育心理学：课堂之窗［M］. 郑日昌，主译. 6版. 北京：北京大学出版社，2009：137-138.

(二) 从活动主体来看

有个体活动、小组活动（团队活动）、班级活动、校级活动。

(三) 从活动动作发生的身体器官部位来看

有与动耳、动口、动眼、动手、动身、动脑对应的听、说、读、写、看、问；思考（猜、想象、推理、分析、综合、评价、计算）、感受、体验；动手操作、全身动作（如角色扮演）等活动。

其中，听、说、读、写、思、问等活动属于符号性的活动。

(四) 从活动对象来看

从活动对象的形态来分，有符号活动、操作活动、交往活动、观察活动、反思活动，以及综合性的实践活动。

所谓符号学习，是指学习者以记录在一定媒体（印刷媒体或电子媒体）中的，以文字、图像、声音等符号的形式记录的文化科学知识作为对象的学习。符号学习活动有多种具体的体现形式，如听讲、阅读、写作、说话（答问）、看电视、上网，等等。在学校教育中，最常见的符号学习是书本知识学习。

操作学习是指学习者以某种实际的事物为对象，并通过一定的外部身体动作作用于该事物。操作学习主要在两种形式的活动中展开，一种是工具性的操作活动，它以物质性的工具作用于实际事物，比如实验、制作、劳动、游戏、雕塑、绘画、器乐演奏等；另一种是身体器官活动，其特征是，学习者以自身身体器官动作为操作对象，如唱歌、跳舞、戏剧表演、各种体育活动等。

交往学习是指学习者以他人为对象，通过与他人的对话、交流、互动而展开学习过程。交往学习主要有两种具体的体现形式。一种是讨论学习，在讨论学习中，不同的学习者围绕共同的话题，通过对话、交流展开学习的过程，每一个学习者在参与讨论中获得自身的学习和发展；另一种是合作学习，在这种交往学习中，学习者之间通过分工和协作组成学习团队，共同完成某种学习任务，合作学习不以单个学习者的学习成绩而是以学习小组的总体表现作为对学习考评的依据。

观察学习最初是由美国心理学家班杜拉提出来的。其含义是指个体以旁观者的身份，观察他人的行为表现（自己不必实地参与活动），即可获得学习。观察学习亦称替代学习，其主要特征是：它以学习者对实际事物、他人或情境的感知或观察为特征，其活动的方式是感知和观察，而不是人际互动（对话）、动手操作或直接作用于文字符号。

在反思学习中，学习者以自身生活经历、经验或自身身心结构为对象，以反身性的自我观察、分析、评价、改造、修炼等方式进行学习。反思学习在对象上与符号学习、操作学习、交往学习、观察学习均不同，它不以外在的东西为学习对象。当然在后面这些学习方式中，可能同时包含着反思学习的成分，或者说，反思学习依附于这些学习方式而存在。但是，随着学习者生活阅历的丰富及自我意识水平的提高，反思学习在一定程度上可以相对独立地存在。

在小学语文教学中，常见的操作学习类型有：①有感情地朗读（要求控制发音器官并有表情动作）；②角色表演（适用于侧重人物言行和表情描写的故事、童话、寓言、课本剧、口语交际等课文）；③实验演示（适用于科学小品文如《乌鸦喝水》、《曹冲称象》）；④艺术活动（唱歌、画画、跳舞）。

在数学教学中，常见的操作学习类型有：①画图（线段图、几何图等），将文字表达的数量或空间关系转化为直观图画，以辅助数学思维，如在数学中的分数问题、行程问题、差倍问题及几何问题等；②列表，用于如“鸡兔同笼”、“烙饼”等问题的解决；③测量，测量物体的几何尺寸、质量、温度等；④实验，如求证“三角形内角和”、“测算圆周率”等；⑤学具运用，指运用各种学具（小棒、三角板、圆规、纸片及其他实物）进行各种操作（摆弄、折叠、剪、制作）；⑥模型制作，如制作几何模型、数学学具等。

（五）从活动手段来看

徒手活动：没有外在的工具，展现的是自身身体器官的动作。如体操、太极拳、舞蹈；听、说、读、看。

工具活动：如学具操作、制作、实验、网络学习（借助现代信息技术手段的学习）。

（六）从活动方式来看

参与活动的方式：主要是指学习者与学习对象接触的方式。如独立与合作，主动与被动，直接（直接与对象接触，即体验性的活动）与间接（经由符号或媒体接触对象）。

信息加工的方式：指学习者在大脑中对信息进行加工的方式。如接受与探究，分析思维与直觉思维，发散思维与聚合思维，常规思维与创造思维，动作思维、形象思维与逻辑思维，等等。

（七）从活动的时空来看

以时间不同命名的活动：课堂活动、课外活动，课时教学活动、单元教学活动、学期教学活动；假期活动，开始上课时的活动（激发动机、创设情境、复习检查等）、上课结束时的活动（知识总结、引导学生反思、作业布置等）。

以空间不同区别的活动：教室活动、实验室活动、操场活动、家庭活动、现场活动。

（八）从活动的综合程度来分

单一活动：具有单一的对象或明确的动作结构。如做饭、制作、实验、打球等。

综合活动：由多种单一活动构成的活动。在综合活动中，为了实现某种学习目标或完成某种学习任务，将多种形式的活动组合在一起。如社区服务、社会调查、社会实践、数学建模、课题研究、文艺表演，等等。

在一堂课上，实际看到的单一活动很少，更多的是综合性的活动。课堂中的活动总体状态呈现出的是由多种活动构成的活动流。

四、学习活动与教导活动的设计

(一) 有效教学的分析模型①

有效教学是通过相应的教学行为及其过程实现的。有效教学实质上是关注“教学行为”是否有效的教学。对教学行为有效性的分析是理解有效教学的关键，也是设计、提高教学有效性的操作策略的“抓手”。因为，只有教学行为才能产生教学效果，教师素质及其他影响教学行为的因素（如教学目标、内容、条件等），只有通过转化为教学行为设计才能产生教学效果，它们自身不能直接产生教学效果。那么，什么样的教学行为才能产生理想的教学效果？应该根据什么来选择和设计这种教学行为？这是研究有效教学的过程要考虑的核心问题。

有效教学的教学过程是一个什么样的过程呢？从总体上来看，有效教学的过程是一个通过选择和实施适宜（有针对性）的教与学的行为，以实现预期学习结果和效率的过程；而适宜（有针对性）的教与学的行为是教师基于自身的教学观念与能力，对教学行为的主要制约因素（教学的目标、内容、条件、学情等）的实际情况进行分析而选择和设计的。因此，可以提出如下有效教学的分析模型（见图 2-1）：

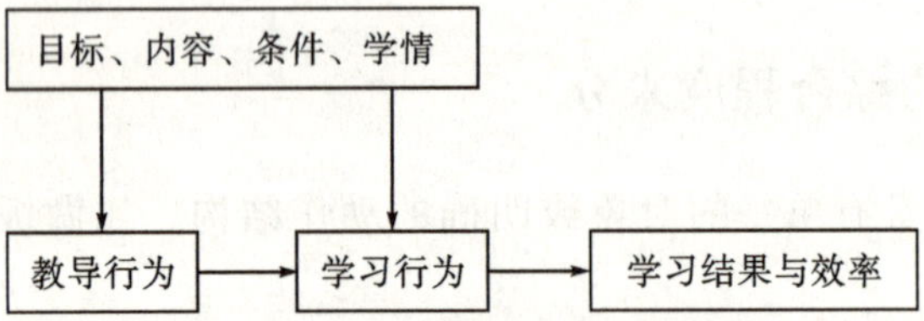

图 2-1　有效教学的分析模型

从上述分析框架中可以看出，虽然影响有效教学的变量众多，但最为直接的影响变量有三类，其他变量都是通过作用于这三类变量而间接地影

① 详见陈佑清. 论有效教学的分析模型 [J]. 课程·教材·教法，2012 (11)：3-9.

响教学的有效性。

1. 学习的结果与效率

教学是否有效，最根本的是看教学过程所导致的学生学习与发展的状态，其中主要是看学生学习所实现的结果与效率的状态。学习结果与效率是标示教学过程有效性高低或好坏的最为显要和根本的指标。可以将其称为衡量有效教学的效果（指结果与效率的统一）变量。

2. 教导行为与学习行为

教、学行为是直接影响教学有效性的控制性变量，因为学习的效果与效率直接源于教导行为与学习行为的作用。但它们是有层次差别的，其中，学习行为是影响学习结果与效率的直接控制变量，而教导行为则通过作用于学习行为而影响学习的结果与效率，因而是影响学习效果与效率的间接控制变量。

3. 教学目标、教学内容、学生学情与教学条件

它们构成教导与学习行为选择的基础性或前提性变量，是影响教、学行为选择的客观制约因素，因而成为解释教学行为选择及其实施是否适宜或有针对性，即是否有效的前提性变量。

可见，影响有效教学的变量是有层次区别的。其中，既有因变量（教学效果），也有自变量（教学行为），还有影响自变量的前提变量（教学的目标、内容、条件及学生学情）。理解这些变量的内涵及其相互之间的作用关系是把握有效教学的分析模型的关键。

（二）学习活动与教导活动设计的逻辑

1. 学习活动设计的逻辑

教学目标、教学内容、学生学情及教学条件等，是影响教学行为尤其是影响学习行为选择、设计和实施的主要因素，也因此成为解释某种教学行为有效性高低以及何以有效的主要原因（背景）变量。因此，教学行为相对于教学目标、内容、学情、条件而言的针对性、相关性、适宜性，直接决定学习的效果的好坏与效率的高低。教学行为选择和组织的核心问题是，教师按照实现特定的学习效果和效率的要求，依据影响学习行为的主要变量，对学生的学习行为进行选择和组织（见表 2-2）。

表 2-2 依据主要教学背景变量的特征设计学习行为的要求

教学背景变量类型	学习行为设计要求
教学目标	符合欲实现的学习目标的需要
教学内容	与教学内容的特性和结构是匹配的
学生学情	适应学生的学情特点及个别差异
教学条件	与教学的时间、空间、物质条件是相宜的

(1) 教学目标与学习行为。学习行为是为实现教学目标服务的。而特定的教学目标需要以特定的行为去实现；或者说，特定的学习行为具有特定的发展功能。学习行为与教学目标之间存在相关对应性。泰勒（R. Tyler）认为："为了达到某一目标，学生必须具有使他有机会实践这个目标所隐含的那种行为的经验。"比如，假如教育目标之一是培养解决问题的技能，那么除非提供的学习经验使学生有充分的机会去解决问题，否则就无法达到这个目标①。

为了让学生在真实的体验中感受父母养育孩子的艰辛与不易，李老师设计了一个护蛋和写护蛋日记的活动。做法是：要求学生带一个生鸡蛋在身上，精心呵护一周，无论上学、玩耍还是睡觉，都要将鸡蛋放在身边，精心照顾它。并要求学生每天写护蛋日记，发到校园网的班级主页上。教师每天要在鸡蛋上签名，以督促学生精心照顾鸡蛋（防止有学生碰坏了鸡蛋又换一个新的鸡蛋）。让活泼好动的小学生照顾生鸡蛋一周，其中的麻烦对小学生而言是一个极大的挑战，需要他们付出艰辛的努力。

这次活动结束的时候，李老师组织了一次集体交流和讨论，笔者参加了这次讨论。在讨论中，同学们一起回顾了照顾鸡蛋七天的过程，并共同分享大家的护蛋日记。在交流讨论中，我们看到了一些学生对自己父母的重新认识和态度的变化。比如，一个学生流着眼泪说："过去我不知道做父母养育孩子的艰难，我的妈妈身体不好，但是我很任性，老是让妈妈生气，

① ［美］泰勒. 课程与教学的基本原理［M］. 施良方，译. 北京：人民教育出版社，1994：51.

让她很伤心。这次照顾鸡蛋让我体会到，养育孩子要付出很大的耐心和辛苦。今后我再也不让妈妈生气了。”另一个学生谈道：“我的爸爸、妈妈都下岗了，家里比较穷，但我经常向爸妈要钱买零食和玩具，我太对不起爸爸妈妈了。”①

点评：很多人经常用说教的方法培养孩子理解和尊重父母的情感，结果不但不能奏效，相反可能引起孩子的反感或厌烦。以护蛋这样的体验性活动去唤起孩子对父母养育自己艰辛的理解，培养孩子关心父母的情感，是非常贴切和有效的。

(2) 教学内容与学习行为。教学内容是学生学习的对象。特定的教学内容需要通过特定的学习行为去加工、处理和吸收，教学内容与学习行为之间也存在着相关对应性。比如，数学知识同语文知识在知识的特性、知识的结构上具有明显的差异性，正如“数学是清清楚楚一条线，语文是模模糊糊一大片”的说法所揭示的。因此，语文学习更多的要求运用阅读积累、体验感悟的学习行为，而数学学习则强调清晰的概念界定和严密的逻辑推理的学习方式。同样是语文知识，其中不同类型或板块的知识，如识字写字、阅读教学、写作教学、口语交际等，它们的特性和结构是不同的，因此所要求的学习行为也存在差异。

在我国，小学语文教师在上阅读课时，一般都注重让学生多读书，表现在课堂中让学生读书的频率很高、时间较长、方式多样。试问多读书的学习行为是否对于所有文体的语文教学都是合适的？

(3) 学生学情与学习行为。学生是学习行为的主体。因此，学生的现有知识基础、生活经验、思维能力、学习动机等，会显著地影响学生到底会使用何种行为学习才是有效的。比如，当学生不具备相应的知识基础或分析加工能力时，他就很难用有意义的接受学习的方式学习，因为这种学习方式要求学生头脑中已经具备相关的认知结构，他才能同化吸收外来的知识。再比如，如果学生已经具有一定的生活经验时，就可以启发学生通

① 选自武汉市育才小学李莉老师设计的“感悟亲情语文学习活动”//小学个性教育研究文集. 2005：89-93.

过反思自身的行为经验而产生相应的体验；相反，当缺少相应的生活经验时，那么就需要运用动手操作、实地观察等学习行为先获得经验，然后才可能引发学生产生体验。

小学《数学》实验教材第3册（人民教育出版社2002年版）在介绍排列组合的知识时，内容分别是以这样的几个问题呈现的：

（1）用1、2能排成几个两位数，用1、2、3呢？

（2）每两个人握一次手，一共握几次手？

（3）有1角、2角、5角的钱币，要买一个5角的拼音本，有几种付钱的方式？

另外，还有以“猜一猜”、“做一做”的形式出现的四个问题。

一位教师在设计教案时没有照本宣科，而是巧妙地用三个小朋友到郊外城堡探秘的情境故事，将这些问题串在一起。具体设计是：

三个小朋友在去探宝的路上，首先遇到的是前后两道城门，密码分别是以1、2两个数和1、2、3中的两个数组成的，猜中密码后才能通行；解开这两个密码后，三个孩子非常高兴，两两相互握手庆贺；然后继续往前走，走得口渴了，要买饮料喝，饮料5元钱一瓶，三个孩子分别用不同的方式付钱①。

点评：在这种设计中，运用到郊外城堡探秘的故事情节，将需要学生完成的学习任务渗透其中，原本枯燥的排列组合知识的学习在这种设计中变得很有趣。小学生一般都很喜欢完成惊险刺激、富有神秘感的行为活动。这种教学设计典型地反映了基于小学生年龄特征选择学习行为的特征。

（4）教学条件与学习行为。学习行为需要运用一定的工具、手段、设备才能展开，且总是在一定的时间、空间条件下发生。因此，学习行为的选择和设计除了要考虑学习的目标、内容、学情等变量以外，还需要考虑学习行为所发生的时间、空间、工具、设备等条件。比如，在配备有多媒体的教室，教师可以让学生观看视频来学习地理知识；而在一个仅有黑板

① 案例引自武汉市崇仁寄宿学校廖玉兰、张璐老师的教学设计。

的教室，教师就只能让学生以听讲、看书的方式学习。

在我国，中小学教师在备课时，一般注重“备学生、备教材、备教法”，但很多教师不太注意“备条件”。突出表现有二：一是，有些教师很少研究本次课的内容到底有多长的教学时间可用？所设计的教学活动需要多大的教室？需要运用哪些设备？二是，也有不少教师不考虑依据教学目标、教学内容和学生学情的实际应该选用的教学活动的要求，去创造相应的教学时空条件和设备条件，而是简单地以“有什么条件办什么事”的思维，即从现有的条件出发去设计和选用相应的学习行为。

因此，选择与设计学习行为，要统筹教学目标实现的需要、教学内容的特性、学生学情的实际以及教学条件的可能，综合权衡来确定。

2. 教导活动的设计

相比于学习行为，教导行为是实现有效教学的间接控制变量。之所以如此，是由教导与学习之间的关系决定的。首先，从在教学过程中发挥的功能或作用来看，两者的关系是：教导行为是引起、促进学生学习行为产生和有效推进的条件（手段），因而是教学活动中的条件性活动（手段性活动）；而学生能动、有效地展开学习过程则是教导行为追求的本体（目的），因而是教学过程中的本体性活动（目的性活动）。其次，从在教学过程中的功能差异、时空占用多少、评价标准等方面来看，有效教学要求：以学为本、少教多学、以学定教。

那么，针对实际的教学情境，应该如何选择和设计具体的教导行为呢？由于教导的功能是引起学生能动地参与学习活动并促进学生有效地展开学习活动的过程，因此，教导行为的选择和设计应遵循的基本原理是“为学而教”，即依据引起和促进学生能动而有效地完成学习活动的过程的需要，来设计与选择教导行为。

假定教学目标是要培养学生的操作技能，那么学生的学习行为最好是动手操作，对应地，教师的教导就只能选择对学生的动手操作进行指导的行为，如动作示范、方法指导、过程反馈等，而不应以讲授为主；如若教学目标是要培养学生情感态度，那么最有针对性的学习行为是体验性的学习行为（如现场感受、动手操作、亲身经历等），对应地，教导行为主要应采用情境创设、指导操作、组织学生获得经历并进行反思等。

对于提高教学的有效性而言，教导行为的多样性是一个重要的问题。因为教导行为的对象是学生的学习行为，其目的在于引起学生能动地参与学习和促进学生有效地开展学习，因此，教导行为的具体方式要根据教导所意在引起和促进的学习行为的种类来确定，而后者又是由教学目标实现的需要、教学内容的特性、学生的学情及教学条件所综合决定的。因此，教导行为不仅仅是直接讲授，更多地可能是对学生的学习能动性的激发和调动，学习方法或策略的指导，思维或活动过程的示范，学习过程与结果的反馈、激励，学习疑难的点拨、指导，学习过程的组织、管理，以及与学生之间的交流、互动，等等。而且，不同教学目标的实现需要运用不同的学习行为，因此要求教师以不同的教导行为去指导、帮助、促进学生产生该种学习行为。

由此看来，整个教学行为选择和设计的逻辑是：首先，统筹教学目标的实现需要、教学内容的特性、学生学情的实际和教学条件的可能，选择和设计学生的学习行为；然后，根据学生学习行为的能动、有效展开的要求，选择和设计相应的教导行为，以引起学生能动地参与学习，并促进学生有效开展学习的过程。对于"为学而教"，陶行知先生有过精辟论述："事怎样做就怎样学，怎样学就怎样教，教的法子要根据学的法子，学的法子要根据做的法子。"①

五、以学习活动为中心的教学过程的组织

教学过程通常表现为一种有时间先后顺序且具有逻辑联系的教学活动序列。设计教学过程，就是要选择教导活动与学习活动的种类并将它们进行组织，以形成具有某种功能的教学活动序列。

(一) 教导行为与学习行为关系处理

除了选择和设计学习与教导行为以外，教学过程的组织要面对的一个关键问题是，要处理教导行为与学习行为之间的关系。在以学习活动为中

① 陶行知. 陶行知教育文选［M］. 北京：教育科学出版社，1981：77.

心的教学过程的设计中，处置教导与学习之间的关系应遵循如下原则：

1. 总体原则

学习中心课堂处理教导行为与学习行为的关系要坚持的总体原则是，“学为本体（学为目的），教为条件（教为手段）”。这是由教学过程中教导与学习之间的功能关系决定的。也就是说，在教学过程的安排或组织中，无论是什么时候，也不论采用什么样的教导行为和学习行为，都要使学生的能动、有效的学习行为成为整个教学过程中的本体性或目的性的行为；而使教导行为成为引起学生学习行为能动地发生和有效地推进的条件性或手段性的行为。

2. 具体原则

上述总体原则在教学过程组织的不同方面有不同的表现或要求，这些要求因而成为教学过程设计应该坚持的具体的原则。

（1）依学定教。在教什么及如何教等教导问题的决策上，教学过程的组织应“依学定教”。即要依据学生现有学习基础和学习需求，决定教师教什么（内容）及如何教（难度、速度、方式、时机、时长等）。

（2）少教多学。在教导行为和学习行为各应占据的教学时间和空间的大小上，教学过程的组织应尽可能体现“少教多学”。即在安排教学过程时，尽可能要减少教师教导尤其是讲授式的教导的时间，这样才能为学生在课堂上独立、主动的学习提供更多的时间和空间。

（3）先教后学或先学后教。在教导行为与学习行为的先后次序安排上，既可以采取“先教后学”，也可以采取“先学后教”。“先教后学”主要运用在如下的时机或活动上：激发学生学习的动机；呈现教学的目标或要求；教学活动的组织（什么时候干什么）；学习方法的指导；等等。“先学后教”主要运用于：对具体知识的讲解讲授；对学习过程的反馈评价；对学习的辅导答疑；对学习结果的检查与总结；等等。

（4）以学论教。在评价教学效果的标准上，应“以学论教”。即应以学生参与学习过程的状态（是否能动、积极和全身心投入）及其实现的学习效果（是否实现预期效果并有较高的效率）来评价整个教学过程组织的优劣、好坏。

（二）教学活动流程安排

一堂课或一个单元的教学过程是由诸多的教导活动和学习活动构成的，教学过程因此成为教学活动流程。教学过程设计也因此需要对教学活动的流程进行设计。

1. 影响教学流程设计的主要变量

（1）所要实现的教学目标。特定的教学流程，是为实现特定的教学目标服务的。不存在一种可以实现所有教学目标的流程。因此，在设计教学流程时，必须明确教学目标是什么。如果教学目标是学习知识，赫尔巴特的教学流程或凯洛夫的教学流程比较合适；如果教学目标是培养学生的研究能力，杜威的教学流程比较合适。

（2）对学习机制的理解。任何一种成熟的教学流程，都是基于设计者对学习机制（或学习心理）的理解而设计出来的。如赫尔巴特以其观念心理学为基础，提出教学流程是由"明了、联想、系统、方法"四个环节构成。加涅也是依据认知加工的八个步骤，提出由与之对应的九大教学事件构成的教学流程。

（3）教学活动的类别。教学流程是由教学活动构成的，因此，选择不同的教与学的活动，就组成不同的教学流程。

比如，学习"乘法的交换律"，教师可以运用如下两种不同的流程：一种是，教师可以先讲"乘法的交换律"的含义，然后通过若干算式验证，最后得出结论：$a\times b=b\times a$。另一种是，教师将学生分为两组，并分别让其计算交换了乘数位置的两组乘法题；然后让学生观察、比较两组同学的算式和得数，看能发现什么；让学生表达自己的发现，教师适机纠正；最后得出结论：$a\times b=b\times a$。显然，这两种做法由于选择的教学活动的类别不同，因此呈现出不同的教学流程。

2. 教学流程的分类设计

由于教学流程受多种因素的影响，因此，教师实际运用的教学流程是多种多样的。以下着重从教学目标、课型、教学内容三个方面，讨论教学流程的分类设计。当然，此处所设计的都是基本的流程，具体运用时需作灵活的变通。

（1）实现不同目标的教学流程。由于教学活动是为实现一定的教学目标服务的，因此不同的教学目标，所需要的教学活动不同，其活动流程也不一样（见表 2-3）。

表 2-3　实现不同目标的教学流程

教学目标	基本教学流程
陈述性知识	激发动机、感知教材、学习新知、总结巩固、布置作业
动作技能	激发动机、教师示范、讲解要领、进行练习、展示反馈
情感、态度	激发动机、创设情境、体验感悟、交流提升、反思总结
探究能力	创设情境、发现问题、深入探究、得出结论、应用检验

（2）不同课型的教学流程。课型一般是根据一节课完成教学任务的不同来划分的。如果一节课只完成单一的某项任务，那这种课就叫单一课，如新授课、技能课、复习课等。如果一节课要完成多个任务，既要传授新知识，又要复习，还要做练习等，那这种课就叫综合课。不同的课型，教学流程不一样（见表 2-4）。

表 2-4　不同课型的教学流程

课型	基本教学流程
综合课	复习导入、感知教材、理解教材、巩固小结、布置作业
新授课	激发动机、明确目标、讲授新课、进行小结、布置作业
技能课	动作示范、讲解要领、模仿练习、独立训练、进行展示
复习课	激发动机、提出要求、系统整理、练习反馈、检测评价

（3）不同内容的教学流程。不同学科内容的教学，所需要的教学流程不一样。比如，语文教学一般要突出阅读、积累、感悟、反思、交流的活动，而数学需要强调精确的分析理解、严密的逻辑推理和大量的练习训练等活动，因此两者的教学流程会有很大的区别。即使是同一学科中不同板块的内容，其教学流程也会存在差异。比如，语文中的识字、写字、阅读、作文、口语交际等的教学流程就不一样；数学中的数与代数、空间与几何、统计与概率、综合与实践等的教学流程也不相同。以下案例表明，即使同属阅读教学，古诗词的教学流程与散文的教学流程也会有差异。

一位小学语文教师通过总结小学古诗词教学的经验，提炼出小学高年级古诗词教学的基本流程：情境引入，激发兴趣；读通字句，感知质疑；想象阅读，进入意境；感情诵读，体悟意境；熟读欣赏，背诵记忆①。显然，该流程突出了诵读活动在古诗词教学中的作用。

另一位语文特级教师在成功执教小学中高年段“借物喻人”类课文（如《白杨》、《落花生》、《高粱情》、《桃花心木》）的基础上，通过对这类课文的内容结构和描写手法的共性特征的分析，发现这类借物性写人性（人的情感、态度、志向或某种品质）的课文，可以运用以下流程进行教学：初读质疑，循文解物；精读细品，悟情明理；交流碰撞，相互感染；概括提示，把握哲理②。

① 陈佑清，谈宇贤．校本研究个案透视——武汉市崇仁寄宿学校教师建模案例集［M］．武汉：湖北教育出版社，2005：147-149．

② 陈佑清，谈宇贤．校本研究个案透视——武汉市崇仁寄宿学校教师建模案例集［M］．武汉：湖北教育出版社，2005：136-140．

第三部分

实践探索

一、基于影响学习效果因素的学习活动设计

在学校“十二五”课题“以优质教育为取向的小学生学习活动整体建构”的指导思想下，子课题一“课堂教学中学习活动设计与指导策略研究”按照研究方案有计划地推进研究工作，其中重点突破有效教学分析模型中提及的影响学习效果的前提变量和自变量，也就是教学目标、教学内容、学生学情、教学条件以及教学行为与学习活动设计及指导之间的关系。我们在实践研究中用课例研究法，在一个个具体的课例研究中去发现、归纳基于教学目标、教学内容、学生学情和教学条件而设计具有促进学生学习行为能动性、针对性、多样性和选择性的学习活动及其指导策略的一些基本规律。这些实践探索已经悄悄改变了学校的课堂常态，学习中心课堂已经成为我校全体师生共同追求并努力践行的一种课堂形态。探索的过程也是一个发展的过程，也有一些曲折和矛盾，所以在展示研究历程的文稿中，有许多不完善、不尽科学之处，但这是教师行走的轨迹，我们尽量原汁原味呈现。

（一）教学目标与学习活动设计

◈教学课例

鸡兔同笼

学科：数学　　　年级：四年级　　　执教者：蓝燕

一、教材解读

（1）本节内容是九年义务教材六年制四年级下学期“数学广角”中的学习内容，属于数学思考板块。“鸡兔同笼”问题是我国民间广为流传的数学趣题，最早出现在《孙子算经》中。教材安排“鸡兔同笼”问题，主要是通过列表法和假设法的形式呈现的。一方面可以培养学生的逻辑推理能

力；另一方面使学生体会代数方法的一般性。

（2）注重体现解决“鸡兔同笼”问题的不同思路和方法。《孙子算经》中原题的数据较大，通过化繁为简的思想，教材在例 1 中从数据较小的问题入手，让学生尝试解决，探索出解决该类问题的一般方法后，再解决《孙子算经》中数据较大的原题。在阅读材料中也介绍了一种古人常用的解决该类问题的方法，让学生感受古人巧妙的解题思路。这课主要通过独立思考、小组交流等学习活动，用列表法解决生活中的实际问题，让学生体会解决问题的一般策略——列表。

（3）拓宽对“鸡兔同笼”问题的认识，明确其在生活中的应用。列表法符合学生的认知特点，是知识源于生活的一种体现，为学生联系生活进行数学教学提供了很好的材料。教材在“做一做”和练习中安排了类似的一些习题，比如“龟鹤”问题，生活中的一些实际问题等，让学生进一步体会到这类问题在日常生活中的应用，并巩固用所学方法解决该类问题。

二、学情分析

（1）四年级的学生已经有了一定的解决问题的能力和准确计算的基础，有一定的判断、分析、比较、推理的能力。但这里关键的是让学生经历猜测—尝试—调整的过程，体会解决问题的一般策略——列表，提高学生解决问题的能力。

（2）在日常的学习生活中，学生比较容易找到解决问题的策略。

（3）学生的思维活跃，敢想，敢说，有一定的伙伴学习经验。

三、目标定位

（1）在解决鸡兔同笼的问题活动中，通过列表尝试和不断调整的过程中体会解决问题的一般策略——列表。

（2）运用学到的解题策略——列表，解决生活中的实际问题。培养学生分析问题的能力，渗透假设的数学思想。

（3）进一步丰富学生数学学习的成功体验，激发学生对数学学习的好奇心，进一步形成积极参与数学活动、主动与他人合作交流的意识。

四、教学条件评估

（1）教学时间：1 课时。

（2）教学设备：多媒体投影仪、台式电脑。

五、自学设计（无）

六、教学过程设计（见表 3-1）

表 3-1 《鸡兔同笼》教学过程设计表

教学过程		
学生活动	教师活动	设计意图
活动 1： 1. 已知什么信息？求什么？还有补充吗？明确隐藏信息。 2. 与大家说一说你的想法。 预设：不会做、假设法、一个一个地试，鸡兔同笼问题……	倾听、演示、补充问题，出示课题。	明确本课的学习重点。
活动 2：用列表法解决问题 1. 学生独立完成列表。 2. 伙伴交流。 3. 观察、分析所列的表，你还发现了什么？（头的总数不变；鸡的只数减少 1 只，兔的只数增加 1 只，脚的总数就增加 2 只） 4. 小结：列表法。	巡视、倾听、引导。	通过交流，让不同层次的孩子都参与问题的研究，知道怎么列表。
活动 3：《孙子算经》中的鸡兔同笼问题 1. 你能解决这个问题吗？ 2. 学生独立列表完成。 3. 学生提出困惑：遇到什么问题？ 4. 伙伴讨论解决：你们是怎么解决的？ 5. 学生再次列表完成此题。	点评、组织讨论，将学生的结论在黑板上展示，让学生比较分析，知道如何猜测—尝试—调整。	通过点评肯定学生合作小组有组织，学习中有思考，有收获。通过探索，使每位学生明晰如何猜测—尝试—调整。
活动 4：回顾与反思 1. 列表法解决这类问题。 2. 猜测—尝试—调整。	演板、点评。	在总结环节联系课前困惑和问题引导学生回顾本节课活动过程，为学生在观察、比较、分析、探究问题过程奠定基本活动经验。
活动 5：运用列表，解决问题	倾听、点评。	通过汇报点评，使学生进一步明确运用规律解决问题。

续表

教学过程	
板书设计	鸡兔同笼 列　表 猜　测 尝　试 调　整
家庭作业	练习题 1、2、3

七、教学反思

在《鸡兔同笼》一课的教学设计和教学过程中，我以帮助积累数学基本活动经验为主线，围绕怎样列表展开教学。为学生提供独立思考、伙伴合作探究、展示交流的时间和空间。让学生经历了自己列表、自己发现问题、自己解决问题的过程。

1. 创设了极富人文性的教学情境

托尔斯泰说过："成功的教学所需要的不是强制，而是激发学生的学习兴趣。"而一个良好的教学情境，不仅有利于激发学生的学习兴趣，更有利于促进学生积极主动地开展探究。因此开课时直奔例题，明确题意后，由学生直接提出解决问题的方案，"假设法"、"用方程解"、"一个一个地试"——列表，老师介绍完后这节课的主要学习——列表法后，学生独自尝试用列表法解答例题。

学生展示自己的表格时，让其他学生自己谈谈对展示同学所列的表的想法时，学生不仅能指出同学的列表中的问题，而且还能从正面肯定同学哪些地方是正确的。正是在这种人文的气氛中有学生居然说道：鸡 8 只，兔 0 只，脚 16 只，离题目中脚 26 只有点远，所以我想，兔 8 只，鸡 0 只，脚 32 只，接近题目中的 26 只……还有学生提出了直接想：鸡 4 只，兔 4 只，脚24 只……为后续学习做了铺垫。

2. 给予了充足的探究、思考的时间与空间

在本课的教学活动中为学生创设充足的探究、思考的时间与空间。到了关键处让学生自己静静思考，寻找解决问题的方法。让学生加强了对各种列表方法的对比、深挖学生的思维空间。让学生经历猜测—尝试—调整

的过程，体会解决问题的一般策略——列表。

3. 构建了“鸡兔同笼”问题的知识模型

例题的表格观察比较，学生明确了总只数不变，鸡的只数，兔的只数，脚的总数三者之间的关系。通过《孙子算经》趣题的列表，把学习过程层层推进，把静态的知识转化成动态的过程，让学生在思考、讨论中逐步构建并完善自己的知识体系。在脚的总数多了，说明兔多了，兔的只数就往少调整……在学生的脑海中牢固地构建起“鸡兔同笼”问题的数学模型。

4. 充分调动了学生学习的主动性

每节课的“高效”，能否变为孩子一生的“长效”，是值得我们思考的。这节课定位是学生自己提出问题，自己解决问题，自主发现规律。带着这种思考，放慢学生的探索过程，把时间留给了学生体验、发现，而不是过多的练习。例题部分学生自己列表、展示，自己评价，自己去发现规律。学生自己解决《孙子算经》趣题后，让学生自己提出疑惑的问题，有学生说，一个一个地列表太麻烦了！这时，还是让学生与自己的小伙伴讨论如何解决这个问题，让学生自己提出解决问题的方法，调动每位学生学习的主动性。

本节中也存在很多不足，学生动态生成的资源教师还没有充分利用。在例题的学习中，有学生提出：鸡 8 只，兔 0 只，脚 16 只，这一步可以不要。这时可让学生讨论这个问题，为学生迅速列表做铺垫。《孙子算经》趣题，学生提出一个一个地列表太麻烦了。教师可以让学生讨论怎么解决这个问题，看哪个伙伴小组用列表法解决问题的方案最多，让每位学生参与到探究过程中！

糖果仙子舞曲

学科：音乐　　年级：二年级　　执教者：王翎

一、教材解读

管弦乐《糖果仙子舞曲》——选自芭蕾舞剧《胡桃夹子》。舞剧四 G 大调，四二拍，开始由弦乐拨奏四小节引子，然后，钢片琴在提琴轻轻拨弦的伴奏下，奏出虚幻的第一主题。这时，低音单簧管用快速的下行音引出低沉的持续音与之相呼应，并形成对比。

二、学情分析

(1) 二年级的学生聆听习惯已基本形成，对于音乐的欣赏仍处于形象化思维，表现音乐的能力较弱。节奏音准的训练只可在潜移默化的欣赏与律动中感受与表达。

(2) 两年的奥尔夫音乐活动的训练让学生基本懂得如何在音乐中有序地活动。所以，本节课必须是进行过奥尔夫音乐训练过的学生才能顺利的完成。

(3) 拓宽音乐及音乐作品的相关文化是本节课甚至是整个学科长久教学中的一项任务。所以，我们会注重学生以往对音乐家及音乐作品的了解程度。在讲述故事中回忆或唤起他们对音乐文化的新的理解。

三、目标定位

(1) 引导学生感受体验乐曲轻快活泼的情绪。

(2) 引导学生聆听、感受音乐的情绪色彩。了解钢片琴的音色。用简单的芭蕾动作表现。

(3) 通过欣赏《糖果仙子舞曲》，了解更多柴可夫斯基的音乐。拓展训练。

四、教学条件评估

本节课是欣赏教学，结合我校奥尔夫教学法的运用，我们运用了碰铃、三角铁等打击乐器。学生已经形成良好习惯，能有序地在音乐教室进行音乐活动。音乐教室可容纳 50 至 60 人，有多媒体白板教学设备，另外还有钢琴、铝片琴等适合本课教学的基本乐器。所以本课的教学活动完全不会受到教学设备和硬件条件的限制。

五、自学设计

在聆听 A 段的时候让学生试着用筷子打一打，体会二拍子强弱规律。再出示主题旋律的节奏，跟着钢琴打一打，小伙伴们一起合作，一人用铝片琴，一人用碰铃，一人用三角铁。最后看看芭蕾舞蹈家怎样表现这段音乐的呢？出示视频，说一说，用手指尖试一试（区分钢片琴的音色与低音单簧管的音色）。各小组上台做好简单的芭蕾手位合着音乐试一试。

六、教学过程设计（见表 3-2）

表 3-2　《糖果仙子舞曲》教学过程设计表

教学过程		
学生活动	教师活动	设计意图
活动 1：聆听《糖果仙子舞曲》（整体）说自己的感受，也可以结合“胡桃夹子”的故事，说说故事中的人物在干什么？ 活动 2：下面我们听听音乐中的一个片段。注意听听音乐中有什么奇特的声音。（A 段）这种奇特的声音是怎样演奏的？（吹，弹，敲击） 活动 3：听介绍了解钢片琴与作曲家。 活动 4：下面我们再次听音乐，看看这种奇特的钢片琴的声音主要出现在乐曲中的哪一段呢？（整体） 活动 5：聆听 A 段。用筷子打一打。二拍子节奏打一打。 小组表演： 出示主题旋律的节奏。跟着钢琴打一打。 活动 6：看看芭蕾舞蹈家怎样表现这段音乐的呢？出示视频。 说一说。用手指尖试一试。（区分钢片琴的音色与低音单簧管的音色） 小组上台做好简单的芭蕾手位合着音乐试一试。 活动 7：拓展：说说你还听到过哪些柴可夫斯基创作的音乐呢？ 活动 8：聆听《木偶兵进行曲》，结束学习。	1. 激趣导入。 上节课，老师给大家讲音乐故事《胡桃夹子》，可爱的克拉拉做一个奇妙而美丽的梦，在梦中打败了鼠王，救了胡桃夹子。我们都为克拉拉的勇敢和充满幻想的奇特情节所感动。知道吗？著名的俄国作曲家柴可夫斯基把这个故事编成了一部的芭蕾舞剧在世界各地上演。下面我们来听其中一首音乐，闭上眼睛想一想，在音乐中你能感受到什么？ 2. 听音乐的介绍（钢片琴、柴可夫斯基）。 3. 用钢琴表现出来。 4. 评价（同学们真会听音乐），想不想看看芭蕾舞蹈家怎样表现这段音乐的呢？敲击钢片琴的那段旋律用指尖点点。 5. 今天我们了解了音乐家柴可夫斯基的作品《糖果仙子舞曲》，也认识了钢片琴发出的旋律及音色。在柴可夫斯基动笔写《胡桃夹子》音乐不久，他接到美国音乐界的邀请，在去美国的途中在巴黎等船，闲暇无事到一家乐器店逛，在这里发现了一种新发明的叫“莫斯特”的用小锤子敲击发声的键盘乐器，这就是钢片琴。柴可夫斯基对这种乐器发出来的声音十分感兴趣，就买了一架，对它进行研究，并把它作为《糖果仙子舞曲》的主奏乐器。这种琴的音量特别小，所以在乐曲中就没有用其他的打击乐器，只用了一个低音单簧管和一个大管。	1. 在聆听与感受中初步体会乐曲的情绪。 2. 了解音乐中奇特的声音是什么演奏出来的。 3. 音乐中那一段出现的钢片琴的旋律。 4. 聆听 A 段主题，能打出简单的两拍子节奏。 5. 能跟着钢琴模仿出钢片琴的旋律节奏。 6. 看芭蕾舞表演，了解芭蕾舞的特点。 7. 用芭蕾动作区分主题旋律和低音单簧管发出的旋律。 8. 拓展了解柴可夫斯基的其他音乐作品。

七、教学反思

《糖果仙子舞曲》是人音新版教材第三册的一首欣赏曲。选择这个内容进行教学研究，目的是尝试在音乐教学中的合作学习。可是在低年级的教学中如何去应用，的确是个不小的难题！之前一些“顽固而有效”的教学观念挥之不去，如果没有一个良好的教学活动设计，音乐课堂可能比流于形式更加可怕，孩子们会因为音乐课的学习，毁灭对音乐审美的认可！因为这样的顾虑，我沉陷于矛盾漩涡中！

于是我认真地研读了新课标。在新课标中提出“音乐的关键在于听，听是一切培养的开始。”“柯达伊理论”也主张：儿童音乐教育的重点不应该放在理性上，而应放在感性上。音乐是声音的艺术，听是感知和理解音乐的前提条件，是音乐艺术实践中最重要的过程。这就决定了音乐教学必须从听入手，在听的基础上进行。那么我所有的音乐活动都要围绕“听”来进行设计。

管弦乐《糖果仙子舞曲》选自芭蕾舞剧《胡桃夹子》。舞剧四G大调，四二拍，开始由弦乐拨奏四小节引子，然后，钢片琴在提琴轻轻拨弦的伴奏下，奏出虚幻的第一主题。这时，低音单簧管用快速的下行音引出低沉的持续音与之相呼应，并形成对比。

二年级的学生对音乐的理解建立在有趣的节奏与韵律的感性体验上，他们很难表达自己的情绪体验，此时，我认为教会他们如何表达自己的审美体验更是音乐教学的目的之一！那么伙伴合作学习的实践显得多么实用！真是“众里寻他千百度，蓦然回首，那人却在灯火阑珊处”。原来，我过多的关注如何实现伙伴合作的教学方式，忽略了教学目的，才导致开始的困惑与苦恼！

我用“听音乐式步步深入导引学生进行学习，让学生的思维随着主旋律进行和发展”。为主线设计每一步学生活动。让学生在参与音乐实践活动中获得音乐形象的理解和愉悦的审美体验。例如：一开始的整体初步欣赏，我让孩子们听到音乐选择音乐色彩，孩子们有自己独特的理解，同时音乐本身也有明显情绪渲染。他们各抒己见，用色彩感知乐曲。

蓝色的音乐让孩子们觉得旋律的奇妙梦幻。这也是音乐家所要表现的音乐情境。于是，顺势就关注到音乐的表现手法了，用什么乐器去表现这样的声音呢？二年级的孩子活泼好动，模仿力强，对音乐的理解充满感性。所以，他们可以用模仿声音的音色来感受音乐的表现。其中，钢片琴的音色也就脱颖而出了。

接着，让孩子们分组体验音乐节奏中的规律，在学习过程中又充分采用合着音乐自学互学的方式掌握基本节奏，这样让孩子们在美好的韵律中学会用音乐表达愉悦情绪。如：认识了钢片琴之后，让孩子们去辨别钢片琴的旋律在引子、A段、B段和间奏这四段音乐中的哪一段出现。然后重点感受A段旋律，合着音乐感受强弱起伏的节奏理解音乐的基本节拍。最后对比感受活泼轻快、明亮清脆的钢片琴与低沉浑厚的低音单簧管不同音色。这样一些环节的紧密相扣是在孩子的好奇与模仿中层层推进的。

低年级的学生，他们对事物的感知都是出于直观形象的，作为教师，我们一定要把培养学生的探究能力作为教学的一项必不可少的重要目标。感受音乐中的画面，讲述故事形象则是这段音乐在本节课给孩子们探究的方向。音乐本身讲述了一段充满奇幻色彩的童话《胡桃夹子》。许多孩子非常熟悉。音乐增添了故事的魅力！此时，我引出了音乐的出处，舞剧《胡桃夹子》，让孩子们欣赏芭蕾表演。引导孩子们用手指表现芭蕾的脚尖，并用指尖和转动分别表现钢片琴和单簧管的不同表现。孩子们在课堂上兴趣盎然，积极主动地把课堂气氛引向高潮！

在组织音乐教学活动时充分挖掘音乐作品的艺术内容和情感内涵，发挥音乐作品的艺术魅力是重要的。同时关注音乐文化及孩子们的终身审美发展更是音乐教学的最终目的。所以在课堂的最后一个环节，我设计了音乐拓展。分别欣赏了柴可夫斯基的两首著名的音乐《四小天鹅》、《糖果仙子舞曲》。以此为契机介绍了多产的作曲家柴可夫斯基最受小朋友欢迎的是三部根据童话编写的芭蕾舞剧《天鹅湖》、《睡美人》、《胡桃夹子》。

这次研究活动非常成功。虽然，历经很多矛盾和教学方式的否定，我仍能感受在各位专家、领导的指导与帮助下成长。感谢同伴相互帮助，感谢学校以此机会让我更理解伙伴学习、伙伴教学的方向。我相信，无论是教学能力与职业发展都会随之更上一层新的台阶。

八、听课杂记

学校在开展“学习中心课堂”的研究过程中，是用学校的“伙伴学习”课堂教学模式[①]作为一个“抓手”来推进的。这个模式特别强调自学和合作

---

① 详见崇仁寄宿学校《伙伴学习课堂教学模式》。

学习，设计了自学、合作学习的基本教学环节，这在实验之初起到了重要的作用。然而在不同的学科，不同的教学目标和内容前提下，我们对学习活动的设计，也曾有过一些研究上的曲折，王翎老师执教《糖果仙子舞曲》一课就是这一曲折的一个见证，也帮助我们进一步厘清了学习活动设计与目标、内容之间关系。

在第一次设计学习活动的时候，按照学校要求，专家组和音乐组老师特别注意安排小组讨论交流活动，在初次聆听舞曲、反复聆听舞曲片段等多个环节都设计了学生的小组讨论。我们当时认为，音乐课与所有的课堂一样，学生在聆听了乐曲之后，需要表达、交流自己的感受，而在学生较多的情况下，没有充足的时间和机会来让每一位学生发言，所以需要借助小组来解决这个问题。实际的课堂上，学生在聆听一段乐曲的过程中，音乐所营造的曼妙氛围让人（包括听课的老师）感觉置身于童话世界之中，随后的小组讨论，立刻将课堂拉回了现实，孩子们的多次讨论让课堂闹哄哄的，学生的语言表达也没有因为讨论而变得十分精彩。课后执教的王翎老师和音乐组老师都感觉在音乐欣赏的课堂上，设计过多的小组讨论，冲淡了音乐的艺术氛围，也浪费了学生倾心聆听、静心赏析的时间。老师们觉得这样的乐曲赏析，不在于学生能用语言表述多少，而在于学生真的听进去了，能把自己学到的音乐知识、经验与乐曲关联起来，有真切的情感体验。基于这样的课堂反思，后来的研讨中就对学习活动做了一些调整，小组活动仅仅设计了合作表演这一项，这样的课堂效果好了很多。从这次音乐课的研究之中，我们深切感受到，类似于音乐赏析这样的艺术课程，学习活动的设计要考虑内容本身的特性，选择适合学习该内容的活动来组织教学。比如听的活动在音乐赏析中就尤为重要。

画夜景

学科：美术　　　年级：二年级　　　执教者：张玉洁

一、教材解读

（1）本课属于“造型表现”学习领域。

（2）《美术课程标准》一书中，在“造型表现”学习领域第一学段（一、二年级）的目标指出："尝试不同工具，用纸以及容易找到的各种媒材，通过看看、画画、做做等方法大胆、自由地表现所见所闻、所感所想，体验造型活动的乐趣。"《画夜景》这课抓住夜景的景色特征，指导学生学习亮色与暗色对比衬托的艺术表现方法，创作美丽的夜景。

(3) 本课引导学生发现并捕捉夜景的特征，培养学生的记忆力、想象力、创造力，激发学生对生活中美好事物的热爱。并通过艺术实践表达美好的情感，体验创作的乐趣。

二、学情分析

二年级学生对夜景的了解是有限的，对于明暗色彩知识也没有系统的认知，绘画技法也不是很丰富。所以这课要从体验夜景的美妙入手，分析夜景的色彩特点，老师要适当示范帮助学生掌握绘画技巧。

三、目标定位

(1) 知识与技能：认知色彩中明亮的色彩与深暗的色彩，了解明亮的色彩与深暗的色彩在同一画面出现会形成强烈的明暗对比关系。学习使用油画棒和水粉颜料等美术媒材，采用油水分离法，创作表现美丽夜景的绘画作品。

(2) 过程与方法：认知生活中夜晚景物与白天景物明暗、色彩的不同，了解运用明亮色彩与深暗色彩在画面相互衬托的方法，通过画夜景掌握色彩的明暗对比方法。

(3) 情感态度与价值观：启发学生感悟身边的美，体验生活的乐趣，大胆地运用艺术创作抒发内心感受，表达对生活、对家乡的热爱，培养健康向上的审美情趣。

四、教学条件评估

(1) 本课教学的时间是一节课。

(2) 本课教学的空间在教室里。

(3) 本课教学的设备有教具和多媒体。

五、自学设计

学生准备好油画棒和美术书。

六、教学过程设计（见表 3-3）

表 3-3　《画夜景》教学过程设计表

学生活动	教师活动	设计意图
活动 1：欣赏夜景。 活动 2：小组合作探究，找到色彩当中的明亮的色彩和深暗的色彩。 活动 3：看教师示范油水分离法，分析原因。 活动 4：学生自主创作"画夜景"，并展示在黑板上。 活动 5：学生互评作品。	师：看看有没有你最喜欢的夜景呢？ 哪个夜景你最喜欢？ 你印象中，还有别的美丽的夜景吗？ 师：同样的景色，夜晚和白天有什么不同呢？ 那究竟有哪些明亮的色彩让夜晚那么五光十色，那么美呢？老师这里有一些色卡，请同学们在每个色系中找出三个明亮的颜色，小组合作完成这个任务。 再给你们几张照片做参考。 为什么大部分小组都选了这些颜色呢？ 为什么都没有选这些颜色呢？ 这些深暗的颜色在画夜景时有没有用呢？ 一幅画中有明暗对比的色彩会给人什么感觉呢？ 今天我们就要尝试用明暗对比的色彩来画夜景。 （教师展示示范作品。） 师：我画了些什么？ 用什么工具画的？ 用油画棒直接去画的方法叫快速画，待会同学们也来试一试。 那这幅画画完了没有？还差什么？那老师要来变魔术了！（教师示范油水分离法） 发现了什么？ 这些白色的点是用什么画的？ 这个魔法水是用什么做的呢？ 这个魔术的名字叫"油水分离"。 今天同学们也要来尝试这种绘画方法。 活动四：教师巡视，个别辅导。 活动五：谁来谈谈，你觉得哪幅作品特别好呢，为什么？	通过听童谣、赏夜景将学生引入美丽的情境中，激发学习兴趣。 对比分析夜晚和白天景色的不同，找出夜景的特点。 分析色卡纸，让学生了解夜晚色彩的特点，为表现夜景打基础。 欣赏更多的图片，拓宽学生思路，丰富创作资源。 进一步分析明暗色彩，引导学生感受明暗对比的效果。 通过教师示范，让学生直观生动地体会绘画方法，便于学生高效的学习。
板书设计	老师的色板纸　　幻灯片课件 小组的色板纸	油水分离 教师示范

七、教学反思

美术教学是一个预设和开放并存的系统，很多时候我们的教学都属于“封闭教学”，按部就班，缺少开拓精神，这就要求我们要打破常规的课堂教学形式，以这次科博会的《画夜景》一课为例，一开课我就通过灯光的变化带学生进入夜晚的情境，然后听童谣、赏夜景导入课题，学生活动的兴趣激发了出来，之后一起谈谈自己最喜欢的夜景，营造了一个和谐、互动、探究、创新的良好学习环境和氛围，并做到静中有动、动而有序、活而不乱。在后面教授绘画方法的环节中，我变了一个魔法，让学生在轻松、活泼的情境中，学会了油水分离的绘画方法。学生在不知不觉中学习到了美术的知识和技能，并获得了丰富多彩的体验，品尝到了美术活动的乐趣，身心得到舒展，情感得到释放。后来学生们都跃跃欲试，创作得十分有激情，因此每件作品都蕴含着极其丰富的情感、理想和创造性。

在课堂里，“合作探究”的学习是一种同伴之间为达到一定的教育目标而展开的学习方式，可以增进同学之间的信息交流，培养学生之间的团结合作，互相帮助的精神，促进学生自主学习的积极性。《画夜景》一课的重难点是让学生找到色彩中那些明亮鲜艳的颜色，体会色彩明暗对比产生的独特效果。我把全班分为五组，给每个组红、黄、绿、蓝、紫五个色系的色卡纸，每个色系由两个同学来找出其中三个明亮的颜色，然后给组长贴在黑纸上。这样详细地分工加合作后，每个孩子都要动脑动手完成任务，并且有效率。这个环节如果由老师来讲，有的孩子只是听到了，并没有自己的思考，有的孩子可能根本没有懂，可是通过同学与同学的交流，应用集体的智慧，轻松地解决了重难点。后来小组展示色板纸，居然不约而同地全对，一方面美术的问题不是很难，另一方面也切实地得益于小组的智慧。

在后来的学生创作环节中，由于是小组合作探究找到了明亮颜色，每个孩子都亲自参与了，所以他们对自己找过的颜色记忆深刻，在绘画时更加明确地找到了明亮的颜色去表现景物，非常好地完成了《画夜景》的色彩部分，画面效果很好。这完全得益于小组合作探究的这个设置。

各种方式的运球

学科：体育　　年级：六年级　　执教者：徐翌

一、教材解读

本课教学内容是全日制九年义务教育小学《体育与健康课程标准》及基础教育课程改革目标教材。篮球是传统球类项目，也是在学生范围内热情度很高的一个球类项目。通过教学，培养学生形成正确的身体姿势，发展学生的柔韧性和协调性等身体素质；逐步培养遵守纪律、尊重他人，团结友爱等集体意识和良好作风；形成勇敢、顽强、克服困难的优良品质；同时进一步提高学生的身体健康和心理健康水平；增强学生的社会适应能力，养成坚持锻炼身体的好习惯。

二、学情分析

(1) 有利因素：小学六年级学生个性活泼、好动，而且兴趣广泛，对体育活动的基本技能能较好地把握。所以在本课时教学内容的设计中，根据小学生的心理和生理特征，我采用精讲多练的方法，让学生在练习中掌握技能，巩固提高。

(2) 不利因素：由于部分学生已掌握了一定的技能基础，但是学生的心理素质不稳定，容易产生满足而导致厌学的倾向，对学习新的技术动作带来了一定的阻力。因此，在教学时采用形式多样的教学方法来激发学生的学习兴趣，为下一步学习新内容知识，奠定了良好的基础。

三、目标定位

(1) 认知目标：初步了解和掌握多人运球的方法，并在游戏的过程中学会与他人合作。

(2) 技能目标：经历游戏活动的过程，进一步掌握运球的基本动作，体验篮球活动的运动乐趣和方法。

(3) 情感目标：培养良好的合作精神与创新意识。

四、条件评估

由于学校器材充足，所以本节课我采用精讲多练的方式进行，让学生在实践体验中充分掌握篮球活动的重难点。

五、自学设计

课内自学：学生在完成2人2球、3人3球后，可以通过小组研究，进行多人运多球的方法尝试。

六、教学过程设计（见表3-4）

表3-4 《各种方式的运球》教学过程设计表

学生活动	教师活动	设计意图
活动1 慢跑 要求：保持队形，紧跟前方同学。 按要求有序地进行慢跑热身活动。	引导学生进行热身慢跑活动。	驱寒热身，充分调动身体的心肺功能。
活动2 队列：向右看齐 要求：摆头迅速，小步调整队形。	1. 提出要求，并组织学生练习队列。 2. 及时评价练习效果。	提高学生注意力与积极性。
活动3 自编篮球操：头、肩、体侧、膝、踝 要求：动作规范、舒展。与老师一起进行球操练习。	1. 组织学生进行球操练习。 2. 及时评价与鼓励学生。	活动各大关节，防止在接下来的学习中受伤。
活动4 篮球：各种方式的运球 1复习原地运球 2小组合作的运球练习 要求：积极认真、共同进步。 1. 集体复习原地运球：高、低、左手、右手。（优生展示） 2. 小组长带领组员散点进行原地运球复习。（集体展示） 3. 原地2人运2球练习。 4. 散点小组合作多人运多球练习。 5. 全班集体展示，教师评价。	1. 组织学生复习原地运球。 2. 示范2人运2球的方法。 引出：重点：控制好球的运行轨迹。 难点：掌握交换时的节奏。 3. 组织学生分组练习，教师巡回指导。 4. 学习多人运多球的方法，分组练习。 5. 集体展示、点评。 提示：积极认真、相互帮助、共同进步。	学生通过复习来巩固原地运球的要点，为后面学习新内容做好铺垫；先通过2人运2球的练习，来让学生初步掌握合作运球时对球的控制和交换时需要掌握的节奏；最后分小组来学习多人合作的运球方式，使学生在互相帮助的学习过程中掌握本课时的学习内容；同时学会尊重伙伴，养成良好的合作能力。

续表

<table>
<tr><th colspan="3">学生活动</th><th>教师活动</th><th colspan="2">设计意图</th></tr>
<tr><td colspan="3">活动 5　游戏：火炬接力
方法：用标志桶和球组成的火炬代替接力棒的迎面接力赛。
规则：交接标志桶必须得在接力区（三分线）以内完成，不得提前将球和标志桶分开。
要求：遵守规则、积极参与。
体验练习，找出问题并解决。
开始游戏比赛。</td><td>1. 提示游戏方法与规则。
2. 组织学生体验练习，并开始比赛。
3. 及时鼓励与评价。</td><td colspan="2">使学生在游戏比赛中规范自身、培养团队合作的体育精神，并充分体验游戏带来的乐趣和成功的喜悦之情。</td></tr>
<tr><td colspan="3">活动 6　放松游戏："平衡球"
要求：认真思考，独立完成。
在教师引导下进行放松游戏。</td><td>1. 提示放松方法和要求。
2. 组织学生进行放松活动。
3. 小结本课情况，宣布下课。</td><td colspan="2">放松身心，展示自我。</td></tr>
<tr><td>器材准备</td><td>篮球 34 个
标志桶 10 个</td><td>预计练习密度</td><td>42%～45%</td><td>预计运动强度</td><td>中等</td></tr>
</table>

七、学习中心课堂活动实录

活动 1：慢跑，学生成一队，紧跟前方同学围绕篮球场进行慢跑热身。

活动 2：向右看齐，教师带领学生进行队列练习，要求学生摆头迅速。

活动 3：教师带领学生进行自编球操练习。

活动 4：复习各种方式的原地运球。先集中练习，然后优生展示，最后学生以小组为单位复习各种运球。2 人 2 球的原地练习，学生掌握好基本技术以后进行 3 人 3 球练习，然后散点进行多人运多球的练习。

活动 5：教师组织学生进行火炬接力游戏。首先进行练习，然后教师组织三局两胜的比赛。

活动 6：教师组织放松活动，学生在教师提示下发挥自己的能力进行放松小游戏。

八、教学反思

本节课教学内容行进间运球是篮球控球技术的一种提高练习。我将游戏与体育教材有机整合，起到了激发学生的求知欲、启迪智慧的火花、活跃思维、训练技能的作用。下面我结合本课的教学实践，谈谈自己的点滴感想。

我在课的一开始就设计了一套简单、有韵律的篮球操，使学生一下就进入了上课角色，练得十分开心，而且在熟悉球的过程中完成了上课的热身准备活动。在下面的教学中，无论是学习运球技术，还是知识延伸，或是放松身心，让学生在玩球中开展技能的练习，获取更多的知识，进行创新实践，愉悦身心。整节课几乎每个人都表现出一种练习积极的学习态度，乐于参加各种教学活动，并敢于在活动中表现自我。如毛诗羽、张真豪、胡笑源等同学表现十分突出。

本课的教学重点和难点是让学生掌握行进间运球的技术方法，掌握运球的节奏与频率，掌握在运动中运球如何控制好球的行进路线，让学生用多种方法练习行进间的运球，达到了较好的练习效果。

本次课教学流程整体清晰，教学方式多样，但也有些许不足。本次课在后面游戏的时候教师对学生的评价显得不足，让原本应该激烈紧张的游戏失去了应该有的色彩，在今后的课堂中我应该注意评价的重要性，积极调动学生的课堂情绪，让课堂更加活跃。

以上是这节课上完后的一些教学反思，当然还存在着许多不足之处，如语言的精简、学生掌握技术的反馈评价的即时性等方面还有待进步完善。

立定跳远

学科：体育　　　年级：三年级　　　执教者：陈帆

一、教材解读

立定跳远是低年级跳跃动作教学的重点内容，是培养学生跳跃的正确姿势，发展学生腿部力量和弹跳能力的重要手段，同时对促进学生的下肢力量、关节、韧带和内脏器官的机能的发展，提高学生灵敏、速度、力量等有积极意义。由于三年级学生还没有足够的力量在瞬间完成复杂的动作过程，因此，本课主要是学习立定跳远的基本动作，为后面的进一步提高跳跃能力打下基础。本课重点是准备起跳时两臂快速有力地由后向前上方摆动，难点是双起双落。

二、学情分析

小学三年级学生生性活泼好动，模仿力与好奇心强，学习积极性高，勇于竞争，自我表现欲强等心理特点，但自我约束能力较差。同时个体间存在身体条件、运动能力等方面的差异。所以，想让学生整节课都能精神饱满地投入到学习活动中去，就必须选择学生感兴趣的教学方法和手段，故我以通过设疑的方式，把本课学习重点、难点融入其中，让学生以小组的形式进行练习，找出答案，以此来调动学生的积极性，使学生主动地学习、探究；在体育活动中得到充分的情感体验和心理满足。

三、目标定位

(1) 通过立定跳远的学习，使90%的学生掌握立定跳远起跳时两臂快速有力地由后方向前方摆动及双起双落的技术动作；增强学生的弹跳力以及灵敏、速度、协调等身体素质。

(2) 通过游戏发展学生奔跑能力，培养学生认真、负责的积极态度和团队合作的团队精神。

四、教学过程设计（见表3-5）

表3-5 《立定跳远》教学过程设计表

学生活动	教师活动	设计意图
活动1（2分钟）集合整队 要求：精神饱满 动作正确、整齐。 1. 呈四列横队站立。 2. 认真听老师讲课，并快速融入课堂环境中去。	1. 教师集合整队，语言要精练。 2. 教师宣布本课内容和要求。	课堂常规
活动2（5分钟）小游戏：喊数抱团 要求：1. 集中注意力 慢跑队伍整齐。 2. 学生听教师喊数进行游戏。	1. 教师讲解游戏方法与规则。 2. 教师组织学生进行游戏。	提高学生注意力与积极性，增强团队凝聚力。
活动3（3分钟）徒手操：肩关节运动 扩胸运动 膝关节运动 弓步压腿 踝腕关节 要求：动作规范、舒展。 学生听教师口令集体进行徒手操练习	1. 组织学生进行徒手操练习。 2. 及时评价与鼓励学生。	防止学生在接下来的活动中受到损伤。

续表

学生活动	教师活动	设计意图
活动 4（15 分钟）立定跳远 1. 在教师口令下学生集体练习立定跳远分解动作。 2. 学生分组讨论教师提出的问题并在练习中得出结果。 3. 学生再次分组进行练习。 要求：积极参与、认真练习。	1. 教师带领学生做立定跳远分解动作。 2. 教师提出问题： a. 立定跳远是单起双落还是双起双落？ b. 起跳时两臂是快速有力地由后向前上方摆动还是向后摆？ 3. 教师巡视检查。 4. 教师示范各种方法立定跳远，引导学生得出正确答案。 5. 教师讲解并示范立定跳远正确动作。 6. 教师再巡视并纠错。	教师通过提问的方式把本课重点准备起跳时两臂快速有力地由后向前上方摆动，难点双起双落都融入其中，让学生以小探究合作学习的模式在练习的时候积极思考并共同讨论，找出问题的答案。同时，养成学生积极思考问题的好习惯，培养学生团队合作的能力。
活动 5（12 分钟）游戏：障碍接力赛 1. 认真听老师讲解游戏方法与规则。 2. 按方法与要求进行体验练习一次。 3. 开始游戏比赛。 要求：遵守规则、积极参与。	1. 提示游戏方法与规则。 2. 组织学生体验练习。 3. 学生开始比赛。 4. 及时鼓励与评价。 5. 宣布比赛成绩。	使学生在游戏比赛中规范自身、养成合作学习的能力。同时，培养学生与团队合作精神，并充分体验游戏带来的乐趣和成功的喜悦之情。
活动 6（3 分钟）放松 总结 放松：整理运动。 要求：轻松愉快。	1. 教师带领学生一同放松。 2. 教师总结本课情况。 3. 回收器材，宣布下课。	放松身心，感受团队智慧。

五、教学反思

立定跳远是本学年学生体质健康标准测试项目之一，是发展学生腿部力量和弹跳力的重要手段，它对于发展身体的跳跃能力以及促进下肢肌肉、关节和身体器官系统的发展，体验学习跳跃动作的乐趣，有着积极的作用。

小学生协调性较差，注意力较分散不易集中，理解记忆力也不够完全，立定跳远动作虽然简单，但对于低年级学生来说是有一定难度的。因此，在教学时，要设计新颖、有趣的练习方式和手段，调动他们学习的积极性，如通过游戏或竞赛的方式，诱导学生进入角色，激发练习兴趣。另外在教学中要关注学生个体差异，尊重学生的主体地位。

现代教育的目标是培养一个身心健康，能独立面对社会挑战，具有主体意识和积极向上的处世态度，具有探索创新精神，能接纳他人的身心健康的人。提高教学效率，优化教学过程，充分发挥学生的主体作用。培养学生对体育活动的兴趣和爱好，提高学生参与体育活动的积极性是小学阶段体育课的重要目标之一，为达到这个目标，将其归纳为："乐中练，动中练，玩中练。"这里的"练"是发展能力的手段，而"乐、动、玩"则是培养学生兴趣的关键。

1. 创设良好的学习环境

学习环境对发展能力、培养兴趣具有重要作用。本课依照课程标准要求，努力改革体育教学方法，尝试运用自主教学的形式，让学生有选择地从事学习活动。比如我在教学中设计了"带着问题去练习"这一环节，这让学生可以边练习边思考，尝试各种方法，然后得出结论，这样做改变了以往教学中一切由教师带着学生活动的做法，使学生的学习由被动转向主动，并且能够给学生多一点自主选择，多一点独立思考，以利于激发学生的学习兴趣和积极性的发挥。

2. 选择有效的教学方法

本课教学对象是低年级学生，自控能力与认知能力均较差，但是小学生具有好动、好玩、好思考等特点。应抓住这一特点，在立定跳远教学时，综合运用练习、思考、探索、讨论等教学方法，在教师引导下，逐渐完成探疑过程。这样不但学会了立定跳远的动作，而且培养了学生分析问题、解决问题的能力。另外，要使游戏活动贯穿教学的全过程，使体育教学的进行与游戏有机地结合起来，让学生始终沉浸在良性的学习氛围中自觉、自主、能动地学习。

不足的方面：

（1）我的语言较为琐碎，不够精炼，而且重复的较多，对于低年级的学生来讲，过多的而且缺乏激情的讲解反而会适得其反，降低学生的兴趣，分散注意力。

（2）课堂实践中指导不太过硬，面面俱到的去解决重难点，让学生在思绪上也分不清层次，没有取得理想中的教学效果。

这节课不但使我在教学理念与技巧上有了更多的收获，而且使我对自己的目前的教学水平有了清晰深刻的认识，找到了自己一直止步不前的原因，同时也使我清醒地认识到自己“钻”劲不足，急需充电、摄取知识充实自己，取经完善自己，争取每天进步一点。

生活中难免有风雨

学科：品德与社会　　　年级：四年级　　　执教者：龚梦婷

一、教材解读

本课在《品德与社会》学科中属于“我的健康成长”这一板块的内容，本板块要求学生能够面对学习和生活中的问题和困难，尝试自己解决问题，体验克服困难，取得成功的乐趣。本篇课文列举了一些学生生活中经常遇到的烦恼和挫折，讲述了面对这些境遇的不同态度和做法，引导学生正确面对生活中的种种困扰，培养乐观向上的生活态度。

本内容对于学生养成正确乐观的人生态度有很积极的意义，帮助学生正确认识人生中的坎坎坷坷，用微笑和阳光面对人生中的困扰是一个人难得的精神财富。

二、学情分析

随着年龄的增长，中高年级小学生的内心世界越来越丰富，开始出现一定的自我意识，他们对周围的人、事也逐渐有了一定的思考，并形成相应的态度。从孩子的心理特点和认知程度上来看：小学生的形象思维占主导地位，他们精力旺盛，活泼好动。在此阶段，我们应帮助他们正确对待生活中不如意的事，能够既看到自己的长处而树立自信心，又能不怕困难，体验克服困难取得成功的乐趣，形成积极向上的生活态度。

因此，针对上述学情分析，确定的教学重点是：帮助学生知道生活中难免会有挫折和失败，培养学生不畏挫折、乐观向上的生活态度。教学难点是：遇到挫折时，能勇敢面对。

在突破重难点的过程中，教师应注意：我们可以按照学生的年龄特点，积极开展丰富多彩、健康有益的活动，让学生在活动中体验，在体验中感悟，在体验中成长。

“儿童的生活是课程的基础”，课程要关注儿童的现实生活，教育的内容和形式要贴近儿童的生活，反映儿童的需要。因此，我在教学中力求把教学内容与儿童丰富多彩的现实生活联系起来，让学生在自然现象、同龄人、名人身上感受勇敢与乐观，学会不怕挫折、勇敢生活。

三、教学目标

本课内容最能实现的学生发展目标是学生知道每个人的生活都会有困难和挫折，困扰就像人生中的调味品，从来不会缺少。

情感态度与价值观：帮助学生知道生活中难免会有挫折与失败，遇到挫折时要学会调整，培养学生不畏挫折、乐观向上的生活态度。

能力目标：学会正视和直面身边的一些困难和挫折，学习自我调节的方法，提高适应能力。

知识目标：知道失败是成功之母。

四、教学条件

本课教学时间：40 分钟。

教学空间：教室。

教师准备：教学课件、成长足迹图。

学生准备：收集名人面对各种挫折的案例。

五、自学设计

师生共同收集关于有关历经磨难最终成功的事例。

六、学习活动设计（见表 3-6）

表 3-6 《生活中难免有风雨》教学过程设计表

教学过程		
学生活动	教师活动	设计意图
活动 1：制作晴雨表 1. 观察课件思考问题。 2. 制作晴雨表了解自己心情变化 活动 2：写下烦心事，烦恼说出来： 1. 回顾曾经失败的经历，说说自己当时的心情。 2. 填写卡片，真实表达。 3. 交流自己参加这个活动后的心得。 活动 3：挫折怕什么，勇气拿出来 1. 听故事，交流：你认为他是怎样的一个人？从中你受到什么启发？ 2. 讨论从中获得启发和收获。	活动一 制作晴雨表 1.（课件创设情境）师：生活的天空会有雨有晴，因此我们的心情也会随之变化。今天你的心情能作一下“天气预报”么？ 2. 教师讲要求，学生制作晴雨牌，标示自己的心情。 3. 师：请大家出示自己制作好的晴雨牌，播报你现在的心情天气预报。 4. 师：“晴”是为什么高兴？“雨”是为何烦恼？请将心里话写在晴雨牌上。 5. 小结：大家的生活都很幸福。我们像美丽的花朵，在亲情、友情、老师的关怀下茁壮成长。我们也希望我们的成长之路撒满阳光、一帆风顺。然而，生活中难免有风雨，我们的天空不可能每天晴朗。 活动二 写下烦心事，烦恼说出来 1. 师：同学们，在每个人的生活中，都会遇到各种各样、大大小小的挫折，能把你遇到的挫折与烦恼告诉大家吗？ 2. 学生分组成立心理咨询室，轮流当心理医生，倾听大家的烦心事是什么？ 3. 小结：大家会发现人人都会有烦恼，但有的算不了什么，大胆说出来，你就丢掉了烦恼的包袱了！把高兴的事儿攒起来，你的快乐就会越变越多！ 活动三 挫折怕什么，勇气拿出来 1.（演示课件：播放一段音乐《命运》）师：贝多芬的《命运》那激昂的旋律让无数人为之震撼，这首曲子也折射出一位伟大音乐家的坎坷一生，现在我们就来听听这位伟大的音乐家的故事。（演示课件：播放贝多芬的故事） 2. 师：在贝多芬的生活中，哪些事件让他备受打击呢？	引导学生通过不同的心情体验，明白生活不是一帆风顺的，生活中的风风雨雨对自己的心情有很大影响。 引导学生从自己的具体事件中认识到面对挫折时，积极的心态有利于战胜挫折，而消极的心态只会让自己陷入僵局，不利于解决问题。帮助学生树立面对挫折时的信心，培养面对挫折的积极心态。 根据儿童品德形成规律的模仿性强这一特点，选择了大家熟知的人物贝多芬作为学生学习的榜样，让学生走进人物的生活，引发心灵的思考。

续表

教学过程		
学生活动	教师活动	设计意图
3. 参加辨析活动，学生根据情景辨析对错，并加以说明，谈感受。 4. 拓展：学生汇报自己收集的有关磨炼成功方面的成功事例。	3. 师：这些打击和痛苦，就是贝多芬所面临的挫折，特别是双耳失聪，这对于一个音乐家来说，真是一个致命的打击，它完全可以断送一个音乐家的艺术生命。可面对这一切，贝多芬是怎样做的呢？ 4. 小结：我们的人生难免有挫折，挫折是走向成功的必经之路，生活的风风雨雨锻炼着我们，风风雨雨中我们在成长着！（播放《真心英雄》的歌曲）	
板书设计	生活中难免有风雨　热爱生活　不畏挫折	
家庭作业	收集有关磨炼成功的故事和体会。	

七、教学反思

《生活中难免有风雨》这堂课的教学思路意在通过师生共同补充几个名人故事来加深学生对挫折的认识及感悟，谈谈自己对挫折的认识；然后说出自己知道的有关挫折的名言警句，联系自己的实际，讲出自己印象深刻的一次挫折，并从中得到怎样的经验和教训；最后说说以后在实际生活中应该怎样面对挫折，通过播放《真心英雄》提高课堂气氛，把学生情绪调动起来，让学生更深刻地认识到“不经历风雨，怎么见彩虹”的道理。在这堂课的实际教学中，每一个学生的积极性基本上调动起来了，也基本上使学生了解到挫折在人生的路上是不可避免的。在学习和生活中，遇到困难或不顺心的时候，要克服焦躁不安、情绪低落、抱怨家长和老师、失去学习的信心和动力等不良心理因素，要提高对挫折的承受能力，掌握一些对待挫折的正确方法。

上完这节课后，我对整个教学环节也进行了一些反思，认为存在着以下几个方面的问题：

首先对主题教育的认识不足，上课的形式还是比较单调，不够丰富，主要以讨论和说为主。其实，这节课的教学在选材和形式上我应该动一动脑筋，这样会让学生更加感兴趣，达到更好的效果。其次是对学生的认识不足，如：在交流名言警句和讲故事以后，我让学生联系实际，谈谈自己印象深刻的一次挫折经历，并从中得到什么样的启发。结果能讲的学生不多，最多只能讲讲同学之间的矛盾、失败等，对于四年级学生来说，很少会遇到挫折，当然很难说得精彩。我在备课时忽略了这一点，其实我应该提醒一下学生，生活中像父母离异、生老病死，各方面的愿望包括身材外貌的愿望没能实现，或受到嘲笑、批评和误解等都应该算是挫折，扩散学生的思维和视角，就能更好地发挥学生的积极性了。又如：在谈到如何面对挫折的时候，学生讲得也不够透彻，只是泛泛而谈。其实我应该让学生进行换位想一想：如果自己就是贝多芬、张海迪，碰到类似的挫折以后该如何面对？这样既可以回应到课开始时候的情景，又可以学会换位思考，也可以给出一些具体的挫折情景或案例让学生思考，通过实际具体的挫折来谈的话，应该更加有内容，更加有深度，从而达到更好的教育效果。这也是我以后在教学工作中应该注意的问题。

加油与减速

学科：心理健康　　年级：六年级　　执教者：王璇

一、教材解读

《加油与减速》这一课是心理健康教育活动六年级下册第三单元“学习的节奏”中的第一个主题活动。在心理健康课程五大领域中属学习心理领域，在水平三的位置，三大序列中侧重于调适性内容序列。

本课内容对学生学习和发展所具有的功能在于引发学生对自己学习情绪现状的觉察，了解调节学习情绪的几种方式，其价值有着重要的现实意义，通过本课的学习有助于学生调整好学习情绪和学习状态，从而更加轻松愉快地学习。

二、学情分析

六年级的学生，学习任务较重，他们忙于完成各科的作业，在语数外以外的课堂上，他们未必能做到全身心投入，而相对于松懈、迷茫这类学习情绪来说，过度的紧张和焦虑对学生心理健康的负面影响更为严重。学习心理是与学生当前生活联系最为紧密的，在学校，在家中，学生的很多烦恼和困惑来源于此。我校学生在参与武汉市小学生心理健康普查活动中，问卷分析结果呈现出学生心理健康的问题主要在于学习适应。在两百多名参与测评的学生中，就有 47 名学生检出学习适应问题，检出比例为 16%，严重程度排在首位。这是上学期期末六年级学生在表达考前心情时的部分绘图作业，我们可以感受到在物质条件充足、家长对孩子的期盼较高及各种竞争日益激烈的社会现实下，孩子的很多困惑、烦恼，特别是压力可能都是来源于学习方面的，学生们的学习心情图比量表检测出的数据更加触目惊心。所以学生特别需要学习心理辅导。

三、目标定位

（一）教学目标

1. 认识到学习过程中“加油”与“减速”在不同情绪状态下的合理性。

2. 初步了解“加油”与“减速”的调适策略，选择适合自我的方式。

（二）教学重难点

基于学生的现状和我以往的教学感受，我将本课的重难点确定如下：

1. 活动重点

思考为什么要及时调节学习节奏，认识学习过程中“加油”与“减速”的必要性。树立关注自己学习情绪的意识，讨论调节策略。

2. 活动难点

参与讨论和制定调节计划。

四、教学条件评估

（1）本内容教学时间为一课时 40 分钟。

（2）教师准备：下载赛车小游戏、有节奏感的背景音乐。

（3）学生准备：作业本、彩笔。

五、自学设计

思考自己现在的学习情绪现状。

六、学习活动设计（见表 3-7）

表 3-7 《加油与减速》教学过程设计表

教学过程		
学生活动	教师活动	设计意图
1. 暖心时刻 请几位同学分别上来操作教师在电教设备上准备好的赛车小游戏。游	（一）暖心时刻（5～8 分钟） 1. 请同学们自愿上来参与活动。播放有节奏感的背景音乐。 2. 请参与的同学分享自己的感想，重点谈谈自己是怎样决定加油和减速的时机的。	1. 暖心时刻 活动目的：活跃气氛，导入主题。

续表

教学过程		
学生活动	教师活动	设计意图
戏结束后，请他们说说自己玩游戏的感想，重点说说自己在赛道上是怎样判断何时加油何时减速的问题，由此导入学习道路上加油与减速的主题。 活动目的：活跃气氛，导入主题。 2. 自我觉察 请同学们看书上的四幅图，发现学习过程中可能出现的四种典型的情绪状态。再请同学们联系自己的实际情况进行反思。 活动目的：认清自己的学习情绪现状，认识到学习过程中“加油”与“减速”在不同情绪状态下的合理性。 3. 互动分享 着重思考哪些是提示我们需要“加速”的情绪信号，哪些是需要“减速”的情绪信号。活动目的：辨析学习状态并明确调整方向。	3. 教师指导语：同学们，我们现在是学生，将来的初中三年、高中三年，再往后还有大学，我们又何尝不是在一条长远的学习之路上前行呢？我们正如一辆满载知识的学习之车，学习的道路上，我们会遇到各种不同的状况，堆积的作业陡坡，难题重重的路障，长期的疲劳状态，路边景物的纷繁……学习之路上，什么时候“加速”？什么时候又该“减速”呢？何时调节，调节什么？这个问题你是否关注过，思考过？今天这节课我们就一起来讨论一下：学习路上的“加油与减速”。 （二）自我觉察（5～8分钟） 1. 教师指导语：你觉得什么是提醒我们要调节学习状态的信号？ 2. 教师指导语：请同学们静心看四幅图。从这四幅图中，你们看到了哪些因学习而产生的情绪？能分别用一个词语来形容一下吗？ 3. 请同学们依次回答。教师根据学生的发言提炼归纳出迷茫、疲沓（松懈）、焦虑、烦躁四种基本情绪的名称，并进行板书。同时请同学们将四种情绪名称填写在学生用书中相应的画面下方。 4. 教师指导语：你们有出现过这些情绪状态吗？如果有，当时自己是怎么处理这些情绪的呢？ 5. 请同学们分享自己的经历、体验和感想。 （三）互动分享（8～10分钟） 1. 教师指导语：其实这些都是提醒我们调整学习节奏的情绪信号。 2. 请同学们讨论哪些是提示我们需要“加速”的情绪信号，哪些是需要“减速”的情绪信号呢？ 3. 教师指导语：只要我们能够意识到自己目前学习上的情绪状态，认识到为学习“加油”的情绪信号主要有：迷茫、疲沓，为学习“减速”的情绪信号主要是：焦虑、烦躁。这样的话，我们的学习进程就会更加的轻松、自如、平和、平稳。	2. 自我觉察 活动目的：认清自己的学习情绪现状，认识到学习过程中“加油”与“减速”在不同情绪状态下的合理性。 3. 互动分享 活动目的：辨析学习状态并明确调整方向。着重思考哪些是提示我们需要“加速”的情绪信号，哪些是需要“减速”的情绪信号。活动目的：辨析学习状态并明确调整方向。 4. 积极行动 活动目的：初步了解“加油”与“减速”的调试策略。

续表

<table>
<tr><th colspan="3">教学过程</th></tr>
<tr><th>学生活动</th><th>教师活动</th><th>设计意图</th></tr>
<tr><td>4. 积极行动
以小组讨论的方式进行头脑风暴，讨论在学习中有哪些方法适合“加油”状态，哪些方法可以用来“减速”。
活动目的：初步了解“加油”与“减速”的调试策略。
5. 学以致用
结合上一环节中讨论的“加油”与“减速”的方法，做一份“加油”或“减速”计划，可用绘画表示。
活动目的：选择适合自己的调节方式加以运用。</td><td>（四）积极行动（5～8 分钟）
1. 教师指导语：接下来我们还需要讨论一下的是，在学习中有哪些方法适合“加油”状态，哪些方法可以用来“减速”。让我们一起来看看林林和乐乐是怎么想的。
2. 小组讨论。先请同学们看书上的内容，再请同学们一起来进行头脑风暴，讨论好的方式方法。教师可将学生想到的方式分别在黑板上进行相应的板书，更清晰地呈现给学生看。
3. 教师指导语：老师这里还有一些小小的建议，我们可以通过确定目标来帮助自己“加油”，也可以通过调整目标，如降低目标或将大目标分解成小目标以及制定计划来为自己“减速”，当然不管是“加油”还是“减速”都需要我们持续努力并及时给予自己肯定（教师边说边进行归纳板书）。
（五）学以致用（5～8 分钟）
1. 教师指导语：经过刚才的讨论，我们找出了这么多的好方法，结合刚才学到的内容，判断一下自己现在有没有出现需要“加油”或“减速”的情绪信号。如果有，试着根据刚才我们讨论出的方法，为自己定一个计划；如果没有，那么恭喜你，你目前的状态较平稳，但也请你选择一种需要“加油”或“减速”的情境为自己或他人进行一个预设，这样有备无患，也可以帮到他人。
2. 请同学们结合上一环节中讨论的“加油”与“减速”的方法，在学生用书的相应空白处做出自己的“加油”与“减速”计划，也可以用图画的方式来表达。
3. 请同学们相互间分享自己的“加油”与“减速”计划。</td><td>5. 学以致用
活动目的：选择适合自己的调节方式加以运用。</td></tr>
<tr><td>板书设计</td><td colspan="2">学习情绪？　　加油？减速？</td></tr>
<tr><td>家庭作业</td><td colspan="2">在学生用书的相应空白处做出自己的“加油”与“减速”计划，也可以用图画的方式来表达。</td></tr>
</table>

七、教学反思

（一）整体感想

本课的教学过程中，教学活动的实施比较流畅，教学目标通过教学活动得以达成，教学效果较好。在教学过程中要注意的是应广泛激发学生的关注度和参与度，提高敏锐性，洞察可能存在紧张焦虑情绪的学生，让他们意识到自己的现状必须立即调节，并在分享讨论环节有针对性地请这类同学参与到思考和讨论中。对于可能存在松懈、迷茫情绪的学生也要对他们多多进行激励。

（二）对目标达成的评价

1. 对教学目标达成情况的自评

依据《小学语文课程标准》第68页的核对表，逐一评价教学目标是否达成，活动内容是否发生。经过核查，自评达标，两个教学目标分别在各教学环节得以完成。

2. 对体验目标达成情况的自评

使用评定量表，评价学生课堂学习的表现程度。体验度在60%～80%，因为重点的心理健康常识，我在课件中加以呈现，并进行强调，所以我想认知体验应达到了80%以上，学生对教学内容的关注和参与，必将有体验伴随产生，情感体验也应有60%～80%，而最后一环节是制定自己的调节计划，这个作业要求人人完成，所以制定调节计划这一行为体验也应在80%以上。

上述量化评价，评价的是活动体验的广度，而体验的深度我想可以从学生的发言和上交的作业来进行评价。回忆学生课堂上的发言，对调节学习节奏的意义有了一定的认识，能说出为什么要调节，何时调节以及怎么调节。学生所制作的调节计划也可以看出他们经过本课的学习后有不同程度的收获。

三类体验目标基本达成。

（三）思考

相对简单的问题，举手要发言的人数明显较多，而稍需思考的问题，学生就显得较为沉默了。这个现象的深层原因是什么？我们又应该如何看待和处理呢？如何让更多的学生全方位的获得三类体验，实现心理健康课程的长远目标？学生对学习心理相关知识的实践和运用，等等。这些都是还需要继续思考的问题。

数学广角——数字编码

学科：数学　　年级：五年级　　执教：牛振华

一、教学目标

(1) 通过生活中的事例，使学生初步体会数字编码思想在解决实际问题中的应用。

(2) 让学生通过观察、比较、猜测来探索数字编码的简单方法。学会用数进行编码，初步培养抽象能力和概括能力。

(3) 让学生进一步体会数在日常生活中的广泛应用，尝试用数学的方法来解决实际生活中的简单问题，初步培养学生的应用意识和实践能力。

二、教学重点、难点

重点是学生通过观察、比较、猜测来探索数字编码的简单方法，试着学习运用数进行编码，初步培养抽象、概括能力。难点在于如何让学生在辨析、实践中逐步体会数字编码思想在解决实际问题中的广泛应用。

三、学情分析

《数学课程标准》中指出，第二学段要让学生“进一步体会数在日常生活中的作用，会运用数表示事物，并能进行交流”。在日常生活中，数有着非常广泛的应用，在第一学段学生已经有了初步体会，特别是在一年级上册认数的时候，教材在“生活中的数”板块中就已经出现了像邮政编码、门牌号、车牌号这样的数在生活中的应用实例。数不仅可以用来表示数量和顺序，还可以用来编码。本单元就是在学生的生活经验和已有知识的基础上，进一步体会数字编码在日常生活中的应用，并通过实践活动进行简单的数字编码，培养学生的数学思维能力。（对具体的班级学情分析不够）

四、教学方案设计

（一）导入。

今天我们来学习“数字与编码”。（板书）

（二）小组交流、合作探究。

课前同学们收集了身份证号码，大家还查询了一些有关身份证的常识。

（1）静下心来想想，你已了解了哪些有关身份证的知识？

（2）独立观察你收集的身份证号码，你又有哪些新的发现？

（3）把你了解的信息与发现的秘密在小组内交流。

（三）全班交流，探索规律。

学生汇报交流，介绍、总结身份证号码中蕴含的一些简单信息和编码的含义。

（四）实践运用，解决问题。

（1）说一说你父母的身份证号码的数字都代表什么意义？

（2）试一试，连一连。

（3）填一填。

（4）教材第 119 页题 4。试给楼房房间编码。

（5）请你设计一个编学号的方案，给全班乃至全校同学编号。

（五）全课小结。通过一节课的学习，你有哪些收获？

附实践应用题：

（1）在下面表格里填写一个人的身份证号码，并说一说每个数字都代表了什么意义？

（2）连一连。

420103194910090376	小红的表弟（湖北省孝感市人）
420103197808207768	小红的爷爷（湖北省武汉市人）
420902200009162139	小红的大伯（上海市人）
31010519700315353X	小红的姑姑（湖北省武汉市人）
420103199911136663	小红（湖北省武汉市人）

（3）填一填。

今年 10 月，武汉的李老师给今年儿童节出生的女儿办理身份证，下面是领取凭证，可是有几个数字被水弄花了。你能帮李老师填写完整吗？

				0	6									7	5	2	X

(4) 数学书第 117 页，第 4 题。试给楼房房间编码。请把编码填在下面的横线上。

____

____

(5) 请你设计一个编学号的方案，给全班乃至全校同学编号。请把编码填在下面的横线上。______________________________

五、教学反思

“数字编码”一课选自人教版《义务教育课程标准实验教科书·数学》五年级上册第七单元“数学广角”。作为数学应用的一角，这一内容充分体现了广角的内涵，充分展示数学的宽广风景，因为我们不能单纯地把它界定到某一个领域中。它看起来与代数有着密切的联系，深究起它的规律又脱不开统计与概率的内容，同时其更广泛的价值又恰恰是编码的实践与应用。教学中，我选择了以身份编码这一内容为载体来引导学生认识数字编码，从学生认知的角度看，身份编码学生熟悉、感兴趣，应用更广泛。身份编码所体现的信息量大，编码思想的体现更充分。设计重心就是依托生活情境努力体现编码所蕴含的数学思想与方法。从编码的科学性、规范性到一简一繁编码的对比。再到编码的发展与完善，有辨析与交流、有感悟与体验、有欢笑又有惊叹，我在努力放大数学广角镜，学生的视野再宽广些，思路再开阔些，从而逐步体会到数学的一些简单规律与基本思想。

教学中充分发挥了信息技术不可替代的优势，有效运用了课前收集资料、课中交流汇报和课后运用知识的多种学习方式，为学生营造了一个自主探究、合作交流的广阔空间。在交流中，每个学生都比较主动，这里不仅有编号知识的交流，更重要的是问题意识的交流，如在身份号码中遇到不尽相同的数字，通过观察、比较、判断寻找编码的一般规律，在较高的层位上提高学生的思维能力、分析能力和解决问题的能力。学生首先独立思考再组内交流，然后小组汇报，促进了各个层次学生的多向交流和共同发展，交流的不仅是自己的思想，也有如何解决问题的方法，这就培养了学生提出问题、解决问题的能力。

学生运用对身份证号码含义的理解去解读教师身份证的秘密，进一步加深对身份证号码的含义的理解，从而激发了学生应用知识解决问题的兴趣。通过新旧身份证号码的比较，学生了解身份证号码在不断完善，通过进一步的追问：将来会增加哪些个人信息？以拓宽学生的思维含量及深度，从而培养了学生的创新意识和发散思维的能力。

在拓展与延伸这一环节中，本节课注重理解与运用。在学生了解、掌握了生活中一些编码的知识之后，我进一步引导他们归纳编码的好处以及编码时要注意的问题，让学生理解本课的重点和难点。编学号这一教学环节的设计是本课的一大特色，它让学生运用所学的数字编码知识给全校学生编学号，学生得出了内容一致、形式多样的学号。让学生亲身感受运用所学知识解决实际问题的过程，培养了学生的探索精神和创造能力，也让不同层次的学生在协作中互补，感受到合作交流学习的重要。更重要的是给学生应用的机会，能培养学生的数字应用意识，发展学生的应用能力，使学生用积极的情感来学习数学。

我寻找、查阅了关于编号方面的大量资料，做了充分的预设，但是对有些问题处理得也不够及时准确。在教学过程中，教师对学生的反应要做出正确、及时的反馈与评价，还有一定的难度，我还需要不断地提高。

数学广角——数字编码

学科：数学　　年级：五年级　　执教：江黎

一、教学目标

（1）通过观察、比较、收集资料来探索身份证号的组成。

（2）让学生学会运用数进行编码，初步培养学生的抽象、概括能力。

（3）通过小组学习，培养学生初步运用所学知识解决实际问题的能力，培养学生的合作意识和探究精神，感受学习数学的兴趣。

二、学情分析

本单元是通过日常生活中的一些事例，使学生初步体会数字编码思想在解决实际问题中的应用，并通过观察、比较、猜测来探索数字编码的简单方法，让学生学会运用数进行编码，初步培养学生的抽象、概括能力。本节课通过身份证号码、编学号等生活实例让学生体会数字编码在生活中的作用，初步了解身份证号码中蕴含的一些简单信息和编码的含义，探索数字编码的简单方法。

五年级学生具备一定的自学能力，并能自主查找资料辅助学习，因此本节课的内容以学生的自学、自问、自答为主。在本节课之前，学生明白生活中很多数字代表了特殊的含义，通过编码能表达很多信息，但只局限在个别生活经验之上，特别是身份证号，学生知道有这个号码，但“作用是什么”、“怎么编写的”、“为什么如此编写”是不知道的，因此本节课希望学生通过预习，能在自己掌握一定信息的基础上，再通过讨论、互补，明确知识。同时，对于“如何编写学号”学生可能会有想法，但因为是第一次接触，不具备相应的经验和能力，思考会不周全、不充分。因此在交流中，通过了解身份证号的编写特点，学习编码的方法，从而提高编码的能力，使“编学号”不是流于形式，而是在学生掌握编码规则、具备编码能力的基础上完成。

三、学案设计

（1）认真阅读课本第114页的内容，查找相关资料，回答以下问题：①身份证号的作用是什么？②比较自己和父母的身份证号，你能获得哪些信息？

（2）预习课本第115页例3，如果你来设计学校学生的学号，你觉得需要反映出哪些信息？如何设计？

四、教学方案设计（见表3-8）

表3-8　《数学广角——数字编码》教学过程设计表

学生活动	教师活动	设计意图
活动1：交流需要关注的重点或者疑问。 小组内针对重点交流预习的内容，提出问题或疑惑。	倾听、协助、搜集典型问题。	通过小组内学习，培养学生合作意识和探究精神，提出问题和目标。
活动2：集体交流预习中的第一块内容：身份证号码。 1. 用自己收集的身份证号向大家阐述身份证号码编写的规则。 2. 解释身份证号码每个数字所表达的信息。 3. 查阅过资料的同学介绍关于“X”是怎么来的？ 4. 小组内未解决的问题进行讨论交流。	组织、倾听、引导、交流。	了解身份证号能反映的信息。

续表

学生活动		教师活动	设计意图
活动3：小组内交流预习的第二块内容：设计学号。 根据今天所掌握的编码知识，以小组为单位交流，为同学设计学号，需要表达哪些信息？如何设计？		巡视、倾听、提供建议。	让学生学会运用数进行编码，初步培养学生的抽象、概括能力。
活动4：集体交流，小组展示设计成果。		组织、倾听、赞赏。	初步学会表达和交流解决问题的过程和结果。
板书设计	数字编码 ——身份证号、学号 4201……4215　　　小组学号设计成果展示		

五、课时分配

1课时。

六、教学反思：活动驱动兴趣　合作提高能力

在我校开展的“十二五”课题的阶段小结及展示活动中，我执教了五年级数学《数字编码——身份证号、学号》一课，“学习共同体的建设”、“活动流”设计教学是本次实验的观察重点，从展现出的课堂来看，学生有了充分的时间和空间参与到自主学习中，课前能由问题有效预习，课中能提出问题辩证学习，课后能引发思考创造学习，学生的问题意识、自主意识能得到良好的激发及培养。展示活动得到了专家及老师们的一致肯定，课堂中充满灵气的学生也坚定了我继续研究的信心！

1. 有准备的学，更利于培养学生问题意识的培养

片段：

师：通过昨天的预习，在小组交流预习作业之前，谁来说说重点要交流的内容，或者有什么问题需要解决？

生$_1$：需要重点交流身份证号所表达的信息。

生$_2$：我很感兴趣的是校验码，它是怎么产生的呢？有什么作用？

生$_3$：身份证号有什么作用呢？

生$_4$：最早的身份证是什么时候，历史是什么？

（师根据学生的回答板书关键词）

师：那么，请同学们围绕重点内容进行交流，能在小组中解决的问题就在小组内解决，不能解决的问题，请小组长进行收集和整理。

（学生开展小组交流）

反思：

在以前的课堂，数学是害怕预习的，怕学生预习了，上课就没什么可讲了，没有新奇感，激发不了好奇了，事实却不是这样的。学生经过充分的预习，他能做到有准备的学，不仅是思想上，更是知识的储备和技能的回忆上，学生在课堂上能有的放矢。学生在预习前要思考：我们要学什么？这个内容包含了哪些方面？我需要用什么方法帮我完成预习作业？还有哪些问题我没有解决？这些不仅仅是一种学习能力的培养，更是一种问题意识的培养，是对新奇事物、未知事物的一种求知欲望与寻知方法的培养，这对学生的终身学习都起着非常重要的作用。

2.“活动流”的设计，变“问题驱动”为“任务驱动”

在传统教学过程中，教师经常采取的是“全班问答”的模式。教师通过设计一连串的问题，一问一答，周而复始，从而引导学生逐步答出老师想要的答案。这看似场面热闹，很多学生参与问答了单个问题，但实际情况是，绝大部分学生仍然以听、看为主，活动不充分、参与不主动，是老师牵着学生学习，学生仍是被动角色。

现在希望通过任务驱动学习，通过设计有探究价值、有能产生问题并能解决问题的数学活动，保证学生在充分的时间里，展开自己的思维，主动参与到学习之中，从而真正实现学生的主动学习。例如本节课中主要就是4项活动，其中两次是小组间的活动：交流基础知识、基本想法，能在小组内解决的问题互相解答。两次集体交流：集中反馈重难点知识，对于小组解决不了的问题，请全体学生参与，生生互动，在不断的互问、互答、互补中，让全体学生参与到主动的学习中，教师只是巡视、倾听、欣赏、串联，真正把自己的位置放在“导”上，让自己只是一个组织者。学生有了更多时间和空间让自己参与，活动中只有任务目标，如何完成？能补充什么？创造什么？每个人都有时间去产生问题、思考问题、提出建议，充分参与到40分钟的学习之中。

3. 小组建设，各美其美

开学初，作为实验班级五年级（1）班的数学教师，也作为课题组成员，我就参与到五（1）班“学习共同体”的建设之中，希望每一个学生都能在“共同体”里找到自己的恰当位置，发挥自己最大的作用，从而在学习过程中提高自己的学习能力和学习习惯，各美其美。

在小组建设时，我希望达到三个目标。（1）合理分类：即按“组内异质、组间同质”将学生分为若干个学习小组。异质能保证组内各成员之间的差异互补和优劣互换，同质则为班内各小组之间进行公平合理的竞争创造条件。（2）任务分割：全班的教学目标任务先分解到学习小组，小组再分解到个人，让每个小组的成员都承担目标任务中的某一特定部分，而且自己任务的完成关系到整个小组的成功，从而形成“荣辱与共”的互相依赖关系。（3）角色分配：根据学生不同的个性特点，安排其在学习小组中扮演适当的角色，承担不同的任务，同时这种角色还可以定期轮换。这样既保证了小组成员之间的分工明确，又能使个人的优势和特长得以充分发挥。通过这样的明确建设，每个学生才能找到自己的时间和空间，充分参与到学习之中。

从课堂效果来看，学生真正的“动起来”了，羞涩的孩子丢掉了胆怯，基础较差的孩子不害怕提问，能干的孩子更加宽容。在同龄人之间坦诚的交流碰撞中，他们能发现更多新的问题，找到更多巧的方法，活跃的不仅仅是课堂氛围，更是孩子们灵动的思维火花！

七、听课杂记：有关教学目标与学习活动设计的再思考

通过对比研究，江黎老师和牛振华老师在执教同一年级同一教学内容《数学广角——数字编码》时，有很多相同之处，也有不少不同之处。

两节课的活动设计相同之处：都是两个基本的学习活动，探索身份证号码的意义，运用数字编码的方法解决实际问题。在活动形式上，都设计了学生自学、小组交流、集体讨论等。

两节课的不同之处主要在教学目标的定位有差异，导致学习活动的设计上有不同。

牛振华老师是用身份证、学号等载体来教数字编码的思想，也就是去感受和领悟为什么这样编码？如要考虑统一的数位（格式）、使用的范围、选择相对稳定不变的重要信息等。所以在第一个学习活动的设计中，特别提出了“有哪些发现或问题”，以此来组织学生讨论交流编码背后的数学思想。而对身份证号码不同数字所表达的意义则通过现代信息手段让学生自学，在小组内交流等方式解决。所以老师引导下的问题探究过程就是牛振华老师的课堂针对“感受数字编码思想”这一教学目标的重要体现。

江黎老师在探究身份证号码的含义时走得非常扎实，涉及身份证的作用、由来、演变、每位数字的意义，还考虑到了直辖市的特殊情况等，学生对身份证号码的意义的认识非常透彻。在学生的交流中也有涉及使用范围、稳定的信息等，但只是学生交流中谈及，而非教师有意为之。老师考虑的是“探索身份证号的组成”、“解决生活中的问题”这些目标的达成。

教学目标一旦设定，达成目标的学习活动就必须与之有适应性。从微观的同课异构中我们可以看出教学目标对学习活动设计的影响，推而广之到不同的教学内容、不同的学科等都会有各自不同的目标，这就要求在学习活动设计中同样要考虑达成目标的适切性。

◇研究综述

教学目标与学习活动设计

余国卿

不同的教学目标，需要不同的并且与完成该目标相匹配的学习活动来达成。就如同捕鱼一样，捕不同的鱼，需要不同的网。在传统的师本课堂中，往往就像是教学生用一张网去捕各种各样的鱼，虽然也教了各种捕鱼的方法，但是缺乏针对性，学生捕鱼的本领总难以提高。而在学习中心课堂的研究中，我们充分考虑不同的教学目标需要设计与之相适应的学习活动才能达成，就像在教学生学会用不同的网去捕不同的鱼。这要求我们反复去辨识、设计、验证、归纳，在理论指导下，通过课例研究，最后形成具有普遍意义的研究成果。

一、知识类教学目标的达成与学习活动设计

这里的“知识”，是指陈述性知识，在小学各科课程标准的目标体系中，知识性目标是非常重要的一部分。课程目标中这类目标往往可以直接分解到教学目标中，如同语文教学中认识多少个汉字，数学教学中的概念，音乐教学中的乐理等。

从学习知识的内在心理过程看，人的已有认知基础、图式，新的知识信息，对新知的建构过程和巩固应用尤为重要。这也就为学习中心课堂在达成知识类目标的教学指示了学习活动安排的重要路径：复习旧知，学习新知，建立结构，巩固运用。

复习旧知。是激活学生已有学习经验、知识积累的过程，目的在于为学习新知奠定基础。如江黎老师的数学课上，引导学生回忆前一节课学过的生活中用数字编码的案例，车牌、邮编、门牌号码等；语文课上老师经常要学生先回忆上节课学习内容。这是教学中非常普遍的活动设计，也是很有效果的。

学习新知。对新知识的学习，在不同的学科，不同的年段，还是有比较大的差异。本节收录的课例中，牛振华和江黎两位五年级数学老师在设计学生学习身份证的编码内涵这一新知的活动时，都采取了学生自学、小组讨论、集中交流的学习活动。身份证号码的编码内涵是一个陈述性知识，学生可以通过自学教材中的介绍，也可以通过查阅网络、书本等课外资料予以了解。其中稍有难懂之处，如身份证号码末尾数字的含义，学生查阅相关信息很快就能明了。其实，这样的知识，通过教师讲授也是可以尽快掌握的，只不过信息获得的渠道和方式有些不同而已。小学低年级的识字教学也是达成知识类目标的教学，我校的课堂变革中鼓励用学生自学、同桌互学、学生小老师教学等多种丰富的活动来开展教学，其实质也是遵循低年级学生的年龄特点，激发学生学习的能动性，促进知识信息有效参与到儿童大脑的建构之中。数学的概念教学往往需要设计一定的情境，引导学生从具体生活经验中去感知概念，然后逐步抽象，理解和建立概念。也是为了在尊重儿童学习规律的前提下，用合适的方式引导学生逐步学习新的信息，真正理解而非简单的记住概念。这是因为这些数学概念理解起来有其内在规律，不能简单传递。

建立结构。知识的学习是目标，也不仅仅是目标。在小学教学中，知识与知识背后的规律，可以称之为知识的知识，学习知识的知识，也就是方法也是非常重要的。学生在掌握了一些知识后，就需要建立与之相关的模型，这就是结构。如数字编码，为什么用这些数字来编写人的身份证号码呢？牛振华老师引导学生讨论这一话题，就是在引导学生建立相关的数学思考模式。实用性、针对性、普遍性、发展性，都在这样的讨论中蕴藏。识字教学一般也会引导学生去发现汉字的认读、理解规律，渗透借助象形、会意、形声等造字规律识字的方法。如数学的乘法口诀的教学，不仅要归纳出乘法口诀来，还要思考是如何一步步归纳出乘法口诀的。这就对规律和方法都进行了建构。

巩固运用。知识只有在运用中才有生命力，有意义的再现是巩固知识的最好办法。数字编码一定会让学生用身份证的编码方法去编制其他的号码，如学号。学习了生字也要在阅读中去检验和进一步深化识字。明白了一个数学概念，也必须在一定的数学情境中使用这个概念。

二、技能类目标的达成与学习活动设计

技能目标也是小学各学科教学中非常重要的目标，如数学教学中的数字运算技能、识图画图技能、数据处理技能，语文教学中的朗读、写字的技能，英语教学中的听、说、读、写、语言技能，音乐教学中的演唱、演奏技能，体育教学中的运动技能等。在不同的学科课程标准中，对技能目标的表述有些许差异，但总体上是指向学生通过练习获得的一些技巧和能力。因为技能的获得方式中必须要有知识的参与，更要有反复的练习，所以在达成技能类目标的学习活动设计中就要考虑教师的示范讲解和学生的积极练习。再加上对小学生年龄特点的考量，达成技能类目标的学习活动基本上由这些活动组成：

准备活动。在技能类目标的达成过程中，为了能更高效的练习，需要做一些准备活动。根据学科特点，这些准备活动的内容、形式各异。如体育学科需要热身，帮助学生活动筋骨；音乐学科需要听音、吊嗓，为演唱做准备；数学学科需要复习与新学计算技能相关的计算法则；语文学科则需要创设情境，体验情感，帮助学生有感情地去朗读……这些准备活动不一定都是在上课的某一固定阶段，而是依据完成技能类目标的需要而设定。

如张玉洁老师执教的《画夜景》一课，老师通过媒体呈现了美丽的夜景图，激发了学生认识、创作夜景图的兴趣。然后通过讨论，知晓了通过明亮的色彩和深暗的色彩的对比可以表现夜景的方法。这一段学习活动，就是为后续教师的示范讲解和学生动手练习做准备。

观看示范。技能的练成是需要正确的示范引领的，尤其是带有危险性的动手操作技能的训练更是如此。观看老师或优秀学生的示范，倾听教师的讲解，这是技能学习中的重要环节。如徐翌老师的《各种方式运球》，陈帆老师的《立定跳远》，都设计了教师的示范与讲解。语文课程写字教学中教师也会示范写生字，朗读教学中甚至会教读。数学课程的计算教学中往往会挑选学生“演板”，再加上老师和同学的讲解，也是一种示范。观看示范最重要的任务就是要明了正确的方法，为后续知行统一的训练做好认知的准备。

操作练习。技能的形成离不开科学的练习，在正确的方法的指导下，学生独立的、互助的多种方式的练习成为达成技能类目标的学习活动重要特征。操作练习的内容要有层次，在递进中不断提高练习的难度和强度，练习的方式要多样化，避免长时间的机械训练。《各种方式的运球》一课中，学生的练习就有“原地2人2球—行进中2人2球—3人3球—小组内多人多球”的顺序，由易到难，逐步提高要求。在语文学科的朗读练习中，老师经常会组织独立朗读，分角色朗读，分男女比赛读等多种方式，练习变得生动有趣。

反馈评价。每一个相对独立的学习活动都会有相应的反馈评价，这样才能及时诊断学生学习的效果，调整下一步的教学工作。学生自我展示与评价、小组展示与组内评价、集体展示与相互评价、教师评价等，都是反馈评价的活动形式，结合不同的内容、学情，合理应用。

三、情感类目标的达成与学习活动设计

在小学各学科教学中，情感目标是多维目标中重要的一维，涉及学生学习的动机、兴趣、意志、习惯、态度、情感体验、价值取向等。在知识体系严谨、学科能力要求明晰的学科教学中，情感类目标达成必须融入知识能力目标的达成之中，很难独立为之而设计学习活动。但在品德与生活、品德与社会、心理健康教育、艺术等学科或各学科的某些内容的教学中，存在侧重情感类目标达成的情况。如收集课例中龚梦婷老师的《生活中难免有风雨》，王璇老师的《加油与减速》，王翎老师的《糖果仙子舞曲》，就是侧重于情感类目标达成的教学案例。对于达成这一类目标的学习活动设计，应该考虑情感态度价值观得以发展的内在机制，协调好知、情、意、行，才会有更好效果。

融情入境。合适的情境是有利于学习更好地进行，而对于情感类目标的达成，合适的情境显得尤为重要。安全的心理环境，集中的注意力，与学习内容贴近的氛围等都是教师需要在创设情境的时候努力达到的，学生需要通过与老师、同伴和自己的互动，能较快融入学习的情境之中。如王璇老师心理辅导课的“暖心活动”，做一个赛车的游戏，一下子吸引住了全体学生，并能让学生感受到速度在这场比赛中的意义，这与人生的“加油与减速”巧妙契合。

体验活动。能否让每一位学生经历真实内在体验活动是达成情感类目标最为关键的所在。这是任何别人都不能代替的，也是任何外在活动无法代替的。王翎老师让学生静静地聆听《糖果仙子舞曲》，去感受乐曲的节奏和情感。龚梦婷老师让每一位学生制作自己的心情晴雨表，写下自己的烦心事。王璇老师拿出四幅与学生生活密切相关的图片，让学生与自己的学习经历一一对应。老师设计的这些学习活动外显的不过是听、看、写，有时可能还有一些互动游戏等，重要的是这些外显活动背后学生的情感体验是否存在。所以活动的设计要尽量做到贴近学生经验，包括审美的基础、情感的积淀、思想的冲突、生活的困扰等。

表达交流。体验到的情感需要用巧妙的方式表达出来，需要和别人交流。不同的学科，不同的内容，表达交流的方式也会有差异。王翎老师的《糖果仙子舞曲》让学生小组用打击乐和芭蕾舞的方式表现自己的体验，龚梦婷老师的《生活中难免有风雨》让学生用卡片记录并讲述自己的体验。讲真话、诉真情，在表达交流中相互感染、相互激励、相互促进。

四、思维能力目标的达成与学习活动设计

思维能力包括理解、分析、综合、比较、概括、抽象、推理、论证、判断等能力，是智慧的核心，也是小学各学科着力培养的重要目标。在不同的学科中，思维能力的培养与相应的知识载体密切相连，呈现出不同的学科特色，但学习活动的基本结构遵循思维能力培养的规律，呈现出较为稳定的特征。

发现问题。思维能力的培养需要问题情境，而学生发现问题远比教师提出问题更为有价值。结合学科特点，老师往往会创设情境，让学生提出有价值的问题，如关键的数学问题、语文问题等①。如蓝燕老师执教的《鸡兔同笼》，呈现一个数学情境，学生提出了很多问题，其中就有求解鸡和兔只数的问题。学生是根据已有数学信息，提出数学问题，这本身就是思维的训练。科学探究课呈现一种科学现象，学生就会多问几个为什么。在语文阅读教学中，往往会引导学生针对文本的关键处提出问题，这也是比较、分析、理解、判断的过程。发现问题甚至比解决问题还要重要，正是因为发现问题过程中学生必然会有一系列的思维活动，尤其是思维的深刻性、敏捷性和创造性都能得到体现。

毋庸讳言，现在的常规课堂仍然大量存在由一个个问题串联成一节节课的现象，学生在课堂上就一直在解决着一个个问题。这种过泛的问题导向，使得思维的质量不高，思维能力得不到应有的发展。这也就没有与教学目标关联起来，不清晰思维能力目标的水平。教师需要从学生提出的问题中发现、总结、整合出有挑战意义的能帮助达成思维能力目标的问题。

解决问题。解决问题的过程是掌握思维方法，训练思维能力的过程。解决问题的方法很多，也就意味着培养的思维能力可以多种，但是教师必须明白教学目标中设定的必须人人要达标的思维训练是什么。就如蓝燕老师执教的《鸡兔同笼》，当学生讨论用什么方法可以求出笼内有多少只鸡多少只兔的时候，学生讨论出了列表法、方程法、假设法三种方法，这三种方法都能解决问题，但是三种方法背后的思维方式不一样，列表法是枚举后的归纳；方程思想是一种分析转换，在变量中发现等量的思维；假设本身就是一种思维方式，小学数学中也有涉及。蓝老师面对这些方法，她选

---

① 所谓语文问题、数学问题，是指所提问题具有语文、数学学科特点的有价值的问题，而非泛泛的问题。

择了让每一位学生都认真列表，在枚举中归纳出求解鸡兔同笼类问题的规律，这是教学目标的重点。同时也不限制学生思维，给予时间让学生用假设法和列方程的方法解决问题。

解决问题的关键在动脑，也就是必须促进学生内在思维的变化。简单地将解决问题的方法“教”给学生是难以起到促进思维的作用的，而不同的学科在促进思维发展的形式上又有各自特点，教师的学习活动设计需要具体化，不能空洞、概念化。

总结建模。解决一个问题还不是学习的终结目标，课堂教学也不可能教学生解决各种各样的问题，需要做的是在解决这样的问题中形成思维的模型，从而做到迁移运用。蓝燕老师的《鸡兔同笼》中就引导学生总结概括解决类似问题的模型，去判断定量下的变量关系，学生收获很大。

巩固应用。思维能力目标的最终形成离不开运用，这与技能类目标的达成是一样的，在发现、理解、辨析、判断、概括等思维活动之后，还需要熟能生巧。

在小学教学实践中教学目标往往不会孤立呈现知识目标、技能目标、情感目标和思维目标，教师会根据内容、学情和条件，来整合教学目标，实现课程改革以来“知识与技能”“过程与方法”“情感态度与价值观”三维目标的和谐统一。但仔细审视这些教学实践，总会有一定的侧重，故我们在研究过程中，把侧重于某一方面的教学视为完成此类目标的教学。这也是基于教学实际，便于分析研究的一种做法。

（二）教学内容与学习活动设计

一年级识字学习活动设计及指导策略

任斯佳

《语文课程标准》明确提出：“识字是阅读的基础，是低年级教学的重点。”第一学段，要“认识常用汉字一千六百至一千八百个，其中八百至一千个会写”。现在的孩子一进入小学就要识记这么多生字，确实感到头疼。在识字教学中因强调工具性而忽视人文性，识字途径比较少，识字方法易忽视个体差异，而使识字教学枯燥、难认、难学。对教低年级的语文老师来说更是感到束手无策。

现行鄂教版一年级语文教材的编写，主要分为“分散识字”（按课文识字）、“集中识字”（教材中的识字一、识字二、识字三、识字四）。因此，在进行识字教学策略研究时，我们开放了自己的课堂，着重激发孩子们的识字兴趣，培养孩子的识字习惯，并教给孩子们一些识字方法，指导学生在课前、课中、课后自主识字。

一、识字学习活动设计基本理念

（1）“大语文”环境中识字，提高识字效率并使语文识字活动充满活力。利用生活中的各种契机组织识字后的，让学生感受语文源于生活，学习是为了生活的需要，能感受识字所带来的快乐，能随时随处主动识字并形成随时学习的意识。

（2）基于“伙伴学习课堂”理念设计识字活动，特别关注学生的自主、合作学习的意识和能力。

（3）继承和发扬识字教学研究的成果，结合学情设计识字活动。认真学习集中识字、随文识字、字理识字、拼音识字等多种识字教学的成功经验，结合学生实际情况，有效设计不同的活动，提高识字效能。

（4）尽快进入课外阅读。有效的识字教学能够提高学生的识字能力，从而促进有效的阅读教学，拓宽学生的阅读面，增加阅读量。

二、识字学习活动基本流程

（一）课前识字——圈拼读，自主学认

授之以鱼不如授之以渔。

一年级上个学期，我们把学生自学生字的时间放到学习新课的前一节课，在课堂中指导学生自学生字，指导孩子课前养成良好的自学习惯，针对课后生字，做到“圈、拼、读，自主学认”。训练一段时间之后，学生有了一定的自学习惯和自学方法后，再把自学生字的任务放到家庭作业中。

让学生独立在课文中找出生字，用圆圈圈起来，边圈边进行拼读，解决字音，并划出带有生字的词语。在课文后的“我会认”和“我会写”的生字上标出相应的音节，并在“平、翘舌音”、“前、后鼻音”的字下面做一个“▲”记号。在“我会写”的生字的田字格里，再给已学会的生字组词。（当学生不知道这个生字组词的时候，鼓励他自己去找答案。可以查看

工具书、在校还可咨询同学老师，在家可以请教家长）

“课前识字”的核心是自学能力的培养，我们要以学生的发展为立足点，让他们认识到自学是一件很有意义的事情，以培养他们自学的兴趣。此外，要实施系列奖励措施，以保障学生自学兴趣的持续性。

例如：学习新课之前，给学生5分钟时间，同桌或小组内互相检查，看看是否按老师规定的自学要求学习。做到的学生，就在他的课本上盖上一个学生们很羡慕的“大拇指”。又如：检测学生自学效果的时候，学生能读准确生字的读音，能说出自己的形象容易识记的方法，可以颁发“识字明星”小奖状等让学生有成功的体验，从而提高自学兴趣。

（二）课中识字

课中识字分为学生自主识字活动和老师指导下的识字活动。

1. 学生自主识字活动：自主学认——合作学习

为了让每一个孩子在课堂上都能成为学习的主人，让每一个孩子都能在课堂中轻松愉快地学习，并掌握所学的知识，我们改变了以往老师教、学生学的老方式，我们组尝试着用小组合作的方式进行学习、交流。

一年级组刘陨萍老师的课堂上，她把学生分成若干个四人小组，每个小组选出一个小组长。在初读课文后，学生在小组内合作学习生字：四人围坐，每个人都用右手食指指着生字，从小组长开始，轮流教读，每个字连读三遍，其他三人跟读三遍，教读者不会了或者教错了，其他三人中任何一个可马上提醒或纠正，这样做强化了对字音、字形记忆。之后，让学生在小组内说说各自的识字方法，让学生逐步领悟、进而掌握最佳识字方法。通过这种简单的合作学习，所有的学生都主动参与，积极表现，实现学习互补，增强了合作精神和竞争意识，提高了学习的有效性。

针对低年级学生年龄特点，闵婵媛老师努力让学生小组合作简洁、有趣、有效，课堂上她主要在小组合作运用以下几种识字的方式：（1）学当“小老师”。让孩子当老师抽生字卡片教读生字，把自己想到的或用过的学习方法教给同伴，用老师的方法教学生字等。（2）识字游戏。如：我说你猜、给生字找朋友、抢读、查字典比赛，都可以在小组内进行。游戏的方式特别能吸引学生的注意力。当然，在游戏后总结收获是必不可少的环节。（3）总结方法。一年级识字方法主要有看图识字、看拼音识字、问老师同学、看上下文猜字等。到二年级还会有看偏旁、编字谜、数笔画等。这些识字方法的运用贯穿于整个识字教学。

钟媛老师也在“合作识字”方面做了大量尝试。首先，合作的形式以同桌合作为主。其次，合作的形式多样，贯穿识字教学的各个环节中。如：一、同桌互查生字预习。二、同桌合作学习生字。学生们在自主朗读课文后，同桌之间你随机点一个生字我来读，我随机点一个生字你来读，通过游戏的方式合作读生字。三、同桌合作当小老师教生字。教师将生字卡片发给学得认真的同桌，让他们上来当小老师教全班同学。四、同桌合作学习词语。按照列出的词语顺序，同桌采取你读一个，我读一个，两人交替着读，一遍读完再来一遍。五、同桌合作学写生字。在教师教生字前，同桌之间会先合作学习这些生字的笔顺以及记住这个字的方法。在说笔顺环节，一个孩子问：“×”字怎么写？另一个孩子回答：“×”字这样写，一笔……一问一答的方式，让合作显得更加融洽。六、同桌互评写生字。

2. 阅读教学中的识字活动：随文识字，感悟方法

对学生而言，生字只有放在一定的语言环境中才有阅读价值，所以孩子喜欢读书而不喜欢枯燥地识字。随文识字既是阅读教学的重要任务，也是促进阅读理解的重要途径。作为教师，不能仅仅满足于学生识字本身，而应通过识字过程，让学生感悟识字方法，逐步深入理解汉字的音、形、义。

一年级组老师在研究中探究出大量的随文识字指导方法：（1）字图结合，形象识字。（2）游戏引入，趣中识字。（3）互助互学，加快识字。（4）汉字结构，自理识字。（5）创设语境，联想识字。

一年级组王菲老师认为，学生的读比老师的讲解更重要。当她在讲第18课《小花猫找汗》的第二自然段时，出现了“汗淋淋”这个词语，其中“汗”也是本课要求掌握的生字之一。她是这样处理的：

师：小花猫最先问的是谁？

生：他最先问的是老牛。

师：老牛是怎么回答他的呢？请同学们自由朗读第二段。

生：“他去问老牛，老牛指着自己汗淋淋的鼻子说：‘汗嘛，在鼻子上。’”

师：这儿出现了一个词“汗淋淋”（板书），谁来读读（指名读）？什么

叫“汗淋淋”你知道吗?

生:“汗淋淋”就是老牛鼻子那块儿有很多小水珠,那就是汗。

生:汗淋淋的时候,鼻子上还会感觉痒痒的。

师:他的理解很准确,你的体会也很棒!汗淋淋就是出了很多汗。大家看,这三个字都有偏旁——

生:三点水。

师:这说明——

生:它们都与水有关。

师:同学们说得太好了。让我们再来读读第二段吧!

识字教学与语境相结合,能使学生更深刻地理解字义,这时再让学生读课文,学生读得很投入,入情入境。识字、读书、说话、情感陶冶融为一体,可谓相得益彰。

张慧老师根据汉字造字规律来进行识字、写字教学,学生学习汉字的认知规律,通过形象感知和意义识记,符合学生认知心理。学生通过读准字音,看清字形,知道字史,了解汉字变化演绎过程,让孩子为字理感到自豪,不仅从音、形、义上认识汉字,更是在字理上让学生感受到源远流长的中华文化。比如第10课《风》,张老师在教学中就运用了字理的学习方法。里面有“波”和“河”两个和三点水旁有关的字。她在教学“河”的时候,用课件呈现了“河”的字形演变过程,并告诉学生在《说文解字》中“河”的意思。字形采用“水”作边旁,“可”是声旁。有个孩子站起来说:“我是这样来记住‘河’的,河的左边是三点水旁,右边是可,我很喜欢喝可乐,可乐也是水,我这样来记住‘河’。”孩子的语言虽然幼稚,但是他能够从汉字的构字规律来识字。在《语文乐园六》第一题有很多带有三点水的字,张老师引导学生认识到,三点水的字都和水有关。马上有学生举手了,“法”也有三点水,但是怎么和水有关呢?原来“法”指刑法,此时其繁体字写法是“灋”,量刑标准平得像水面一样,因此字形采用“水”作边旁;“廌”是一种动物,生性正直,有着明辨是非、判断曲直的神性,在人们相互间发生纠纷时,就由其裁决,一旦判别出真犯后将其除灭,所以字形也采用“去”作边旁。老师让学生通过字理认识到:如果出现不平的时候,水会流动,一直到完全平了为止,法就像水一样,一定是完全公平公正的。而“去”也就是消灭、去除罪犯。通过字理的学习，孩子们就能马上记住“法”的字形和字义，并由此感受到汉字所承载的中华文化渊源流长。再如在教形声字的时候，老师及时帮助孩子了解汉字这类字表音、表义的特点。比如学了某一偏旁的字，可以把他们全都归纳起来展示给学生。如学“讠”字旁的字后可以归纳为：“言字旁，形变样。表语言，说读讲。”

在游戏活动中识字也是很好的活动设计，如让孩子猜字谜：“十张口，一颗心（思）”、“两个小孩在土堆上背靠背（坐）”、“一口咬掉牛尾巴（告）”；编儿歌引导孩子识记：“鸟”——鸟少一点成了乌，乌鸦好像没眼珠。只因全身羽毛黑，所以远看不清楚。“七”——十字尾巴弯弯，算算比十少三。“匹”——三面有墙一面空，有个婴儿在当中；如教“看”字时，通过讲故事创设情境，“孙悟空手搭凉棚，睁圆火眼金睛，正向前方看有没有妖怪呢……”这样的故事既能帮助学生熟记字形，还能明白字义。

年级组老师的实践中还尝试了迁移识字、分解识字、比较识字等多种识字策略。无论是哪种课堂识字，老师的指导也十分重要，在指导过程中，老师们尽量做到突出重点，避免平均用力，多比较联系，避免孤立识字；多趣味识字，避免枯燥记忆；朗读识字，避免记忆遗忘。

识字的目的是运用，不仅在阅读时运用，还要学会在表达中运用。学以致用、学用结合是巩固识字成果的重要策略，在孩子表达中体会汉字的运用，体验识字的成就感，从而激发主动学习汉字、学习语文的愿望。

（三）课外识字：识字活动课，生活中识字

“课内识字”和“课外识字”两条腿走路同样重要，在不动现行教材的前提下，引导学生从课外生活中识字，并在课内交流展示。

如在商标识字活动课中，学生通过搜集商标—粘贴商标—展示商标—介绍商标，来完成整个识字活动。把“姓名、路名、游戏名称、动物名称”等这些生活中随处可见的，孩子们喜欢的内容纳入课外识字活动课程中，让孩子们广泛地识字，大量地认字，引导孩子在生活中识字，在生活中学语文。

通过一年的前期实验研究和后续推广探究，使我们得出如下的结论：

（1）让识字回归文本。文本是载体，让学生反复读。

（2）让识字回归生活。体验与生活重叠，与历史重叠，让学生把体验说出来。

（3）让识字回归规律。让学生从音、形、义领悟中华文化。

在我们下一步的研究内容中，我们的指导思想很明确：研究是为了取得真真实实的效果，而且要开发学生识字潜能。注重长效、后效，要惠及广大学生，让学生成为识字的当然主人。

附教学课例：

明天再练吧

学科：语文　　年级：一年级　　执教者：钟媛

一、教材解读

《明天再练吧》是鄂教版语文第二册第三单元的一篇课文，这是一篇贴近学生生活、富有童趣的童话故事。故事中的小鸭子是一个天真而又怕吃苦的孩子，它有一个美好的愿望，将来当一名长跑运动员，并打算明天就开始练。一个又一个的“明天”到了，小鸭子一直没有练习，直到今天小鸭子走路还是慢腾腾的。课文文字浅显，中间三个自然段结构相似，易于激起学生的阅读兴趣。在与文本对话中，学生能明白做任何事情都要有持之以恒的精神，否则将一事无成。

二、学情分析

经过一学期的学习和训练，本班学生已经具备了一定的自主学习能力，能按照“五步法”预习课文，这为他们本课的学习打下了良好的基础。本文文字浅显，中间三个自然段结构相似，学生理解起来比较容易。本课的生字也较容易，鼓励学生通过自学、合作学习生字，教师只重点指导几个较难写的字。上学期学习的几篇童话故事，孩子们非常喜欢，尤其是童话剧的表演，更加大了孩子们对童话故事的学习兴趣，因此孩子们对本课的学习，应该是充满了期待。本文的学习中，孩子们可能会因为对童话故事本身感兴趣，而缺少对童话中蕴涵的深刻道理的理解，这一点，老师要在教学中适时地引导。

三、目标定位

（1）学会“明、再、已、当、早、言、床、朵”8个字，会认“经、运、动、员、始、阴、住、得”8个字，认识偏旁“日、广”。

（2）正确、流利地朗读课文，在朗读中能读出小鸭子不同情景下的不同语气。

（3）通过课文的学习，使学生明白做事情要有恒心，培养学生勇敢面对困难和挫折的意识。

四、条件评估

本次执教的是这篇课文的第一课时，时间分配如下：导入 2 分钟，识字教学 18 分钟，10 分钟课文学习，10 分钟写字教学。一年级识字和写字教学是训练基础，因此时间安排较多。执教中，运用了多媒体设备，课件中补充了大量生动、形象的图片，以帮助学生理解课文的内容和情感。

五、自学设计（导学案）

按照"五步法"——"标、圈、读、思、问"预习课文。

（1）标：用序号标出文中的自然段数；每个自然段的句子数。

（2）圈：在文中用小三角将双横线中的生字标记出来并读三遍。在文中用圆圈将田字格中的生字圈出来并读三遍。

（3）读：借助音节将字音读准，将词语读连贯，将课文读通顺。

（4）思：思考课后问题，并口头回答。

（5）问：熟读课文后，提出自己不懂的问题，或者课文中有不懂的地方用波浪线勾出来，旁边打上问号。

六、教学过程设计（见表 3-9）

表 3-9　《明天再练吧》教学过程设计表

学生活动	教师活动	设计意图
活动 1：观看图片，读好课题	1. 导入新课。 2. 板书课题，指名读题。	激发兴趣，导入新课。
活动 2：学习字词，初读课文 1. 自由朗读课文，同桌合作学习生字。 2. 小老师教读双横线和田字格中生字。 3. 去掉拼音开小火车读生字。 4. 同桌互学课文中的词语。 5. 教师指明同桌合作读词语。 6. 再次读课文。	1. 教师巡视，适时指导。 2. 在小老师教学和开火车过程中，给予适时的纠正与指导。 3. 指明读词语。	1. 定向导学，培养学生自主学习的习惯。 2. 指导同桌合作学习，培养学生互相倾听、互助互学的学习习惯。

续表

学生活动	教师活动	设计意图
活动3：学习课文，读中感悟 1. 自由朗读第1自然段。 2. 思考：小鸭子的愿望是什么？ 3. 将“准能”换一个词，读句子。 4. 朗读中体会小鸭子骄傲的语气。 5. 学生齐读。	1. 教师范读。 2. 提问。 3. 指明读句子。	多样的图片展示配合感情朗读，促进学生对课文内容和情感的理解。
活动4：学习生字 学习“明、再、已、当”四个生字 1. 同桌学习这四个生字。 2. 说笔顺、识记方法、关键笔画。 3. 课本上书写。	1. 重点指导学生识字的方法和搞清楚关键笔画。 2. 教师范写。	渗透字理，激发学生的识字兴趣，提高学生自主学习生字的能力。
板书设计	明天再练吧 小鸭子　　　　长跑运动员	
家庭作业	1. 熟读课文；2. 写这节课学的4个生字、组词、听写。	

七、教学反思

《明天再练吧》是一篇贴近学生生活、富有童趣的童话故事。故事中的小鸭子是一个天真而又怕吃苦的孩子，它有一个美好的愿望，将来当一名长跑运动员，并打算明天就开始练。一个又一个的“明天”到了，小鸭子一直没有练习，直到今天小鸭子走路还是慢腾腾的。本文文字浅显，中间三个自然段结构相似，易于激起学生的阅读兴趣。同时，本文对一年级学生来说具有很强的现实教育意义。

识字教学是低年段语文教学的重点和难点，本节讲授的是这篇课文的第一课时，因此识字教学就更是重中之重。本课的识字教学中，我倡导学生自主识字、合作识字、快乐识字。在课前自主识字基础上安排了以下一些环节：

（1）同桌互查生字预习情况。同桌互相检查预习任务中的圈画生字的完成情况。

（2）同桌合作学习生字。在自主朗读课文后，即进行同桌学习生字环节。这一环节中，同桌两名学生首先将双横线和田字格中的生字互相读给对方听，读得好的夸夸对方，读不准确的地方给对方指出来。然后再进行你点我读的识字游戏环节。

（3）同桌合作当小老师教生字。同桌合作学习生字时，我将生字卡片发给学得认真的同桌，让他们上来当小老师教全班同学。小老师首先带读生字两遍，组一个词语，然后再提醒这个生字的读音应该注意什么地方，例如“明、经”都是后鼻音，“再、早”都是平舌音，应该引起注意。通过让同桌当小老师教生字的方式，孩子们识字的积极性有了极大的提高，也让他们形成了以同桌合作为单位的竞争意识，这也在一定程度上提高了孩子们的合作意识。

（4）同桌合作学习词语。掌握了生字后，同桌会一起合作学习课文中的词语。按照列出的词语顺序，同桌采取你读一个，我读一个，两人交替着读的方式学习词语。这样也避免了传统的一个人读完，另一个人再读的枯燥，让读词语变得有趣味，让合作的形式多样了。

（5）同桌合作学写生字。在教师教授生字前，同桌之间会先合作学习这些生字的笔顺以及记住这个字的方法。在说笔顺环节，一个孩子问，一个孩子回答。例如：“明”字怎么写？另一个孩子回答：“明”字这样写，一笔竖，二笔横折……一问一答的方式，让合作显得更加融洽。

（6）同桌互评写的生字。在写完生字后，同桌之间要互评对方写的如何。写得好夸奖对方，写得不太好的地方要给对方指出来，并监督对方改正。

这节课呈现的这几个教学环节，是我在近一年的识字教学中慢慢摸索出来的一套适合本班孩子的教学方法。通过这节课的展示，我越发感受到同桌合作识字，不仅使孩子们掌握了更多的识字方法，培养了识字能力，还使识字教学充满趣味。

当然，这节课的识字教学也存在不少问题，我从中总结了几点应该注意的方面，希望对今后的识字教学有一定帮助。第一，同桌合作识字时，要注意培养学生认真倾听的习惯，听同桌的字音读得准不准，听同桌的笔顺说得对不对。如果同桌的两个孩子都是会倾听的孩子，那么合作学习的效率就相当高了。我班孩子的倾听习惯还需要继续培养。第二，同桌之间要学会评价。合作识字，在认真倾听的基础之上，还要学会积极给予对方评价。读得好的、写得好的要及时夸奖，有问题的地方要礼貌地给对方指出来，希望对方改正。良好的评价，会促进同桌的合作更加默契。我班孩子平时在评价方面训练较少，因此评价语言单一，后期还要努力训练。第三，老师要积极参与孩子们的合作。同桌合作不仅仅是孩子们的合作，老师也要适时参与和指导，这样才能保证合作的效果。本节课，我注重了孩子们自主识字的训练，主要是组织他们合作，而缺少了和孩子们的合作，这是教学环节的一大失误。今后可以设计和孩子们一起认读生字、学生教老师学习生字等环节来丰富合作的形式。

二年级童话教学学习活动设计及指导策略

余国卿　秦怡

童话在小学语文教材中占有非常重要的地位，不同版本的中低年级教材中童话都占教材的1/4至1/3。中低年级学生也非常喜欢阅读童话，这是因为童话有丰富的想象、奇特的故事、浅显易懂的语言，契合儿童的年龄特点和认知规律。在建构学习中心课堂时，童话这种教学内容的独特性，使得学习活动的设计就要与之适合，只有这样才能取得良好的教学效果。

一、中低年级童话教学学习活动设计的基本理念

充分尊重学生的年龄特点及认知规律。成年人往往站在自己的立场去教育孩子，效果不一定好。近年来，“儿童立场”成为教育界重要的共识，“儿童的发展是现代教育核心价值的定位，儿童立场应是现代教育的立场”①。在童话教学的学习活动设计中，更应该重视儿童的情感、思维、生活与表现，因为童话就是为儿童而写的，儿童是最能理解和感受童话作品的读者。童话教学的儿童立场体现在充分尊重学生的年龄特点及认知规律

① 成尚荣．儿童立场：教育从这儿出发［J］．教育理论与实践，2008（6）：4-5.

上，让童话成为真正的“童话”。

科学选择童话的教学价值。语文教材选文的教学价值的确定往往与教师的选择有密切关系，这也是同一篇课文不同的教师会教得完全不同的重要原因。教学价值的选择除了依据语文课程标准、教材编者意图和学生的学情外，还要考虑不同文体的独特性。童话的教学价值除了承担识字、朗读、理解等基本的教学价值外，更应该在童心的呵护与张扬上起到应有的作用。在童话学习中，熏陶情感，培养想象力及语言的感悟与表现力是极为重要的。

二、中低年级童话教学基本学习活动设计

童话教学的学习活动多种多样，在中低年级，按照活动外显形式基本可以分为四种学习活动，每一种活动都有明确的目标、内容、反馈方式。

（一）读一读

童话教学的“读一读”需要达成的学习目标主要是识字、疏通文义和提高朗读能力等。具体活动安排为：

（1）读生字词。学生自己读生字，圈画词语并读准，同桌或小组之间可以互相帮助。

（2）读句子。能读通读顺句子，难读的地方知道通过反复练习或向他人请教等方式读通顺。

（3）正确流利朗读课文。在读准生字词和难读的句子基础上练习朗读全文，在同学或老师的帮助下做到正确流利。

“读一读”是开展后续学习活动的基础，也是中低年级达成识字、阅读教学目标的重要活动。根据学生的学情，时间要充足，方式要多样，检查反馈要到位。

（二）说一说

（1）讲一讲童话故事。用简短的语言介绍童话，让学生不断用自己的语言系统与文本语言发生转换，并逐步提高要求，从而提升整体把握文章内容、组织语言的能力。这是基于文本的再创造，以鼓励大胆讲述为要旨。不同年级，讲述故事内容的要求不同，随着年级升高，可以逐步学习复述故事。

（2）议一议故事中的人和事。用“我喜欢……”“我想对……说”等方式，表达学生自己的阅读感悟。让学生有机会倾吐阅读收获，这是阅读的本质需要，也是明了把握文本主旨的一个过程，对学生情感、态度、价值观等均有重要发展价值。从语文能力发展的角度看，中低年级教材中童话故事的人物形象、文章主旨都比较浅显，学生读熟了课文基本上就能意会、理解，需要重点关注的是如何用自己的语言表达出来。

(3) 说一说我最欣赏的词、句、段。在教师的引导下，帮助学生不断提高语言鉴赏能力，从表达的角度去感受、领悟遣词造句，乃至将来需要掌握的谋篇布局、选材立意等方面的知识和方法。这是一个从具体入手，在学生感知、品味、赏读中，通过教师的示范、引导、提炼、总结等方法，让学生逐步掌握一些基本的方法，并在练习中提升能力。

在中低年级童话教学中无须纠结于内容的分析，对于六七岁的孩子而言，简单的母语材料少一点分析，少一点讲解，直接多读，就是多一些直接的言语感悟，多一些语言熏陶。关注语言表达，学习如何运用语言文字，感受童话的人文情怀才是重要的价值取向。

（三）演一演

扮演角色，创造性表演童话故事，特别是在读和议之后，能把人物的语言、动作、表情，乃至内心的感情表现出来，这是更高层次的“读”和“说”，也是需要教师的指导、示范、训练。儿童乐于表演，只要提供时间和空间，并给予适当的指导，再现能力会迅猛发展。

表演的目的有三：一是促进学生更深入地体会文本。要表演好文中的角色，就得紧扣文章主旨去设计，抓住文中的词句去揣摩，是对文本的深入学习。二是促进学生创造性表现文本。表演童话的过程中学生都会有一些自己的创造的，尤其是在人物的语言、动作、表情等方面，学生能丰富课本中的语言，带有极浓的儿童情趣。三是提升学生学习的兴趣。中低年级学生对表演这种活动方式非常感兴趣，乐于参与，恰当的表演活动，利于提升学生学习的情感体验，实现学习兴趣提升。

（四）写一写

提高运用语言文字能力是语文学习的最重要目标，组织丰富而又恰当的“写”的活动，正是贯彻落实语文课程标准要求的重要举措。“写”的活动包括三个方面：

（1）写字词。写字词是语文学习中需要高度关注的活动，既能丰富识字量，积累词汇，也能养成良好的书写习惯，感受汉字的文化魅力。该写的字，必须认真落实要求，养成良好的书写习惯，提升书写能力。

（2）写句子。遣词造句，模仿优美句子说话，使用不同标点写句子，都是中低年级要落实的训练。

（3）写童话。基于所学文本，学生可以续写、改写、创作童话。学生想象力丰富，有了教材文本为载体，在老师和同学的指导下，写童话的能力能很好得到彰显。

读、说、演、写这些学习活动不一定在一篇童话的教学中都需要完成，也不是一定按照这个顺序去机械落实，学习活动还可以放到综合性学习等其他学习时空中。

三、中低年级童话教学教师基本指导策略

学习活动的设计离不开教师的精心策划，而在学习活动的实施之中，更离不开教师的组织和指导。教师风格不同，学情不同，课堂生成不同，组织和指导策略都会有差异。但也有一些基本的指导策略。

1. 整合班科课程，在“大语文”中学习

局限于课堂教学改革语文教育是远不能解决当前问题的，母语教育资源丰富，学生学习活动时空极为广泛。童话学习的很多活动可以与综合性学习、班队会、课余生活等融合进行，其目的在于通过童话学习，激发学生学习的兴趣，提升学习能力，优化学生生活质量，从而培养更为健康的人。如“演一演”的活动，就可以与班级德育活动整合在一起，还可以开展主题性的童话阅读活动，引导学生把课内外融会贯通。

2. 强化科学特点，落实“一课一得”

从提升课堂学习效能的角度来审视教师的指导，尤其需要选择最需要、最重要的教学目标，设计和组织学习活动，尽量做到“一课一得”。这样既能减轻学生的学习负担，也能使学习扎实有效。例如表演童话，就可以根据文本内容，侧重指导表现人物的语言，或者是动作等，在引导学生评价、指导表演的过程中集中目标，夯实过程，从而做到“一课一得”。

3. 人人参与，合理分工，确保“每一个”的发展

“让每一个学生的学习真实有效地发生”是我们的教学追求。在童话学

习过程中，因为学习活动设计的开放、对小组活动的高要求，班级必须具备较好的建设基础。这要求我们营造师生、生生之间的良好的人际氛围，训练清晰有效的小组活动方式，加强教师及时指导，确保每一个学生都能积极有效参与到童话学习之中。

附教学课例：

最后的玉米

学科：语文　　年级：二年级　　执教者：明兰霞

一、教材解读

《最后的玉米》是一篇童话故事，是鄂教版二年级下册第五单元的一篇课文，全文采用拟人的手法讲述了在一个收获的季节里，一个长得很棒的玉米由灰心变得高兴的心情。本文在写作上的特点是通过拟人的语言、动作表现“玉米”的个性品质。故事告诉我们：无论在什么情况下，都应该相信自己，不要放弃希望。

二、学情分析

小学二年级学生喜欢读故事，尤其喜欢阅读童话故事。对于二年级的孩子而言，本篇课文内容浅显，学生容易关注故事情节而忽视表达上的语言特点以及故事内容的价值取向。因此，教师必须在指导学生抓关键词句，有感情朗读上下功夫，从而感受人物形象，学习表达。教师应引导学生在自主、合作、探究的过程中指导学生读通、读懂、读好，加强小组合作学习的指导和评价，注重朗读指导，让学生在读中品词析句，在读中感受人物形象，在读中体会作者是怎样运用细节描写来讲故事的，使学生既学到知识，又读出文字的精彩。

三、教学目标

(1) 认知目标：学会8个字，会认9个字，学写“差、荣”2个生字，认识多音字“的”。

(2) 能力目标：正确、流利地朗读课文。背诵自己喜欢的部分。

(3) 情感目标：了解课文内容，体会玉米的内心活动，懂得在任何时候都应该自信，懂得“凡事都要等待时机”的道理。

四、教学条件

本课是一篇童话，里面有表演，最少需要两课时完成教学任务，时间分配如下：导入2分钟，识字教学15分钟，20分钟课文学习，5分钟写字教学，其他就是表演时间了。二年级已经有一定识字和写字教学训练，因此时间无需安排较多，本课教学各环节的时间安排较合理。

由于本课描写的玉米在学生生活中比较常见，所以在课件中适当补充了玉米图片，帮助学生理解课文内容和情感，使得玉米的形象在孩子们的头脑中更加鲜活。

指导同桌小组互读、互评，既培养了学生的学习习惯、提高了学习能力，又培养了伙伴学习意识，激发了学生的学习热情。

五、自学设计（导学案）

按照“五步法”——“标、圈、读、思、问”预习课文。

（1）读课文，标段号，画出生词和好词。

（2）把课后生字表中难读生字的拼音圈出来读三遍，难写的生字用红笔描写。

（3）田字格里的每个生字组两个词，多音字组词。

（4）思考：玉米的心情为什么会由心灰意冷变得重新自信？

（5）你想对玉米和老婆婆说点什么？

六、教学过程设计（见表3-10）

表3-10　《最后的玉米》教学过程设计表

学生活动	教师活动	设计意图
活动1： 猜谜语，读课题。	1. 导入新课。 2. 板书课题，指名读题。	激发兴趣，导入新课。
活动2： 字词学习，初读课文。 1. 自由朗读。 2. 小组展示。 3. 再读课文。 4. 同桌互读、互评。	1. 指名朗读。 2. 根据学生展示，相机指导。	1. 定向导学，培养学生自主学习的习惯。 2. 指导同桌合作学习，培养学生互相倾听、互助互学的品质。

续表

学生活动	教师活动	设计意图
活动3：学习课文，读中感悟。 1. 朗读课文。 2. 思考、回答问题。 3. 读词语、句子。 4. 动作演绎。 5. 配乐朗读。 6. 说一说。	1. 教师范读课文。 2. 提问：你从课文哪些词语感受到了玉米的心灰意冷？ 3. 指名学生交流，板书词语。 4. 引入正文学习： （1）读词语：孤零零、无奈、一无是处； （2）出示句子； （3）指名读句子； （4）指导学生通过动作体会情感。 5. 指导配乐朗读。 6. 想一想：你想对玉米说什么？	多样的图片展示配合感情朗读，让孩子们感受玉米由悲到喜的情感。动作演绎朗读法，促进学生对课文内容和情感的理解。
活动4：写字练习 1. 学习8个生字。 2. 游戏：汉字“变变变”、小蝌蚪找妈妈。	1. 出示要学习的8个字。 2. 讲解重点字的笔顺和应注意的笔画。 3. 范写重点字。	在游戏中，激发学生的识字兴趣，提高学生自主学习生字的能力。
板书设计	14. 最后的玉米 心灰意冷 自信　孤零零　自信　感激 一无是处	
家庭作业	熟读课文，写生字。你想对老婆婆和玉米说点什么？	

七、教学反思

童话，是一类具有特殊审美价值的虚构故事，主要读者是儿童。上好童话课对学生有很大的意义和帮助，可以提高学生的语文素养，可以激发学生的写作动机，可以培养学生的审美情感，童话教学可以培养学生的想象力和创造力，从而促进学生语文素质的全面提高。所以说童话教学，在小学语文课本中占据着举足轻重的位置。我所授课的《最后的玉米》，是鄂教版语文第四册中的一篇童话。而对于童话的教学，我们遵循“读一读、说一说、演一演、写一写”来进行教学。其中“演一演”“写一写”是教学的核心。

1. 演一演

儿童之所以喜爱童话，是因为童话的幻想性和强烈的游戏精神最能满足儿童的审美心理和审美情趣的需求。因而童话教学切忌进行过多的理性分析，要根据不同类型童话的特点，充分利用童话的幻想性和游戏精神来展开教学。《最后的玉米》这一篇童话通俗易懂，通过将文章中的玉米幻化成人的形象，让它们具有人的思维和意识。教学过程中，我注重学生对文中角色的体会，抓住关键词句，引导学生在演的过程中体会人物情感。在表演时演出神态、动作和情感，并让学生进行评价。在评价的过程中不断完善和进步。所以，学生在课堂上很开心，都愿意去尝试角色的扮演。

2. 写一写

在学习熟悉课文的基础上，教师可以先引导学生复述学习的童话，然后鼓励学生对童话进行改写。教师可以指导学生在复述童话的过程加入自己的想象，引导学生发挥想象力去改写童话。小学生思维的发展正处于想象力发展的敏感期，教师应该根据学生的实际，让学生尽情展开想象大胆想象，培养儿童的想象力。比如，鼓励学生给童话改写结尾，更改人物的角色，从另外一个角度来重新写童话。通过这样的写作锻炼，有利于锻炼学生的表达能力，培养学生创新的思维。比如学完了《最后的玉米》这一课，我让学生从两个方面来选择写一写：一是写一写你想对玉米说点什么；二是如果你是玉米，你想对老婆婆说点什么。引导学生懂得：耐心的等待是一种优秀的品质，它会带给你更多意想不到的惊喜，同时也要学会感恩，学会感激身边的人，就像玉米对老婆婆的感谢一样。

另外，配音乐、图像来学习，写书评、给童话配插图、利用多媒体课件、做游戏、写童话日记等都是童话教学的好方法。小学语文教师还需要加强童话教学的理论知识，需要多阅读古今中外的童话名著，采用多样的方式来教授童话。小学语文老师最重要的是应该保持一颗童心来教学，这样才可以站在孩子的角度去解读童话，陪伴孩子们走进童话世界，与孩子们一起分享其中的喜怒哀乐，帮助学生实现心灵的成长。

三年级习作教学学习活动设计及指导策略

汪亭

三年级是作文的起步阶段，学生刚刚迈入写作的门槛，而作文的要求又比低年级的写话高出一个层次，很多学生便对作文产生畏惧心理，感觉无从下手。如何让刚刚学习写段的中年级孩子基本明白习作的要求，大致掌握基本习作方法，乐于表达，敢于习作，分享成功，增强自信呢？在这个阶段，我们主要通过段的练习，让学生掌握基本的构段方法，并在此过程中学习积累素材，为后续的习作练习做好准备。

一、激发学生写作兴趣的途径

俗语说："兴趣是最好的老师。"只有激发学生的写作兴趣，促使他们自发自觉地经常练笔，才能更快更好地提高学生的作文水平。我们认为，激发学生的写作兴趣主要有以下三条途径：

1．培养学生的观察能力

观察是人们认识事物的第一步。如果学生对身边的事物缺乏直观感性的认识，就让他们去描写，去评论无疑是很难的。对三年级的小学生来说，认识世界的主要途径是观察，只有亲身去接触事物，仔细的观察事物，才能获得真实、深刻、细致的第一手资料，写作时才有话可写，写出的文章也比较真实生动。因此，作文教学应注重培养学生的观察能力，激发学生的观察兴趣，并使他们懂得观察的重要性，逐步养成细致观察的好习惯，引导学生做生活的有心人。学生通过观察，积累了大量的素材，写起作文就不会觉得难了。

2．引发学生的想象思维

丰富的想象力是写好作文的不竭源泉。在作文教学中，除了培养学生的观察能力之外，引发学生的想象思维也很重要。在教学过程中，教师要经常为学生创设激发想象的情境，引发他们的想象思维，培养他们的想象创造能力。例如习作七用玩具编写童话，教师可以利用课件展示很多可爱的玩具和动画，激起学生的兴趣，请学生小组合作为其中的一些玩具确立关系，编故事，编对话……学生在合作交流中互相启发，互相补充，使想象更加充实，更加生动，直到编写成一个完整的童话。在这种情境中，学生得到了自主学习、充分表现的机会，有了自由想象的空间，想象思维得到引发和锻炼，写作兴趣也提高了，写出的作文也比较充实生动。

3. 鼓励学生自主积累语言

“不积跬步，无以至千里”，只有量的积累才有可能导致质的提升。没有大量的语言积累，学生是无法写好作文的。而三年级的学生大多缺乏自觉性，只有不断地鼓励和督促，才能帮助他们积累语言，提高语言的储备量。可以布置学生每天摘抄好词好句，定期检查。课外向学生介绍一些名言、古诗词、儿童诗歌，要求他们熟读成诵，并学习运用。在班会课、校本课开展读书交流会、朗诵比赛成语接龙等有趣有益的活动，提高学生自觉积累的兴趣和积极性，加深他们对语言本身及其应用的印象。

二、中年级习作学习活动设计

一提到作文，学生觉得难，一难在无内容可写，二难在习作写不具体。如何解决呢？我们认为：三年级习作教学要求重在培养学生的写作兴趣和自信心；常规习作一定要面向每个学生，降低习作要求。做到言之有物，言之有序，标点符号正确，有头有尾，重点部分多写几句。简而言之，我们要让学生保持兴趣，有话可说，有内容可写，写清楚、通顺即可。

中年级习作课上重点要进行方法的指导。首先是指导学生掌握产生习作内容的方法；其次是指导学生习得简单的表达方法；最后还要培养创新思维，让学生形成自由习作的方法。课上基本采用“说—评—写—改”的教学流程。

1. 课前：依据“前置性作文预习单”学习

因“学”设“导”，让“导”为“学”领航。我们将阅读教学中引导学生自学的方法迁移到作文教学中，依据学生生活，编制“前置性作文预习单”，让学生广泛搜集素材，初理素材，尝试动笔记录，让学生有备而来，饱含激情，有期待，有话可说。

在习作《玩具宝贝》教学研讨中，我们编制了预习前置单，让学生回家找出自己最喜爱的玩具，开心地玩一玩，再来填写自己最喜欢的玩具是什么，喜欢的理由（玩具特别漂亮、特别好玩、它的特殊意义）。有了充分的准备，课堂上看着自己带来的玩具，学生们兴趣盎然，个个都觉得有话可说。下面是预习前置单：

习作《玩具宝贝》预习前置单

三（　　）班

姓名：________

（1）我最喜欢的玩具是________________

（2）请拿起它，开心地玩吧！玩后，简要记录喜欢的理由：

特别漂亮（颜色、外形）	
特别好玩（功能、玩法）	
特殊意义（来历、故事）	

（3）将你的记录说给家长听听，让他们为你点个赞！

2. 课中：说—评—写—改

组内说：直奔主题，学生拿出“作文预习前置单”在小组内简单交流自己准备的习作素材。

全班说：组内交流完毕后，随机请小组学生代表发言，老师要提示大家说不一样的话，选不一样的内容。其他同学要认真倾听，为接下来的集中点评做准备。

大家评：老师从刚才发言的同学中，选出典型事例，再请那位同学上台，口头作文。其他同学参与点评：说一说，你喜欢他的作文吗？为什么？你还想给他提出怎样的修改建议？同学交流点评中，教师随机插话，并将此节习作课的要求适时板书到黑板上。

独立写：课上用 10 分钟时间，每个人动笔静静写，完成习作片段。

互相改：写完后，找同学互换，相互分享，提出修改建议，教师走动指导。

3. 课后：完成这篇习作，家长点评，老师点评。

三、中年级习作教学教师基本指导策略

1. 指导观察“着力点”：习作素材积累的方法

三年级学生习作遇到的第一个障碍是“巧妇难为无米之炊”。米在哪里？还是要在生活中寻找，有人说“在生活中，开发写作源泉，走进生活，打开生活之门，是消除作文‘灰色污染’的最重要的决定性步骤”。因此，中年级习作课上，教师应该帮助学生掌握运用各种感官细致观察，积累丰富习作素材的方法。

2. 寻找写法“生长点”：掌握语言表达的方法

中年级学生习作，遇到的第二个问题一般是“茶壶里煮饺子——有话倒不出”。老师有必要向学生传授一些基本习作方法，慢慢帮助学生提高表达水平。遵循“一课一得”的理念，一次习作，确保学生理解一种写作知识，一种习作的技能。做到每一次习作，都是一次质的提高。

中年级是学生写作文的起始年段，习作生长点的确定，要遵循以下原则：

(1) 结合具体学情。学生学习习作知识应该从学生的实际出发，必须是学生能够掌握的。习作生长点必须符合学生的年龄特点和具体学情。最后能够把平时的阅读教学结合起来。

(2) 师生一起归纳。学生学习习作知识要能够通过师生一起归纳出来。教师可以引导学生回忆自己学过的课文运用了怎样的写作方法，或是提供同龄人的范文，让学生在自读中感悟同伴的写作方法。

(3) 适当提供情景。提供适当的情景让学生进行练习，便于当堂巩固。只是揭示概念，没有练习的体验，就不可能形成能力。

3. 训练思维“发散点”：培养自由习作的方法

中年级习作的第三个问题，通常会出现的毛病是千篇一律，没有新意，毫无个性。所以，在习作中要对学生进行发散性思维的训练，让学生学会举一反三的本领，掌握如何选取自己的生活实际来写，是很有必要的。

高效的习作指导源于“为了学生的学”，一定要做到教学目标明确恰当，要求不能太多、不能太高；教学过程指导环节扎实有效，课上要剔除与写作无关的旁枝末节，避免教学媒体的过渡运用，不让课件代替教师教学，代替学生实践；不占用本应属于学生的宝贵时间，主动浓缩教师的教学语言，把课堂时间留给学生，营造一个适合写作的静默沉思、凝神结想的美妙时光，让学生在自觉主动的思维促进下，笔有神助，乐享表达。

附教学课例：

玩具宝贝

学科：语文　　　年级：三年级　　　执教者：丁艳

一、教材解读

《玩具宝贝》是鄂教版三年级下册第三单元的一篇课内习作。“玩具宝贝”是这次习作的内容，它与学生的生活联系紧密。因为每个孩子都有喜欢的玩具，与玩具有感情，学生有话可说，有事可写。本次习作的目的是让学生把自己的玩具写下来，写出自己的情感。

二、学情分析

经过三年级上学期以及这学期的作文教学，孩子们对于写作文有了一些兴趣，在老师的指导下他们增强了写作的自信心，逐渐乐于书面表达，开始愿意与他人分享习作的快乐。他们能够在老师的指导下按照一定的步骤，进行细致的观察，并写下自己的所见、所感和想象，能够把自己印象深刻、最受感动的内容写清楚。

三、目标定位

（1）让学生把自己的玩具写下来，写出自己的情感。

（2）激发学生的表达欲望和写作兴趣。

四、教学条件评估

（1）本教学内容的时间为40分钟。

（2）三年级（4）班的学生三年级以来开始开展“伙伴课堂”的研究活动。班级设立了12个伙伴学习活动小组，课堂教学中坚持在适当的教学环节中采取“自学—互学—交流”的教学形式，组织学生进行合作探究式的学习活动。学生在合作学习的过程中，自主学习的能力增强了，合作交流的意识提高了，学生们善于自学，乐于合作，敢于交流，语文综合素养得到了提升。

（3）本教学内容需要学生找出自己的玩具，重新玩一玩，看一看，并且想一想自己与玩具宝贝的故事。

五、自学设计

(1) 课前设计《习作〈玩具宝贝〉预习前置单》，让学生写出自己最喜欢的玩具是什么；简要记录喜欢的理由：特别漂亮（颜色、外形）、特别好玩（功能、玩法）、特殊意义（来历、故事）；写完后将自己的记录说给家长听听。

(2) 学生回家找出自己的“玩具宝贝”开心地玩一玩，并认真填写《习作〈玩具宝贝〉预习前置单》。

(3) 学生在上课时带好自己的“玩具宝贝”和填写好了的《习作〈玩具宝贝〉预习前置单》。

六、教学过程设计（见表 3-11）

表 3-11　《玩具宝贝》教学过程设计表

学生活动	教师活动	设计意图
活动 1：展示玩具揭示课题。 1. 展示玩具，并说出玩具的名字。 活动 2：引导观察，自由练说。 1. 同位互学。说说：自己最喜欢的是什么玩具，它的来历，它的外形、颜色是怎样的，它的可爱之处在哪里？ 2. 请同学全班交流。 3. 小组学习。说说：玩具宝贝的玩法、它的来历，与它有关的故事。有趣的、快乐的、难忘的事都可以。（学生轮流在小组内介绍自己的玩具，其他同学对所介绍的情况若有疑问，可以提出问题，组内同学互相补充，共同改进） 4. 组际交流。每一组选一名中心发言人代表小组在班内汇报。其他同学可以质疑、评议，然后师生共同修改、补充，达到较好的水平。	小结：同学们，这么多可爱的玩具，它们身上一定有吸引你的地方，它们与你一定有许多精彩的故事。今天，我们的习作主题就是“玩具宝贝”。（板书课题） 在学生同位交流的基础上，请同学在全班介绍自己的玩具。说清楚自己的玩具宝贝是什么、它的外形、颜色，它的可爱之处在哪里。教师相机点拨、指导。教师要认真观察和了解每个小组的活动情况，深入学习小组中，去发现、去感受学生思维的火花，对学生交流时出现的思维受阻不能深入的情况，教师要及时地点拨。	通过展示自己带来的玩具宝贝，激发学生说的兴趣，为后面的仔细观察、大胆描述铺路。 引导学生仔细观察，注意一定的观察顺序、观察细节。渗透描写的重点的指导，激发学生回忆与玩具有关的故事。 让学生趁热打铁，课上动笔，在与同学互学的基础上，描写自己的玩具宝贝。让没见过玩具宝贝的人，读了同学们写的文章之后，都感觉到它的可爱之处。

续表

学生活动	教师活动	设计意图
活动3：写一段话，介绍自己的玩具宝贝。 活动4：习作片断点评。 1. 学生念自己写的“玩具宝贝”片断。 2. 师生点评。	指导学生在刚才说的基础之上，用一段话写出玩具宝贝的外形、颜色、玩法。教师巡视指导。 教师选几篇写得较好的片断进行点评，指导学生从中学会如何如何着手修改、补充自己的习作片断。	指导学生学习点评别人习作片断的方法，知道自己习作片断修改的着眼点。
板书设计	玩具宝贝 一、玩具宝贝是什么，它的来历。 二、玩具是什么样的（外形、颜色、玩法）。 三、“我”与玩具的故事。 （有趣的、快乐的、难忘的）	
家庭作业	完成习作《玩具宝贝》	

七、教学反思

1. 重视习作教学的课前预习

教学《玩具宝贝》之前，在教研组长汪亭老师的提醒和帮助下，我们编制了预习前置单，让学生回家找出自己最喜爱的玩具，开心地玩一玩，再来填写自己最喜欢的玩具是什么，喜欢的理由（玩具特别漂亮、特别好玩、它的特殊意义）。有了充分的准备，课堂上看着自己带来的玩具，学生们兴趣盎然，个个都觉得有话可说。

2. 指导重点明确、合理

习作《玩具宝贝》的教学重点，我定在了指导学生观察玩具有顺序、有方法。说清楚玩具的外形，能够当堂在说的基础之上写出玩具的外形和可爱之处。在课堂上我指导学生，从玩具的样子、颜色、玩法来进行观察描述，表达自己对玩具宝贝的喜爱之情。在学生发言时，让他们根据自己观察的顺序和在小组内发言的情况，向大家介绍自己的玩具宝贝。

3. 课堂上让学生有充足的时间写

在课堂上我留下了十五分钟的时间，让学生趁热打铁写下玩具宝贝的样子。他们有了说的基础，都能较详细地写出玩具的样子。从课堂上交流的三个片段来看，学生能根据前面的指导，按照一定的顺序写出玩具的样子以及可爱之处。让人读了能从中感受到孩子对玩具的喜爱之情。从家长的反馈来看，因为孩子们在课堂上充分地说、大胆地写，所以这篇作文孩子写起来言之有物，一气呵成。

4. 不足之处

在指导学生观察、叙述时要让学生多说，教给学生修正、点评同伴发言的方法，培养学生小组内评价的能力，让学生之间产生更多思维碰撞的火花。如：评价同伴的发言是否大声说清楚了玩具的样子、玩法，语言是否生动、有趣。指导学生说玩具的外形时，应该选择有代表性的各类玩具，如：飞机、汽车模型，绒毛玩具，娃娃，木制玩具，自制玩具……这样对学生接下来的写作会更有指导性。

高年级“写人叙事”阅读教学学习活动设计及指导策略

唐静

“写人叙事”类文章在小学语文教材中所占的比重较大，也是最常见的一种文体。通过解读教材，我们发现教材中写人为主的记叙文多是通过记叙与人物紧密相关的事件（一人一事，一人多事）凸显人物的特点和品质。以记事为主的记叙文，重在记叙事件借以表现事情所传递的思想意义。研究这一类具有典型特征的教材文本的课堂学习活动，引导学生掌握阅读此类文章的方法，提升阅读能力，并能领悟写作特点和学习方法，促进学生学习语文迁移和运用能力的提高，帮助老师梳理总结此类文章的教学模式，从而使“为学而教，不教之学”的伙伴学习活动变革在语文课堂中真实的发生，并能在每一节语文课中生根，发芽，开出最绚丽的花朵，结出最甜美的果实，真正让每一个孩子受益终生。

一、高年级“写人叙事”阅读教学学习活动设计的基本理念

1. 生本教育理念

生本教育的理念是：一切为了学生、高度尊重学生、全面依靠学生。生本教育提出，“儿童是天生的学习者”，“儿童人人可以创新”，“儿童潜能无限”。生本教育是真正“以学生为主人，为学生好学而设计”的教育，它强调将学生调动起来，让学生自愿参与，在老师的引领和指导下自觉学习，超越学习，在课堂中学生自己去体验学习的过程，感悟学习的真谛，抓住学习的本质，探索并拓展其思维。生本理念下的语文教学自然真实，轻松和谐，要让学生广泛、自主阅读，大量进行语言文字活动，形成学生的个性语文，语文能力就附着在他们的语言表意上。所以，我们以教材为载体，利用教材与学生共同感悟学习中的乐趣，培养学生自主学习的良好习惯，进而学会生活、学会发展。课堂教学中注重发挥学生的主体作用，激发学生学习的内在动力和热情，引导学生在合作探究中发现，诱发学生在讨论交流中质疑，鼓励学生在阅读欣赏中感悟，全面提升学生的语文素养。

2. 自主学习理念

小语新课标对阅读教学提出了新要求，强调重视学生自主的语文实践活动，注重学生创新精神的培养和促进学生的主动发展。全国小语学会秘书长崔峦在《全面认识和体现语文学科性质——对提高中小学语文教学效率的思考》一文中曾大声疾呼：“在语文教学中，教师要确立学生的主体地位，使学生自主学习，通过能动的、主动的、独立的活动，受到语言训练，培养语文能力。”因此，重视和设计好贯穿阅读教学全过程的学生自主学习活动不仅迫在眉睫，而且是提高阅读教学质量的根本出路。依据新课标、现代课堂教学理论，要改革阅读教学结构，优化阅读教学过程，让学生在形式多样的自主学习活动中进行充满富有个性和积极思维的语文学习活动，培养学生自主学习的动机和自主学习的能力。培养阅读兴趣，养成良好的阅读习惯，掌握一定的阅读方法和技能，具有创新意识和基本的自学能力等。为学生进入中学学习、终身学习打下坚实的基础。

3. 教学活动理念

教学活动的基本理念是教学活动化，活动教学化。前者是指改变课堂教学以教师为中心的单向传递单一发展，为以学生为主体综合发展为目的的认知实践，变课堂为活动的“场”；后者是指一切活动都要根据教学的长远目标与短期要求，统筹规划，精心设计，使课堂的“活”，学生的“动”具有实践性、教育性。因而，这种活动不是教学的某一环节的活动，也不是单纯的活动课程，而是全程教学中师生多元互助的一种存在形式，活动既是本身的存在，又是师生通向语文教学终极目标的根本途径。在师生多元互动过程中，教师处在教的实践和实践所教的实效性活动中，学生处于学的实践和实践所学的实效性的活动中，教师的“动”与学生的“动”达到和谐统一，成为一个全程性的教学过程。

二、高年级“写人叙事”阅读教学学习活动设计

学习活动的设计都是为了实现教学目标的，为了更科学设计学习活动，我们特意把高年级“写人叙事”类文章的教学目标划分为基础目标、核心目标和拓展目标，并设计与之相应的学习活动。

学习活动之一：达成基础目标的学习活动

1. 基础目标

高年级“写人叙事”阅读教学的基础目标主要包括生字词语句子的疏通、基础知识的掌握、课文内容的概括、文章脉络的梳理（针对写人叙事这类文体侧重于突出一个人物的几件事、几个方面，或事情的起因、经过、结果的梳理）、文章内容的质疑问难。

2. 活动流程

个人自学—小组互学—全班交流—教师指导。

学习活动之二：达成核心目标的学习活动

1. 核心目标

高年级“写人叙事”类文章阅读教学的核心目标一般都是体会文章思想感情和领悟表达方法。具体而言就是紧扣牵一发而动全身的核心问题，抓住课文中的关键句段，品词析句，抓细节描写，感悟人物形象，明白事情中的道理，体会作者的思想感情，关注作者的语言表达，夯实语言文字的训练。

2. 活动流程

提出核心问题（学生提出，老师提炼）—个人自学自悟，圈点勾画批注—小组互学，互相启发，整理归纳—全班汇报，倾听补充，教师串联点拨。

学习活动之三：达成拓展目标的学习活动

1．拓展目标

关注学习内容的迁移和运用，学以致用，读后练写，培养学生的“语用能力”。适当拓展相关阅读资源，丰富文本体验，尝试积累。

2．活动流程

总结文本的写作特点—仿照文本，个人练写—全班交流，展示提升。

三、高年级“写人叙事”阅读教学基本指导策略

教师在“写人叙事”类文章的阅读教学中要做好指导，帮助每一位学生顺利参与学习活动，达成目标。其指导要点为：

（一）自主交流课前预习阶段

1．自主交流的内容要明确

“写人叙事”类的阅读教学课主要围绕基础知识、文章内容、脉络结构、疑难问题等展开交流，相对于中年级而言，教师在引导学生交流时要有所侧重。基础知识的交流重在易读错写错字多音字的个别指导上，文章内容的交流重在正确完整全面的概括能力上，脉络结构的交流重在清晰的思路和准确的表达上，疑难问题的交流则重在将自己解决不了的问题提出来在小组内寻求帮助。

2．自主交流的时间要保证

交流的时间必须充裕，不得少于五分钟，保证让每一孩子都能有充足的时间展示自己的学习收获。教师在这其中巡视指导，重点指导组织结构较薄弱的小组和每个小组中的薄弱学生，重点关注小组中的倾听习惯是否良好。

3．自主交流的流程要清晰

小组交流的顺序必须有一定的固定模式，或一人汇报一个方面，其余学生补充；或一人汇报多个方面，其余学生补充。教师要走进每一个小组，适当提示、点拨，使小组的交流井然有序，清晰的流程方能保证交流的效度。

（二）全班汇报整体感知阶段

1．把握主要内容

理解课文内容是阅读教学最基本的要求，高年级把握课文整体，是中年级“学习把握文章主要内容”的深化。针对“写人叙事”类文章的特点，

教学时，我们可以让学生思考：课文主要写谁？发生了什么事？要如何把主要内容简洁而又全面地概括出来？如《童年的小花狗》这篇课文比较长，有些学生要做到完全而又独立的“简洁而又全面”的概括，还是有一定的难度的，教师借助《自学单》上的提示要点对概括得不符合要求的学生做适当的引导。比如，提示学生思考：课文主要写的人是谁？故事的起因是什么？中间发生了什么事？这样学生就可以抓住主要部分，做到简洁而全面，同时提高了学生的概括能力。

2. 感悟表层结构

文章表层的结构指文章显性内容的安排顺序，对课文表面内容的梳理，便是课文的表层结构。“写人叙事”类文章则包括事件的叙述顺序和材料的安排顺序等。《傻二哥》围绕傻二哥吆喝的内容；傻二哥爱给人帮忙；傻二哥的衣着；傻二哥吆喝前的准备；傻二哥有耐心、不怕麻烦五个方面把这样一个卖药糖的劳动者“傻灵傻灵”的特征刻画得淋漓尽致。从人物的不同方面组织材料刻画人物是这篇课文表层的结构特征，其实也是叙事性文章重要的结构规律之一。教学中，我们可以先让学生思考：读了课文，你对傻二哥有了哪些了解？这样，学生就可以获得这类文章的表层结构顺序。

3. 梳理核心问题

通过交流自学情况，学生们在小组中都解决不了的问题，我们称为疑难问题，通过全班交流，有些疑难问题可以得到解决，而还有些疑难问题学生讨论仍然无法解决，我们称为核心问题，也是这节课所要重点讨论和解决的问题。如《傻二哥》这一课，学生们提出：“为什么称他为‘傻二哥’？他真的很傻吗？”教师引导学生深入探究品读文本。核心问题能起到牵一发而动全身的效果，激发学生主动探究，积极思索，共同研讨的兴趣和热情，实现教学目标。

（三）小组合作重点探究阶段

1. 探究核心问题

核心问题确定了，就应该将小组的学习引向深入。“写人叙事”类的文章重点关注作者是如何运用语言神态动作描写来刻画人物，如何选择典型事例来突出人物特点，让学生在圈点勾画批注，交流讨论启发中有所受益。如《童年的小花狗》这一课，通过学生回顾课文的主要内容自然而然地引出“王大爷是个怎样的人”这一主要问题进入新课的学习。学生通过自由地读课文的第二部分，很快知道王大爷是一个善良、宽容、慈祥、有爱心的人。接着围绕教师提出核心问题：“你从哪些语言神态动作的描写中感受到王大爷的善良与慈爱?”从而紧扣核心问题将孩子们的注意力引导到关注作者的表达上。

2. 品读关键语段

高年级的阅读课文一般篇幅较长，教学时不能面面俱到，而要通过对关键语段的品读，来达到举一反三的效果，从而培养学生的语文素养。如《傻二哥》这一课，教师提出：“上节课我们知道了课文从五个方面来写傻二哥的。现在请大家默读全文，抓住重点词句揣摩、比较哪一个方面最能表现傻二哥‘傻灵傻灵’的特点?”紧紧围绕课文描写傻二哥的五个方面，梳理全体学生发言的条理性使各组之间建立联系，各种不同的观点之间建立串联。同时，通过指导学生有感情地朗读、动作表演，对文本的表达特点有了更清楚的认识。

（四）总结写法拓展运用阶段

1. 提炼写作方法

学习活动要体现从思想内容到语言文字这一过程的训练。张志公先生指出：“要从思想内容走出来，进一步理解语言文字是怎样组织运用的，要带领着学生从文章里走个来回。”这里的“来”指的是在理解内容的基础上，培养学生理解语言的能力；“回”指的是理解、学习作者是怎样准确地描述与表达的。这“回”是“来”的延续和提高，两者相辅相成，缺一不可。因此，语言文字的训练需要经历一个“来回”的咀嚼与体验。如《傻二哥》一课中，教师问：“课文中的哪些写作手法值得你学习?”学生默读课文，体会作者写法。然后小组合作交流作者的写法，联系平时的习作，说一说自己以后要注意什么。最后让学生根据平时的观察写一段细节描写，表现人物特点。写完后请几名学生读一读自己写的片段，全体学生评一评。教师在活动过程中，让学生凭借具体的语言文字来体验、内化表达方法。

2. 尝试拓展延伸

学习活动中要挖掘情感因素，激发学生的语感。语言是表情达意的工具。语文教学是一个认识和情感相生相伴、互相促进的过程。因此，认识必然与情感相随，而语言训练若离开了情感，便如同人失去了灵魂一般。因此，活动设计中，要充分考虑情感因素，教师除了立足文本，引导学生感受写人叙事类文章的写作方法，还应该引导学生学会感受语言、拓展思维，启发想象，体验情感。如《童年的小花狗》一课，课文第11自然段可以说是文章的高潮部分——第二天作者放学回家时发现了王大爷送给自己的小花狗，这是他没有想到的。文章在这里用了一个省略号，没有对作者的心理进行任何描写，但可想而知，作者的心里一定有许多话要说。教师巧妙引导学生从“仿佛看到……仿佛又听到……想到了……”来进行语言的拓展练习，同学们说了很多，然而千言万语此时却难以言表，于是“我的眼泪一下流了下来”，又重新回到文本中来。此时同学们对课文的理解已经不只是文字本身了，而是和作者一样，有对王大爷说不尽的感激和思念。教师随机出示作者肖复兴的相关书籍，引导学生在课外阅读中再去探寻作者丰富的内心世界。

附教学课例：

童年的小花狗

学科：语文　　年级：五年级　　执教者：汪亭

一、教材解读

这篇课文记叙了作家肖复兴的一件童年往事：儿时因为太喜欢一个泥玩具而干了一件蠢事，事后摊主王大爷不但不追究责任，还坚持要将泥玩具送给我。通过这件事刻画了一个勤劳、善良、慈祥的老大爷形象。小花狗是文章的“眼”，透过它，能看到一个充满爱心的王大爷，对待一个知错能改的孩子不是严厉的指责和数落，而是注以无限关爱。

二、学情分析

本班学生有一定的自主学习能力，能按“六字法”认真预习课文；有一定的品词析句能力，能抓住重点词，上扣下联，体会感情。这篇课文教学内容的理解，对于学生而言不是难点，重难点是让学生通过抓住人物神态、动作、语言，走进人物内心，感受王大爷对“我”的宽容和爱，体会到作者喜欢的不仅仅是“小花狗”，更是对王大爷的一种怀念。小花狗是一份爱心的传承，也是作者后来人生的一种警醒，督促作者少犯错，不犯错，并在生活中能时时处处撒播爱心。

三、教学目标

（1）学习本课8个字，正确、流利、有感情地朗读课文。

（2）抓重点词句品读，感受一位善良、有爱心的老大爷形象，感悟作者对王大爷的怀念。

（3）读写结合，学习抓住人物语言、神态、心理活动、动作进行人物形象塑造的描写方法。

四、条件评估

由于班级人数较多，将全班分成了11个伙伴学习组，由于课堂时间有限，担心上课时无法顾及所有学习组；另外，小组中学生的个体差异较大，他们能否在课堂中真正做到相互融合，认真倾听，有效交流，充分表达，还是个未知数，毕竟这是实行伙伴学习课堂以来，我和学生第一次在全校语文老师面前的“亮相”，课堂充满变数。

五、自学设计

按照“标、读、思、找、写、查”六字要求预习课文。

六、教学过程设计（见表3-12）

表3-12 《童年的小花狗》教学过程设计表

学生活动	教师活动	设计意图
活动1：预习交流 学生根据任务单要求自学、交流。 1. 正音，读通读顺课文。 2. 用上“因为……所以……”和“不仅……还……”简洁概括主要内容。 3. 思考课后第三题。	1. 导入新课，板书课题。 2. 提出任务单要求，巡视辅导。 3. 对照任务单，汇报交流。	自主学习， 扫清障碍， 初读课文， 了解内容。

续表

学生活动	教师活动	设计意图
活动 2： 深入读书，体会王大爷形象 1. 学生自学； 2. 小组交流； 3. 全班汇报； 4. 小练笔。	1. 作者不仅仅是喜欢的“小花狗”，而是对王大爷的一种怀念。王大爷是一个怎样的人？请同学们再次默读全文，勾画批注，从字里行间里去感悟。 2. 根据学生汇报，重点指导第九自然段学习。 3. 体会写法。	1. 定向导学，培养学生自主学习的习惯和独立阅读的习惯。 2. 指导小组合作学习，让学生分享学习的成果，培养学生互相倾听、民主互学的品质。
活动 3：总结全文，课外拓展。	1. 简介作者。 2. 布置作业。	推荐阅读

七、教学反思

《童年的小花狗》一文记叙了作者的一件童年往事：儿时因为太喜欢小花狗而干了一件蠢事，事后摊主王大爷不但不追究责任，还坚持要将小花狗送给我。通过这件事刻画了一个勤劳、善良、慈祥的老大爷形象。对于五年级的学生来说，这篇文章并不难读懂。然而学习语文不能仅仅停留在对语言文字的理解，这篇文章托物寄情，饱含着深厚的哲理和情感，其中的含义需要教师的引导。于是我根据本单元导读目标以及编者意图拟定第二课时的教学目标，采用了品读悟情的方式进行教学，引导学生随着作者的笔迹一步步走进故事里，最终认识文章中的人物，达到心灵的净化与共鸣。

（一）直奔中心，教学重点突出

开课伊始，通过学生回顾课文的主要内容自然而然地引出“三十年过去了，为什么我一直将小花狗带在身边”这一主要问题进入新课的学习。学生通过自主学习、合作交流很快知道作者不仅喜欢小花狗，更喜欢送他小花狗的王大爷，王大爷是一个善良、宽容、慈祥、有爱心的人。接着围绕“你从哪些语句感受到王大爷的善良与爱心？”这个问题展开重锤中巧式学习。在这较为充足的时间里，学生时而勾画，时而在旁白处写上一个词或一句话。在交流中，学生能抓住第九自然段的相关语句中的关键词“爱怜”、“坚持”、“嘱咐”等，用联系上下文、结合生活实际、演一演等方式谈自己是怎样感受到王大爷是一个善良、有爱心的人。

（二）尊重阅读主体，注重阅读实践

阅读活动的主体是学生。本课从导入课题，到初读整体感知，再到精读品悟，都培养了学生的人文素养，直接体现就是在学生有感情地朗读上。

阅读过程是学生阅读实践、深入体会感悟的过程。任何空洞的说教，都不能代替学生的阅读实践。本节课通过营造情境，抓住印象最深的情景，引导学生自读品悟。阅读中，句式训练与学生的人文感悟紧密结合起来，使语文学科的人文性和工具性得到很好的统一。

（三）以情激情，精读感悟

阅读教学的过程，是教材情向学生情流淌的过程，如何使教材情成功地转为学生情，无疑是阅读教学的关键。以情激情实现这个转化的有效凭借，精读感悟，又是不可缺少的手段。

课文第十一自然段是文章的高潮部分——第二天作者放学回家时发现了王大爷送给自己的小花狗，这是他没有想到的。文章在这里用了一个省略号，没有对作者的心理进行任何描写，但可想而知，作者的心里一定有许多话要说。我引导学生从“仿佛看到……仿佛又听到……想到了……”来进行语言的拓展练习，同学们说了很多，然而千言万语此时却难以言表，于是“我的眼泪一下流了下来”，又重新回到文本中来。此时同学们对课文的理解已经不只是文字本身了，而是和作者一样，有对王大爷说不尽的感激和思念。学生的情绪受到了感染，当我让学生“怀着对王大爷的感激和这万千的回忆和思绪，一起来读这个自然段”时，学生的情感被激发，对人物形象的感悟也更深入。

（四）注重在阅读教学中有机渗透写作知识

当学完“我非常喜欢小花狗”相关语段，便适时渗透作者抓住人物心理活动进行描写的写作方法；当学完第九自然段时，便从王大爷的一个眼神、一个动作、一句话语小结作者写人叙事的方法；学完全篇课文后，结合板书小结本课的写作方法，很自然地将阅读与写作有机地融合为一体。

（五）恰当地运用激励性语言，有针对性地赏识评价学生，调动了学生的积极性当学生抓住重点词联系上下文谈感受时，我及时给予肯定：“你能抓住‘爱怜’这个关键词联系上下文来谈感受，可真会学习。”当学生在此基础上结合生活实际来谈时，我情不自禁地说：“你不仅能联系上下文来谈，还能结合生活实际来谈。真是棒极了！”当学生有感情朗读时，针对其表现，我赏识道：“你真会读书，能抓住关键词语读出自己的感受。”这些激励性的语言不仅让学生学有榜样，而且让他们学有信心。

虽然在本节课较好地完成了教学任务，有效地解决了教学中的重难点，学生自学、交流时间充分，学得主动、积极。但老师的过渡语和小结语还不太简洁与精彩，没能起到画龙点睛的作用。接下来，要继续锤炼基本功，加强教材的解读，让课堂更精彩！

小学语文高年级说明文教学活动的设计及指导策略

俞秋明

说明文教学在小学语文课堂教学中有着特殊的地位，每个学期的语文课本上都会有说明文单元。其主要教学价值在于利用说明文文本培养学生的科学素养、科学探究精神，体会理解各种说明方法的运用和表达效果，养成学生严谨的语言表达和运用习惯。在建构学习中心课堂时，说明文这种教学内容的独特性，使得学习活动的设计就要与之适合，只有这样才能取得良好的教学效果。而在过去的说明文教学中我们往往紧扣《小学语文课程标准》中“阅读说明性文章，能抓住要点，了解课文的基本说明方法”的要求，常常会出现这样一些问题：

一是模式呆板。对说明文的教学，我们一般都按照“通读课文—了解知识—弄清段落—研究写法（研究说明方法）”这样四大教学板块进行。这样的教学本身无可非议，但久而久之则僵化成型。一旦成了固定模式，则必然导致教师教得没激情，学生学得无兴趣（对于高年级学生尤其如此）。

二是分析过多，理性有余，感性不足。老师们总习惯地以为，教一篇说明文，就得讲说明的方法，否则就没有紧扣文本的特点，就没有完成教学目标。老师们抓住了课标中最显而易见的一点——“了解课文的基本说明方法”来展开自己的教学。对于“说明方法”，我们不厌其烦地从学生开始接触说明文就进行直到六年级结束。随着这种内容的周而复始，到了高年级，对于说明文的学习就变成：学生满篇课文地找说明方法，在学生中“说明方法敏感症”在传播，而老师除了或肯定或否定或纠正学生所找到的说明方法以外，似乎也没有什么可说的。（当然还有一点可以延伸，那就是说明方法的作用）这样一来，本来就没有故事情节的说明文，被老师肢解得只剩下知识的条条框框；本来叙述简洁没有多少感染力的语言，被老师分析得只剩下概念化的“生动、准确”。这样的课堂，科学没有了生命，文字缺失了魅力，情感游离了文本……这样的教学，知识是落实了，方法是渗透了；但是最后的结果是：人为地使科学与人文绝缘了。

三是拓展过滥。说明文，往往会向学生传播前沿科技信息，培养学生科学素养，这也是课堂教学的目标之一。因此我们也许会奉行说明文就是给学生以知识的观点，虽然我们有时候也会极力避免将说明文上成科学知识推广课，但在课文内容拓展的过程中，老师和学生都会或多或少地纠结在科学问题的探索上，结果是把语文课上成科学课。在这样的课堂上，知识似乎成了说明文教学最核心的东西，而承载知识的语言与表达方式，则似乎成了附庸之物。“读”没有精彩的字、词、句；“说”没有经典的文学范文；“思”没有感性而富有深度的哲理……说明文的教与学仿佛就是一块索然无味的鸡肋。

针对现阶段说明文教学中的各种问题及现状，我们觉得在保持说明文教学中“科技含量”不变的情况下，将高年级段说明文合作教学的学习目标放在了这样几个方面：

（1）引导学生认识说明文的结构特点和写作顺序，并结合文本内容思考文本结构、顺序安排的合理性。

（2）引导学生认识说明文的语言特点。思考如何让学生能够真正感受说明文语言的严谨、科学。

（3）引导学生发现说明文作者的遣词造句，体会其他修辞手法、表达方式在说明文中的运用价值。（这一点在高年级段说明文中表现得尤为明显）

（4）让学生的合作学习，“学”出说明文的味，“说”出说明文的味，“悟”出说明文的味。

结合以上教学目标，我们将说明文的课堂教学活动进行了以下考虑和设计：

一、明确说明文的特点（特别是说明文的结构特点、语言特点），同时结合课本中的单元导读，让学生进一步强化阅读说明文的学习方法

因为学生对于说明文的接触远不及其他文体，因此如何学习说明文在学生的头脑中并没有一个非常清晰的思路 。在之前的说明文学习中，学生对于说明文的汇报交流，特点把握得似乎总是不够准确，说来说去都像是在进行一般记叙文的学习及汇报，“我从这个词语体会到……”“作者运用这样的修辞手法……”引导学生回顾和明确说明文的学习阅读方法，让学生知道怎样阅读和学习说明文。（其实在语文单元学习导读中，就已经有明确的叙述：第四单元导读：阅读本单元课文，学习抓住特点，生动、有条理地说明事物的方法。培养收集和处理信息的能力。第六单元导读：学习本单元课文，了解观察和描述景物、表达感情的方法）只有让学生清楚自己该怎样做，才能让说明文的学习顺利开展。

二、围绕说明文教学重点，设计师生合作学习的聚焦点以及实施步骤

（一）整体把握说明点

说明文写作的目的就是要告诉读者某个事物或某个事物的某方面的知识。而作者传达的这个知识，就是说明，也就是说明文的中心思想。那么怎样把握它呢？方法主要有三点：

首先可抓住文章的标题明确说明点。“标题是文章的眼睛”，说明文的标题往往揭示了说明的中心。例如《如果人类也有尾巴》，先看标题便知是关于对人类有尾巴的奇思妙想。于是读者便不会读文离题十万八千里。

其次可抓住文章的结构归纳说明点。一般说明文往往都会围绕一个主要问题或内容进行说明，而有的说明文则需要我们把说明点归纳起来，构成全文的说明点。例如《如果人类也有尾巴》采用的是分总结构，从三个方面：尾巴的样子和对尾巴装饰、尾巴可以表达情感以及尾巴的其他功用来阐明作者的观点。

另外可抓住说明的顺序弄清说明点。事物事理的本身是有其顺序的，人们认识事物事理也有一定的顺序，因此理清了文章的顺序，也就有助于弄清说明的中心。例如《奇妙的田螺》，作者采用时间顺序，介绍了田螺的外形、生活习性以及田螺的生理特征。行文脉络十分清楚，说明事物步步推进，文章的中心也就一目了然。

（二）细致研讨方法点

要想把事物事理说清说透，就肯定离不开说明方法。因此阅读说明文，就应当抓住主要的说明方法，并搞清楚各种说明方法的联系和作用，这样才能比较准确地把握说明的内容和文章的结构。我们不妨从以下两方面入手：

一是可以先从全文上提领各部分的说明方法。不妨列出表格，以一览无余。二是可以抓住重点段落，精要分析具体的说明方法。例如：在《可爱的地球》中第四自然段，作者为了说明地球的旋转速度，运用了两种说明方法：列数字、作比较。通过 24 小时一次和 10 小时一次的比较，让读者生动形象地感知“地球旋转的速度刚好合适”，把科学知识写得富有趣味。

（三）捕捉咀嚼语言点、情感点

说明文同样有着自己的语言特点：准确、严谨、简洁、科学。引导学生利用文本感受这些语言点，是说明文教学最有价值的地方。例如：《奇妙的田螺》中第十三自然段：“我碰了碰田螺的小触角。只见它把触角一收，身子往回一缩，‘呼噜’，整个田螺又落到缸底去了，那块角质硬片也早拉回来，重新把硬壳的洞口盖得严严实实，就像坦克手碰到了敌情，拉上了圆圆的铁盖板一样。”这一段话作者运用了一连串的动作描写，同时结合生动的打比方，将田螺受到外界刺激后的反应，准确、直观、有趣地展现在读者面前。这无疑是值得学生细细咀嚼的。

与其他文体一样，说明文中也同样“说”着作者的情感态度，而这也正是我们理解课文所不可或缺的。《美丽的晋祠》是作家梁衡写的一篇文艺性说明文。作者综合运用说明、描写、抒情的表达方式，利用说明文这种文体将自己对晋祠的喜爱与赞美表达得淋漓尽致。而这一点是学生需要在课上认真捕捉咀嚼的。

为了能更加直观地了解我们关于说明文合作学习活动的设计与安排，我以年级组中谭老师的教学活动设计思路为例供大家印证：

……

在《可爱的地球》这一课教学中，设计了这样几个问题带领学生学习：

（1）学生解题。让学生明确本课体裁为“科学小品文”，是围绕“可爱”来给我们介绍地球的有关知识的。

（2）向学生提问，询问我们该如何学习这篇说明文。此问目的在于让学生制订学习步骤，推动下面的学习。

(3) 根据学生上面的回答，提出第一次小组学习讨论的问题：作者眼中的地球有哪些可爱之处？此问目的在于帮助学生理清文章条理，明确这篇说明文的写作顺序。

(4) 提出第二次小组学习讨论的问题：课文运用了哪些方法来说明地球的可爱？请抓住关键词、重点句子仔细体会。此问目的在于引导学生理解课文内容，进一步体会说明方法对表现文章内容、突出文章中心的作用。

学生在第二次合作学习中体会说明的方法和说明文语言表达的特点(准确性和科学性)。而这又涉及另一个问题：培养学生收集和处理信息的能力。一个简单的方法就是：根据文章中的关键词提问，引进课外资料加以深入理解。比如理解文中“可是比月球上的满目凄凉，到处窟窿要强得多”这样一句话，学生抓住“满目凄凉”、“窟窿”提问，月球上为什么会“满目凄凉”，到处是“窟窿”呢？学生针对问题搜集资料，加工处理资料，就能回答有序且有内容了。

正因为有了这样课前课上的指导，学生才能在课堂上呈现出那样精彩的表现。

以上这些就是我们六年级组的老师们，对于小学高年级段说明文教学活动设计的思考。当然还有很多的不足之处，需要我们在这条研究的道路上做出更多的尝试和反思。

附教学课例：

奇妙的田螺

学科：语文　　　年级：六年级　　　执教者：朱丽辉

一、教材解读

本文是一篇文艺性说明文。作者通过细致观察，将田螺的外形、生活习性及产崽儿方式，以生活形象的语言进行了描写，同时也运用了说明方法对田螺的特点进行了介绍，抒发了作者对田螺的喜爱及探索自然奥秘的雅趣。

二、学情分析

(1) 这是一篇语言灵动的文艺性说明文，要引导学生紧紧围绕着文本，感受这一类说明文语言的特点。

（2）自主阅读，独立思考，初步感悟。阅读是学生的个性化行为，是学生独立、充分、深入地与文本进行对话，体会田螺的特点及作者思想感情的过程，也是学生走进课文，走进作者内心世界，并产生自己的读书感受、情感体验的过程。

（3）伙伴研讨，互动交流，品味语言。整篇课文的教学以介绍田螺的外形、生活习性等特点为主线。主要以感受本文文艺性说明文理性与感性交融的语言魅力为导向，对重点语段、语句加以品味，通过议中赏析，读中感受，并随机以反馈评价促解读，引领学生感受此类文本的语言特点。

三、目标定位

（1）学会10个生字。

（2）紧扣“奇妙”理解课文内容，了解田螺的外形、生活习性和生理特征。

（3）结合文艺性说明特点，体会说明文思维的严谨和语言的生动活泼。

（4）培养观察和探索自然奥秘的兴趣与习惯。

四、自学设计

（1）学生完成教材课后的思考题。

（2）教师引导学生有选择地对课文语句进行自学批注。

五、教学过程设计（见表3-13）

表3-13 《奇妙的田螺》教学过程设计表

学生活动	教师活动	设计意图
活动1：（课前）学生独立完成课文自学作业 1. 读课文，自学生字词（字形、字音、字义）、多音字、形近字。 2. 利用字词典解决有价值的词语意思。 3. 了解课文主要内容，查阅作者背景资料，了解本文和以往所学议论文的异同。 4. 思考并回答教材课后问题，随课文朗读作批注，写自己的阅读感受。 5. 质疑。 6. 思考：田螺的哪一点奇妙之处给你留下了深刻的印象？	1. 教师对全文进行自学批注并标注重难点。 2. 课前查阅学生完成的自学作业，调整教学思路，或做好备案。	自主学习，了解文章主要内容，质疑问难。 以品读为主，避免单一的理性的说辞，引导边品边读。

续表

学生活动	教师活动	设计意图
活动2：（课中）交流课前学习情况 1. 独立思考，梳理自学成果，拟定小组内发言要点。 2. 学生交流各自的自学收获及疑惑，小组合作解决。 3. 形成最有价值的收获及疑问进行要点梳理准备进行全班讨论。 4. 反馈学生学习情况，小组在全班交流学习情况。	1. 出示小组活动提示，巡视了解各小组合作交流情况。 2. 进行第一轮反馈，小组交流文章主要内容，帮助学生梳理作者的思路。（从哪三方面介绍田螺的奇妙） 3. 梳理疑惑，归纳问题。	整体感知，独立思考，质疑问难，合作探讨。同时为深入探讨课文拟定发言要点。

六、教学反思

在各种文章样式中，说明文是一种相对独立的类别。在人们的社会生活中，说明文越来越显示出它的重要作用和实用价值。现实生活充分表明，说明文不是一种无足轻重的文章形式，而是运用范围极为广泛的常用文体，它与人们的生产、工作和生活的关系相当密切，而且由于社会生活的需要，说明文写作正在大量涌现。因此，研究说明文教学也是一件很有价值的事情。

关于说明文的分类，根据说明文的表现手法，大体上把它分为三类：阐释性说明文；述说性说明文；文艺性说明文。其中，文艺性说明文，或叫科学小品文，是运用形象化的手法来介绍事物、阐述事理。引人关注的是，这类说明文具有较多的文学色彩，其写法生动活泼，富有情趣，多采用文艺笔调。而我此次参与的校研讨课执教文本《奇妙的田螺》恰好属于文艺性说明文。

（一）紧扣文本，设计思路

文艺性说明的特点——文学是其手段，传播科学知识才是其目的。其特点：

(1) 短小精练，也可称千字文，一篇集中说明一个问题，具有“小品”的特点；

（2）资料可靠，数据确凿，力求知识的科学性；

（3）文笔轻松、活泼、生动、形象，颇有文采，可叙述，也可描写；

（4）题材新颖、适时，是广大读者所关心的问题；

（5）语言深入浅出，通俗易懂，多用比喻、拟人等修辞手法，把科学融入艺术之中，富有情趣，引人入胜。

鉴于上述特点，我在确定教学思路时力求兼顾文本中文学性描写品析的感性和资料可靠、数据确凿的严谨科学的理性，引领学生在感性的文字中品味理性之美。在小组探讨和全班交流环节，我分别设计：“说说作者是按照什么顺序介绍田螺的？在这三个部分里分别介绍了田螺的哪些奇妙之处？田螺的这三个方面到底怎么奇妙呢？请同学们勾画出描写这三个特点的相关语句，边读边体会。”“刚才我们通过深入读书感受了田螺外形、生活习性、下崽的奇妙之处。这些奇妙的特点是如何发现的呢？作者又是如何用语言文字生动展现自己的一系列发现的呢？”

（二）文理兼赏，品味文本

围绕牵一发而动全身的核心问题，在伙伴合作组的自学思考、合作交流等环节中，同学们展开了思维灵动、活跃的品味之旅，有的小组将目光聚焦在说明文方法在文章中的运用，津津乐道于理性的说明文方法的运用之妙，有的小组则热烈的探讨着文中诸多文采飞扬、感性十足的文学范畴修辞手法的品味。

如“不知啥时候，它已爬到玻璃缸子的上面，像个球似的，牢牢地粘在壁上——紧紧挨着水面。看样子，即使缸子再高，水再多它也会爬到顶的。呀，田螺不但活着，而且还是那样的有意思哩！”不仅引发了大家对一系列动词的品味，还不忘用声情并茂地朗读来展现田螺的生活雅趣。

再如，“说实在的，田螺很好看。整个身子，圆乎乎的，被包裹在那个深绿色的硬壳里面。硬壳上，有一道向右旋转的沟纹，从头转到尾，越来越密。头部，有个圆锥形的硬壳口，上面覆盖着一层角质的硬片，像道结实而又严密的门户，时刻保护着田螺内部的各种器官”。

对这一段文字的赏析，有的同学说这是作者从整体到部分有顺序地在进行观察，既有观察上的科学，又有表述上的严谨，典型的说明文味道；但有的同学则认为，运用比喻的方法，将硬片比作门户，形象生动地写出了硬片的作用，从颜色、样子这两个方面进行描写，用词准确。

总之，类似奇妙的争执和探讨充盈着学习的全过程，相信同学们此番学习，对这篇透着小清新不那么枯燥的文艺性说明文应该小有印象了吧。

中高年级计算教学学习活动设计及指导策略

李雪芳

数与计算是人们在日常生活中应用最多的数学知识与技能，它历来是小学数学教学的基本内容，也是学生今后学习数学的基础，所以计算教学又是小学数学教学重点中的重点。在构建“伙伴学习”课堂实践中，我们认识到在中高年级计算教学过程中，教师要善于营造良好的学习氛围，激发学生的求知欲，使学生“乐学”；更要创造条件让学生充分参与学习活动，发挥学生主观能动性，使学生“能学”；要注重学法研究，培养自主获取知识的能力，使学生“会学”。只有这样，学生的自身素质才能提高，从而获得更大的精神动力，伙伴学习精神才能一以贯之。

一、中高年级计算教学学习活动设计的基本理念

（1）关注学生的情感基础，充分激发学生想学、爱学的求知欲。学生主动学习的情感基础是自爱、自尊、自信。要使学生自爱，教师首先要热爱学生；要使学生自尊，教师首先要尊重学生；要使学生自信，教师首先要相信学生。因此，教师要实实在在地营造一个平等、和谐的氛围，随时激发学生的积极情感，使学生怀着愉悦的情感参与学习活动。

（2）科学定位计算教学的价值观，恰当引导学生主动、创造性地学习。计算教学不是单纯为了计算而计算，而是要重视数的概念教学，重视口算，加强估算，提倡算法多样化，减少单纯的技能性训练，避免繁杂计算，并且把它和新课标中所倡导的生活实际、情感态度结合起来，使学生的计算学习活动要从单纯的依赖模仿和记忆，转化成一个生动、主动和富有创造性的过程，让学生学习生活中的数学。

二、中高年级计算教学基本学习活动设计

计算教学的学习活动形式多样，比较适合中高年级学生的活动为课前自学、小组交流、群体互学、深度自学四个阶段。

1. 课前自学

这个阶段是结合教科书或教师提供的素材为载体由学生独立思考、自学反思完成的。具体活动安排为：

（1）看一看。认真阅读书上或老师提供的素材里出现的所有文字、图片、数字，一个不能漏。所有的阅读材料一般看两部分：①用不同形式提出了什么计算方面的问题。解决这个计算问题的分析过程（有实验、有文字）是怎样的。②解决这个问题有哪些不同的方法。

（2）想一想。针对学习的内容，反思学习的计算类型是什么？计算方法是怎样的？为什么可以这样算？有什么疑问或学习中需要注意什么？

（3）写一写。试着完成教科书或提供素材中需要完成的作业，包括填空、提问、做一做等。

这个阶段任务的完成既可以节省课堂上的宝贵时间，保证后续学习环节的充分落实。更重要的是每个学生都有着自己的思考才能更加积极自信地参与群学环节中，真正体现每个孩子在数学学习中都有不同的发展。

2. 小组交流

这个阶段要在课上进行，每个孩子在组内汇报交流自学收获，梳理问题，并筹备在全班分享。

（1）明确分工。组长对组员进行明确分工，反馈自学收获。

（2）汇报交流。每个同学承担一个任务，其他同学补充，及时做好记录。

（3）归纳小结小组的学习收获进行梳理，不重复不遗漏。

（4）提出疑问。能在组内解决的问题可以尽量在组内解决。解决不了或特别有价值的问题准备在全班分享。

3. 群学互动

前面学生通过自主探究，可能出现多样化的计算方法和一些亟待解决的问题。作为组织者的教师，需要在这个阶段组织学生进行计算方法的反馈与交流，引导学生介绍计算过程，理解计算原理；引导学生通过比较，优化方法，建构计算模型。

（1）不同计算方法的反馈。学生在详细介绍解决问题所采用的不同方法时，还应清楚地阐述思考的理由。所采用的有图表法、举例法、转化法等不同方法。

（2）比较多种算法的优劣势。算法多样化的本质是让学生从自己已有的知识与经验出发学习新知识，鼓励学生通过独立思考而探寻解题方法，追求算法的合理与灵活。所以，在学生自我筛选的过程中，就可以实现算法多样化与算法优化的转换，感受数学知识的逻辑性与关联性。

（3）疑难问题的解决。学生在计算教学中容易存在的问题有以下几点：①算理不清，②书写格式不对，③计算方法与已有旧知识相冲突，④知识的难度加大。在这个环节，充分发挥群体互学的精神，放手让学生大胆发表自己的观点，敢于争辩，问题尽量由学生解决。当然，老师在时间把控和学生能力达不到的环节还要适时出面引导。

（4）比较归纳形成计算模型。引导学生根据前面学习所得，用简洁、严谨的数学语言提炼计算的最佳方法。在归纳知识的过程中，让学生体验从“学会”到“会学”，不仅能感受到获取知识的愉悦，也能增强学习的兴趣，培养学生主动获取知识的能力，促进学生的全面发展。

4. 深度自学

此阶段需要教师做精心的预设，提出详尽的任务要求，着重在学生能力的发展训练上。教师可设计多样的、不同层次的变式练习，帮助学生突破计算重点和难点，生成新的问题。这有利于引导学生结合算理进行灵活应用、举一反三，有利于学生深入理解数理运算的本质。教师通过教学使学生的思维广度与深度增强了，促使他们更容易体会到数学理性的魅力，提高学习数学的兴趣。

三、中高年级计算教学基本指导策略

无论多么完美的学习活动设计，都需要在学生中具体实施，更离不开老师的精心指导。教师风格不同，学情不同，课堂生成不同，组织策略不同，学习效果都会有所差异。教师基本的指导策略如下：

1. 关注学生各项良好学习习惯的养成

中高年级优质学习活动的开展，对每个孩子倾听、表达、思维等各项学习习惯有着较高的要求。所以，在低年级段的学习活动中，老师不能急于求成开展超出孩子的认知水平和能力的活动。“磨刀不误砍柴工”，老师应该沉下心来，有意识地把培养学生各方面的习惯和能力作为主要目标，确保以后深入开展伙伴学习的落实。

2. 着力合作小组的组建和完善

在计算教学中实施优质的学习活动，合作小组作用的发挥至关重要。组长的组织、成员的分工、合作交流、质疑问难、良好的人际关系都需要老师去精心培养。教师必须创设良好的小组合作氛围，拓展合作学习的内容与形式，适时引导、充盈“合作”，重视合作学习评价，才能让课堂教学中小组合作学习的实效性更上一个台阶。

3. 确保学习活动充足的时间与空间

一节计算课内容看似简单，但根据课标和新教材教参的建议，需要体现太多的要点。注重情景化、渗透估算、体现算法的多样化、练习的饱和度等环节逐一需要体现。但我们的优质数学活动又需要学生的充分的交流、思考、质疑，将产生一些鲜活的、不可预知的现场生成的宝贵资源，都需要老师充足的时间和空间作为保证。这样，短短一节课40分钟实在不够用。老师两难，如何取舍？我们认为根据尊重学生的学情和认知规律，真正让孩子动起来，不能让伙伴学习流于形式。不一定每节计算新授课可都要有生活情景，不见得每题的结果都要估一估，并不是都要加深内容的深度和广度。老师要清楚明白这节课你的重点在哪，再来精心设计教学活动，进行合理地取舍学习内容，保证学习任务的顺利完成。

附教学课例：

小数乘分数

学科：数学　　　年级：五年级下册　　　执教者：李雪芳

一、教材解读

本节课学习内容属于数学“数与代数”领域的“数的运算”板块，是在学生学习了整数乘法、小数加减法的基础上进行教学的，是小数乘法的起始课。同时，它既是小数除法学习的基础，也是小数四则混合运算和分数小数四则混合运算学习的基础。作为起始课，必须沟通小数乘法和整数乘法的联系，在掌握计算方法的同时更要理解算理。理解小数乘整数的算理及计算方法是重点，算理的理解是难点；而解决重难点关键是充分运用转化思想，引导学生根据因数与积的变化规律进行转化。

二、学情分析

本教学内容学生已经学习了整数乘法的意义和计算方法、因数与积的变化规律、小数的意义和性质、小数加减等知识的基础上进行学习的。在学习和生活中学生也积累了一些小数乘法的初步经验及转化的学习方法。伙伴学习小组已初步构建，学生具备了独立思考、倾听、辨析、表达能力和自我展现的热情和欲望。

三、目标定位

（1）经历小数乘整数算理的理解和计算方法的探索过程，交流算法的过程中学生能说出算理，明白计算方法，并体验算法的多样性。

（2）通过独立思考、小组合作等环节引导学生能进行有序的自主探索中，培养学生的分工合作意识。

（3）在对算理的学习交流时，沟通知识的内在联系体会转化思想，培养数学推理能力，规范数学表达。

四、教学条件评估

（1）教学时间：1课时。

（2）教学设备：PPT课件。

五、自学设计（无）

六、教学过程设计（见表3-14）

表3-14　《小数乘分数》教学过程设计表

教学过程		
学生活动	教师活动	设计意图
活动1：复习回顾 1. 口算 24×12=　　24×120= 24×1200=　　24×12000= 2. 填空。 345÷100 =（　　） 68÷1000=（　　） 3.05×（　　）=305 70.829×（　　）=70829	师：这几道题可以依据以前学过的什么知识进行计算？唤起学生对积的变化规律和小数点移动引起小数变化的再运用。	唤起学生已有的旧知，激活学生的思维，为学习新知识做思维方式和知识上的铺垫。

续表

教学过程		
学生活动	教师活动	设计意图
活动2：提出问题 1. 探寻整数加减法我们却学了很长时间，为什么前几天可以只花一节课就能学会小数加减法的原因。 2. 我们已学会了小数的加减法，还需要学习小数的哪些运算。咱们这节课就来学习小数乘法。先研究小数乘整数。	师总结：把新知识转化成旧知识，运用解决旧知识的方法解决新问题，确实事半功倍，这是非常棒的一个学习方法。	通过交流，让不同层次的孩子都参与问题的研究，明确学习目标。
活动3：探究新知 1. 独立思考：试试用不同的方法来计算4.12×3的乘积。 2. 小组交流： 每个同学在小组里介绍不同的算法，及时做好记录。其他同学提出质疑和评价。 3. 全班分享： (1) 预设算法1：运用乘法的意义把小数乘法转化成整数乘法。 算法2：运用乘法分配率计算更加简单。 算法3：自主加单位转化成整数乘法。 算法4：运用积的变化规律把小数乘法转化成整数乘法。 (2) 学生分别对每种算法进行评价或质疑。 预设1：评价算法3把小数加上单位，赋予它具体的含义再来计算。我们很容易明白。 预设2：质疑算法3虽然能解决这个问题，但不太好用在别的题。若位数不是两位数，是三位数或四位数呢？怎么加单位？所以它有一定局限性。	在独立思考、合作交流的学习过程中，老师把控时间，激励全员参与，小组精彩表现，鼓励学生大胆质疑评价，并答疑解惑。老师在学生学习困难处适当点拨。	引发学生的认知冲突，激发求知的渴望。同时，期望学生在小组合作中充分地运用已有的数学活动经验，寻找解决困惑的方法。 教会学生善于质疑、问难，为实现生生互动创造基础。“能不能提出自己的疑问？”“还有问题吗？”将这些问题直接抛给学生，增加生生的互动。 通过设计多种观点的分享、沟通，实现多种观点的分析、比较、归纳和整合，从而促使学生对小数乘法的计算方法有了更深刻的理解。

教学过程		
学生活动	教师活动	设计意图
预设3：提问算法4为什么要先乘以100，最后算出结果，还要再除以100？你变化的是因数，又不是积？ 预设4：质疑算法4，3应该和整数个位对齐，因为相同数位对齐，为什么要和2对齐？ 4. 比较不同算法，找出最佳方案。 5. 规范书写，学生练习。		
活动4：辨析归纳 根据412×3＝1236，学生继续列出可以直接算出结果的小数乘整数的计算题，并说说是怎样算的？ 如：41.2×3＝123.6 412×0.3＝123.6 412×0.03＝12.36 质疑：4.12×30像这样整数末尾有0的计算题是先去0还是先移动小数点？	引导学生观察因数和积的小数位数的关系，进一步总结小数乘整数的计算方法。	突破小数乘整数的难点——小数点的位置，变式练习熟练运用。
活动5：深化练习 1. 口算。 0.06×3　1.5×6　0.25×4 0.4×6　3.2×3　1.21×4 2. 40元买7个  够吗？  3. 在下面的（　）里填上合适的数，看谁填的最多。 6×8＝48 （　）×（　）＝0.48	在练习过程中，老师要关注学生小数乘整数算法的正确和算理的理解。	通过多种形式的练习，既加强了学生对小数乘整数的理解，又使学生能够灵活应用所学知识解决问题，并使不同层次的学生从中体会到成功的快乐。

续表

<table>
<tr><td colspan="3">教学过程</td></tr>
<tr><td colspan="2">学生活动</td><td>教师活动</td><td>设计意图</td></tr>
<tr><td colspan="2">活动6：全课总结。
这节课，学生有哪些收获？</td><td>教师引导学生在知识与技能、学习思想与方法、情感与态度方面都可以分享收获。</td><td>引导学生理顺知识、培养学习能力，提高学生的思维品质，教学环节更完整、更清晰。</td></tr>
<tr><td>板书设计</td><td colspan="3">小数乘法
——小数乘整数
4.12×3=12.36
$\begin{array}{r} 4.12 \\ \times\quad 3 \\ \hline 12.36 \end{array}$
方法1　　方法3
方法2　　方法4</td></tr>
<tr><td>家庭作业</td><td colspan="3">1. 练习一第1题
列竖式计算下面各题。
0.86×7　3.3×16　12.8×42　0.19×40</td></tr>
</table>

七、教学反思

计算教学是小学数学的奠基和重点。传统的计算教学模式单调、机械，已不适应现今计算教学。教师应如何构建自主探索型的教学模式激发学生的积极性，让学生主动参与、积极探索自主获取知识，同时注重培养学生的良好学习习惯，使小学计算教学的目标整合于“促进学生的发展，提高学生的综合素质上”，以此推进计算教学成为优质的数学学生学习活动是我们努力追寻的目标。这节课就是我们有着以上思考进行的大胆尝试，感受如下：

（一）大胆放手、深入探究

波利亚指出：“学习任何知识的最佳途径是由自己去发现，因为这种发现理解最深，也最容易掌握其中的内在规律、性质和联系。”让学生参与计算原理和方法的探索就是一种“再发现”、“再创造”的过程，有利于促进学生思维的发展。

本节课老师完全站在了后台，由学生独立自主尝试计算小数乘整数，讨论各种方法的优点和局限性，深化理解算法多样性，横向比较多种算法的共同点，发现运用转化的数学思想，应用算理，优化算法，找到了通过小数点的移动将小数乘法转化成整数乘法进行计算的最佳方法。学生真正成为课堂的主人，整整40分钟都是由他们去尽情展现。老师只是适当点拨，及时评价，真正退到了幕后，为可爱的孩子们鼓掌助威。

（二）鼓励交流、质疑解惑

学生课堂上能真正活起来，必须学会充分表达，敢于质疑，虚心请教，合理评价。教师尊重学生的个性，要切实打破对学生思维的束缚，使每个学生都能在原有的基础上得到发展，在学习中能最大限度地发挥他们的自主性和潜在的创造力。这次执教的班是我从一年级一直教到现在的。所以，一直非常关注各项表达能力的逐渐养成。

在本节课中，孩子们主动寻求解决问题的策略，并在讲台前介绍小数乘整数的四种不同的计算方法，自信大方、条理清楚、思维敏捷；台下的同学认真倾听，敢于质疑，积极应答。“为什么3要和2对齐?”“为什么积要缩小到它原来的千分之一?”这些我预设的学习难点都由他们自己提出来，并通过小组学习、全班分享等不同渠道得以解决。整个学习过程是那么流畅、自然，我的存在似乎是多余的。

（三）舍次保主、预留时间

成功的伙伴学习的课堂，不仅需要教师提供充分的学习机会和后台支持，还需要学生良好的思维能力和交往能力，更需要充足的时间保证。而我们在尝试实践中，最头疼的是时间不够用。一个班的人数众多，他们真正打开话匣子，时间便飞逝如流水，经常课没上完。不让他们尽情表达，会让自主学习流于形式，更会抹杀思维碰撞的火花，极大地削弱学生自主合作的积极性。如何改变现状？我们研究组深入思考，发现问题在于老师的功利心太盛，把每节课塞得太满，想体现太多的思想与方法，殊不知加重了学生的学习负担，师生都很疲惫。

本节课原先设计了情景导入，让孩子们收集信息发现、提出问题并解决问题，还融入估算。现在把它删除了，直接进入主题研究 4.12×3 怎样计算。原因之一是以前的计算都是千篇一律的情景引入，降低了学生的思维难度。另一个原因是学生独立学习与合作学习的扎实落实，需要充足的时间。这促使这节课我想追求的是脱掉花哨的外衣的纯数学味的课堂。

原先的设计是学生找到了计算 4.12×3 的最佳方案后，又练习了 0.564×50 和 8.3×15 两道乘法计算。因为计算量较大，难点集中，所以学生花了很长时间完成这道题，错误较多，因时间不够还不能彻底弄透。同伴的建议启发了我：这节课的重点是什么？难点是什么？一节课过于饱和，下节练习课的任务又是什么？并且她告诉我的节省时间、高效练习的好办法。就利用例题中的 412×3=1236 进行变式，设计不同的小数乘整数的例子，突破如何确定积的小数点的难点。至于两道练习题完全可以下节课再练。她的这个建议我采纳了，果然节约不少时间，又突出了重点，突破了难点。

总之，在计算教学中，教师要更关注学生的学习过程，在思考交流的学习中，给不同的学生思维发展的空间，保证充足的时间，促进学生的发展。

小学数学“整理和复习”教学学习活动设计及指导策略

林颖

早在 1885 年，德国的心理学家艾滨浩斯就通过实验发现，刚记住的材料一小时后只能保持 44%，一天后还能记住 33%，两天后留下的就只有 28%了。所以，人们通过一学再学来刺激记忆，巩固记忆，让自己所学的东西不致被很快遗忘，或者不被遗忘的太多，甚至永不忘记，这就是初学之后的再次学习、重复学习，就是复习。凡是在学习上取得成功的学生，都对及时科学的复习有深切体会，从某种意义上讲，这也是同一间教室里的同学为什么会在学习成绩上拉开档次的一个原因。

复习课是小学课堂教学重要课型之一，在小学数学教学中占有重要的地位。

复习课既不同于新授课，更不同于练习课。新授课目标集中，只需攻下知识上的一个或几个“点”；练习课是将某一点或一部分知识转化为技能技巧；复习课不是旧知识的简单再现和机械重复，而是把平时相对独立地进行教学的知识，其中特别重要的是把带有规律性的知识，以再现、整理、归纳等办法串起来，进而加深学生对知识的理解、沟通，并使之结构化。

一、小学数学“整理和复习”教学学习活动设计的基本理念

小学数学教学内容中，不少内容都非常适合在课堂上开展伙伴学习，对于六年级数学复习而言，尤其如此。比如平面图形与立体图形的所有认识和相关计算公式的汇总与比较，数与代数的基本概念与汇总，大量的信息回忆收集整理离不开团队的合作。但是不是所有复习内容都需要在课堂上开展伙伴学习模式呢？实效性是检验工作的标准，怎样开展才能保证课堂复习的实效性呢？这是需要深思和探讨的问题。

1. 注重基础，以点带面

复习是一个疏通知识的过程，它必须理清知识之间的联系，将“点”连成“片”内化为学生的东西。如何为学生提供一个线索，找准探究点是教学中常常忽略的问题，使整理出来的知识表面上看是体系，而缺少内在的知识联系。

2. 抓住重点，拓展提高

复习课中我们常常看到老师带领学生把某一阶段内容所学的知识复习一遍，例如把教科书上的例题、概念、法则统统走一遍，练习再做一遍，成了“回忆＋练习”的复习课，使学生的认识水平还停留在原有的层面上，在知识与方法上都没有新的感悟，使学生的思维禁锢，得不到发散，不能实现知识的迁移。这样的复习课学生觉得索然无味，毫无兴趣，甚至对复习课产生“厌恶、烦躁”的情绪。

二、小学数学“整理和复习”教学基本学习活动设计

小学数学复习课的基本活动大致有以下几类：

（一）梳理知识，构建网络

数学是一门结构性很强的学科，小学数学中的概念往往是一个个分散出现的，即使注意到它们之间的联系，一般地说也是有限的，在教学到一定阶段，就要引导学生对概念间的内在联系，对学过的概念作穿线结网，

促进学生脑中的概念结构系统化。复习课的特点之一是“梳理”，对所学的知识进行系统整理，使之“竖成线”、“横成片”，达到提纲挈领的目的。特点之二是“贯通”，融会贯通，理清知识的来龙去脉，前因后果。梳理数学知识既可以按教材顺序，分单元梳理出各单元的知识点，特别要抓出每个单元知识的重难点，以及学生容易混淆和出错的知识点。引导学生按一定的标准把有关知识进行整理、分类、综合，这样才能搞清楚来龙去脉。也可以统筹整合本册的内容分计算部分、概念部分、应用部分梳理知识点。形成完整的网络，构建完整的知识体系。

复习课必须针对知识的重点、学习的难点、学生的弱点，引导学生按一定的标准把有关知识进行整理、分类、综合，这样才能搞清楚来龙去脉。复习时应放手让学生整理知识，形成各异，互助评价，开展争辩。这样有利于主体性的发挥，把学习的主动权交给学生，让学生主动参与，体验成功，同时也可以培养他们的概括能力。学生复习了知识后，体验到了学习数学和获得成功的快乐。最后组织学生讨论归纳这些知识点，并说说各概念的意义以及它们之间的联系和区别，形成知识网络。

前段时间我们进行了“空间与图形”的复习。这个内容开展伙伴合作学习方式是极好的。所以在平面图形复习课中创设多个有助于学生自主学习、合作交流的机会，引发学生去思考、去探究，给学生一个开放的空间。首先学生自主回忆整理出小学所学过的所有平面图形，并系统排列在自己的练习本上，然后小组同学之间交流，每组代表发言沟通，共同总结回忆出每个图形的特征以及相关的计算公式，包括图形之间的特征联系和面积、周长计算方法之间的联系，并合作画出知识结构图。繁杂的知识体系整理共同帮助合作完成，实现了复习效率最大化。

（二）查缺补漏，夯实基础

在复习时，必须做到：1. 让学生克服定势思维；2. 查找学生的薄弱环节；3. 分层辅导。这样才能抓住重点、突破重点。在复习时，针对重点知识点设计一些练习题，学生通过练习分清这些知识之间的联系和区别。另外，也可以将学生的作业本上平时出现的错误进行统计归类，并拟出了相应的题。先要求学生将所学知识点做错的题进行归类，还要试着找相关类型的题做一做，同桌互相检查、辅导。然后教师将自己拟定的题出示到黑板上让学生练习，检验一下学生掌握得如何。同时，对那些基础知识掌握好的学生，另外出一些有一定难度的题，让他们练习，以达到分层学习、分层辅导的目的。这样的复习，既弥补了学生的薄弱环节，又使学有余力的学生的能力更进一步得到提高。

（三）温故知新，拓展延伸

“数学的学习是从厚到薄，又从薄到厚。”复习课中可以延伸、拓宽，但要有个度。复习课练习的特点与新授课的练习不同，应换个角度，多联系学生的日常生活解决实际问题，体现综合性、灵活性、发展性，有利于培养学生的实践能力和创新意识。复习课应“下要保底，上不封顶”，让不同层次的学生都有不同程度的提高。学生通过解决实际问题，体验到数学就在身边，生活中处处有数学。学生学习数学的兴趣浓了，也尝到了创造思维带来的乐趣。

三、小学数学“整理和复习”教学教师基本指导策略

由于我们的研究是立足于伙伴学习这个大前提之下，因此我们根据伙伴学习的学习活动，研究出了相应的指导策略。

（一）在复习中要处理好独立学习与伙伴合作学习的关系

合作学习之前要让学生先独立思考问题，在每个学生有了初步想法后再进行合作交流，共同解决问题。这样教学，给不爱动脑思考或学习有一定困难的学生提供了进步的机会，对提高这部分学生的学习能力是有帮助的。伙伴学习与传统的教学形式不是替代的关系，而是互补的关系。教师在伙伴学习的研究和实验中要有一个科学的态度，不要从一个极端走向另一个极端，将传统的教学形式说得一无是处。不讲原则的过多的合作学习也有可能限制学生独立思考的空间，对学生个人能力的发展也是不利的。

（二）在合作活动设计中处理好教学形式和目标的关系

任何教学组织形式都是为教学目标服务的，学生的全面发展也要通过多种教学组织形式来实现。教师的一切教学行为的出发点和归宿都是为了学生个性的全面发展。小组合作学习除了让学生掌握知识技能、培养合作的意识和能力外，还要培养学生探究的能力、健康的心理、良好的情感态度和价值观。因此，在小组合作学习中，不能让好学生一个人代替小组汇报交流，或者让组长做小老师，而要引导小组成员建立起一种平等、民主、

互助的关系，使之对小组的学习任务产生一种责任感，从而保证小组合作学习不放任自流或流于形式。

附教学课例1：

整理和复习——大数的认识

学科：数学　　年级：四年级　　执教者：黄英

一、教材解读

本节课属于“数与代数”领域。本单元教材从数的认、读、写、大小比较、改写和省略等方面让学生对较大的数有了一个整体的认识。在第一学段中学生已经学习了100以内、万以内数的认识，大数的认识是整数认识的最后一个阶段，通过对本单元的学习，学生应该形成一个相对完整的有关整数的知识体系，理解大数与现实生活密切联系，培养学生的数感。

二、学情分析

在上本节课前，学生已经会在具体的情境中认、读、写大数，会用万、亿等单位表示较大的数，但尚未形成一个比较系统的知识网络，对运用大数的有关知识灵活解决生活中的实际问题的能力还有待提高。四年级学生处在低年级向高年级过渡的时期，知识整理能力还比较弱，学生头脑里只有零零散散的知识点，还没形成系统的知识网。

三、目标定位

(1) 通过自主回忆和整理，熟练运用数位顺序表正确地读、写大数，灵活运用数的改写和省略的知识解决问题。

(2) 通过小组学习的方式，在交流、共享中对大数的知识进行梳理归类，建立知识间的联系，形成系统的知识网络。

(3) 在梳理知识的过程中，提高学生自我整理的能力，培养学生的反思意识和合作精神。

四、教学条件评估

本教学内容为单元整理复习课，一节课完成，课前学生需要进行自主归纳零散知识点，画出网络图，并收集典型题型。教师需要选取学生的典型作业，全班展示、交流。

五、自学设计

(1) 同学们，在“大数的认识”这个单元我们学习了哪些内容？请你归类整理，形成知识网络图。

(2) 你认为本单元哪些内容比较难或是容易出错？请你举例说明。

六、教学过程设计（见表 3-15）

表 3-15　《整理和复习——大数的认识》教学过程设计表

学生活动	教师活动	设计意图
活动 1： 归类整理，形成网络 1. 分享几位同学的知识网络图。 2. 以小组为单位，通过交流、讨论，进一步调整、优化自己的知识网络图。	1. 选取典型作业，全班展示。 2. 引导交流，根据学生的交流情况，适时板书。	在回忆完知识后，引导学生把知识梳理出一个条理清楚的脉络，建立起知识间的相互联系，使知识更加条理化和系统化。真正实现学生自主复习、自我感悟，让学生领悟整理的方法。
活动 2： 系统复习，查缺补漏 1. 依据知识网络图，系统复习，在较难或易错处做好标记。 2. 以小组为单位，结合自己收集的具体题目，进行查漏补缺，互学互助。 3. 收集典型问题，全班交流。	1. 巡查小组合作学习情况，做好反馈记载。 2. 倾听学生发言，搜集典型问题。 3. 组织全班交流，适时点拨、串联、板书。	复习课的本质就是系统整理、查漏补缺。周玉仁教授指出：“数学的学习是从厚到薄，又从薄到厚。”
活动 3： 综合练习，培养能力 1. 独立完成综合题。 2. 小组讨论拓展题。 3. 全班交流。	组织全班交流，评价、赞赏	复习课“重在整理，精在练习”。本节课的习题的设计从基础性向综合性过渡，既巩固了所学知识，查漏补缺，又提高了学生灵活运用知识解决问题的能力，还激发了学生的学习兴趣，挖掘了学生的潜能。

续表

学生活动	教师活动	设计意图
板书设计	整理和复习 ——大数的认识 ☆大数的认识： 计数法{数位顺序表、十进制；读数、写数；比大小；改写；数的产生} ☆计算器的认识和计算	

七、教学反思

在我校开展的“十二五”课题阶段小结展示活动中，我执教了四年级数学《整理和复习——大数的认识》一课。展示活动得到了专家及老师们的一致肯定：“这是一位有思想的教师执教的一节有高度、有着很多闪光点的好课。”大家的肯定更加坚定了我继续研究的信心！

（一）真正做到“授人以渔”

1个多月前，我执教了一节关于“两位数乘三位数”的整理复习课。课后，教研员给予了这样的评价：“这是一节典型的整理复习课，你先让学生自己看书回忆知识，然后整理知识网络图。只是学生每说出一个知识点后，你在板书时就一一安排了它们的位置。”专家的这句话直击关键，引发了我的思考。是啊，看起来是学生说一个，我写一个，是学生在整理；可实际上我是进行了暗箱操作，只是代劳得较为隐蔽而已。对于学生来说，他们对本单元知识点的整理仍然只停留在零散、无序、无结构状态，这个知识网络图其实是作为教师的我整理出来的。正是有了这样的思考和认识，在备这节课时，我决定真正“授人以渔”。课前，我让孩子们先自己整理，孩子们的真实能力让我吃惊——四年级学生几乎就没有自主、独立复习整理的能力，全班54人仅有2名学生的知识网络图是达标的。这一现实让我深刻感受到，我这种隐蔽代劳所带来的弊端以及真正“授人以渔”的必要性。所以，在这节课上，我努力实现学习方式的转变，让孩子们自己把零碎的知识点一一提炼、串接起来，然后通过观察和思考找出各部分内容之间的关系，把知识梳理出一个条理清楚的脉络，建立起知识间的相互联系，使知识更加条理化、系统化。让学生建立良好的认知结构，真正实现感悟方法、提升学生自主整理知识的能力。通过教学，学生感受到这次复习比过去有了实质性的进步。学生思维活跃了，打破了以往复习中的机械与沉闷，学生在畅所欲言中，学会了整理知识的方法，加深了对知识的理解与沟通。乌申斯基有句名言："智慧不是别的，只是组织很好的知识体系。"

通过这节课的执教也让我对复习课的目标有了更加深刻、全面的认识：首先是帮助学生整理所学知识，理清知识的来龙去脉，构建知识体系；其次是对学生的知识掌握情况查漏补缺，突出重难点、易错点；第三，提高学生应用知识解决问题的能力；第四，注重复习方法的指导，培养学生自主学习、自主复习的能力。

（二）真正实现"人人参与"

以前每次上完课，几乎都会有孩子跑到身边责问我："老师，我一直都在举手，你为什么总是不点我呢?"在对学生深感歉意的同时，我也确实感到实现"多维互动"的必要性。只有依靠"学习共同体"的建立，才能真正实现"人人参与"的目标。在今天这节课上，每个孩子都动起来了——所有的孩子都能够积极参与到课堂的学习过程之中，所有的孩子都有了表达和展现自己的机会。他们在小组里互教互学，互相启发，取长补短，每一名学生都有发表自己见解的机会。生生互动的同时，还锻炼了孩子们的交往能力和组织能力。孩子们真正成为课堂的主人。

在这节课中还存在着值得改进的地方，比如由于平时缺乏真正"授人以渔"的渗透和训练，学生几乎没有自主整理知识网络图的能力和方法。在"归类整理，形成网络"环节，为了真正实现学生"自悟"，此处用时较多，导致练习环节仅剩 5 分钟时间，没有处理完。整节课在时间分配上有些虎头蛇尾。"学习共同体的建设"是本次实验的观察重点，但在这节课上"小组合作学习"的作用发挥得还不够充分。

附教学课例 2：

总复习——表内除法

学科：数学　　　年级：二年级　　　执教者：林颖

一、教材解读

本课时内容是小学数学人教版二年级下册《总复习》中的第一课时，

属于数与代数教学领域。本节课是在学生掌握了表内除法的基础上设计的，使学生进一步理解除法的意义，知道除法算式中各部分的名称。使学生熟练地口算表内除法，能根据具体情境解决简单的除法问题。培养学生举一反三、触类旁通和灵活运用知识解决问题的能力。

二、学情分析

二年级孩子已经能熟练背诵乘法口诀表，并能根据口诀表来计算除法。有购物的生活经验和简单计算的能力，低年级的孩子对在情景中解决实际问题非常感兴趣，能够积极参与到解决问题的过程中去。

三、目标定位

(1) 使学生进一步理解除法的意义，知道乘除法算式中各部分的名称。熟记乘法口诀，并能熟练地口算表内除法，根据具体情境解决简单的除法问题。

(2) 培养学生举一反三、触类旁通、运用所学知识解决问题的能力。

(3) 体验学习数学的快乐，增强学习数学的兴趣和自信心，逐步养成回顾和反思的好习惯。

四、教学条件评估

硬软件：多媒体课件、白板。

时间：1课时。

五、教学活动过程设计（见表 3-16）

表 3-16 《总复习——表内除法》教学过程设计表

学生活动	教师活动	设计意图
活动 1：知识回放 1. 口诀填空。 三（ ）十五　　六（ ）四十八 四（ ）三十六　　（ ）九二十七 （ ）（ ）二十四　　（ ）（ ）十八 2. 观看幻灯片播放，回顾本学期所学知识和表内除法的主要知识点。	1. 幻灯片展示口诀。 2. 播放本学期所学知识和表内除法的主要知识点。	回顾乘法口诀，巩固学生对乘法口诀的灵活运用。作为总复习的第一课时，引导学生回顾本学期所学知识以及本课时的复习内容，表内除法的相关知识点。

续表

学生活动	教师活动	设计意图
活动 2：知识梳理、查缺补漏 1.（1）完成练习纸第 1 题，计时 1 分钟。 32÷4　81÷9　15÷5　24÷6　27÷3 54÷6　12÷6　18÷2　18÷6　72÷9 挑一题和同座互相说一说是怎样计算的。 （2）这里面哪些算式是用四八三十二这句口诀来计算的？ 8+8+8+8　32÷8　4×8　32−4 8+4　4+4+4+4+4+4+4+4 （3）我是小老师：批改小明的作业分析错误的原因，说一说在口算时要注意什么。 ①45÷9=6　②28+4=7 ③18÷2=6 （4）再计算一组口算。1 分钟计时。 18÷9　56÷7　36÷9　63÷7　36÷4 42÷7　40÷8　24÷3　14÷2　24÷8 2. 游乐场里的数学问题 （1）出示情境图，游乐场。 （2）出示一组有文字也有图画的信息：有 16 个同学玩了碰碰车，都坐两人车，还有 8 个同学玩了摩天轮，平均分坐到 2 个车厢里。 （3）根据以上信息，提出数学问题。再列式计算，说一说这个算式表示什么意思。然后在小组内交流。 ①提出一个用除法解决的问题。 ②提出求一个数是另一个数的几倍的问题。(提出用 16÷4 或 8÷2 解决的数学问题) ③再提出一个用除法解决的问题。体现开放性。	统计有多少人完成。 板书 32÷4=__引导学生回顾求商的方法，除法算式各部分的名称。 根据学生平时易错的题，查漏补缺。 再统计一次完成的人数。 同学们到了数学游乐场，看看给我们带来了什么数学问题。	引导学生回顾求商的方法，除法算式各部分的名称。 根据学生平时易错的题，查漏补缺。 理想状态是按时完成口算和全对的人数有所提高。通过知识的梳理和查漏补缺，学生的口算能力有了提高。 回顾除法的意义。

续表

<table>
<tr><th colspan="2">学生活动</th><th>教师活动</th><th>设计意图</th></tr>
<tr><td colspan="2">活动3：综合练习
以4人小组为单位，选择合适的购买饮料方案。并算一算每个人应该付多少钱。
一瓶饮料5元，3瓶一起11元。</td><td>怎么买最划算呢？</td><td>用除法解决实际问题。
这道题具有一定的开放性，学生通过小组合作，交流探讨寻找适合自己小组的答案。对不同的答案进行比较，找到最划算的买法。</td></tr>
<tr><td colspan="2">活动4：拓展练习
三星大挑战（作为机动题）
1. 括号里最大能填几？
$6\times(\quad)<45$　　　$(\quad)\times 8<50$
2. $\triangle\times\triangle=16$，$\triangle=(\quad)$；
$\square\times\square=49$，$\square=(\quad)$
3. ☆＋☆＋☆＝27
■×☆＝45
☆＝（　）　　■＝（　）</td><td>出示题目，引导学生进行拓展。</td><td>拓展练习主要为了拓展学生思维，提高学生思维能力，并为下学期要学习的有余数的除法做准备。</td></tr>
<tr><td colspan="2">活动5：课堂小结
谈谈本节课的收获。</td><td>今天这节课我们一起复习了表内除法，你能谈谈通过今天的复习，哪些方面有了提高吗？</td><td>积累经验，推广运用。</td></tr>
<tr><td>板书设计</td><td colspan="3">总复习
——表内除法
练习2　游乐场的数学问题　　　购买饮料</td></tr>
<tr><td>家庭作业</td><td colspan="3">完成课本上相关练习。</td></tr>
</table>

六、教学反思

一线教师都知道复习课不好上，低年级复习课尤其难上，一不小心就会上成练习课。复习课主要是将已经学过的知识进行梳理，将知识整理，使知识间得以沟通，形成网布结构，以便于在实际生活中有选择地将知识得以运用。因此在设计本节课时，我首先思考的是学生具备了什么基础。表内除法，是学生已经熟练掌握了乘法口诀之后，灵活运用口诀来计算除法，难度并不大，绝大多数孩子都能正确计算，因此本节课我将难点定位为理解和巩固除法的意义，重点是运用除法的相关知识，灵活解决生活中的问题。

学习活动之一，虽然单纯的除法计算不算重难点，但学生的正确率也不是百分之百，因此，我设计了两组口算，在两组口算之间插入了一个“我是小老师”的纠错练习，将平时作业中收集到的除法计算中的主要错误展示出来，让学生分析错误原因，形成比较深刻的印象，因此在完成第二组口算时，学生在规定时间内的完成率和正确率都有了明显提高。

学习活动之二，游乐场里的数学问题，我将课本上的几个习题整合为了一个情景，由学生自己根据老师的要求，寻找合适的信息，提出数学问题，并列式计算，然后还要说出这个算式表示的意义，在小组内进行交流。这个活动就是针对表内除法的难点来设计的，学生能正确提出数学问题并解决，就已经基本掌握了除法的意义，能准确表述算式的意义。是将一个数平均分成若干份，还是一个数里包含有几个另一个数，对学生来说，比较困难，利用小组交流，可以让部分学生对除法意义的理解由模模糊糊变得比较清晰。

学习活动之三，综合练习，延续游乐场的情景，购买饮料，每个小组 4 个同学，如果都一瓶一瓶地买，每人要付 5 元，如果先买个 3 瓶组合装，再买一瓶，就只要花 16 元，每人付 4 元。学生将两种计算结果进行对比，很快就能发现怎么买比较划算。此活动的设计，学生会根据自己小组的人数，将自己代入问题情景之中，来进行思考和计算。这样既巩固了数学知识，又提高了思维能力，今后在实际生活中遇到类似问题，也能照样去解决，从而达到数学来源于生活、服务于生活的目的。

学习活动之四，拓展练习，复习课除了要梳理学过的知识，还要和后续知识建立起联系，为课堂留下省略号，因此本课最后一个学习活动就是挑战有一定难度的和除法相关的计算，为今后学习有余数的除法奠定基础。

低年级儿童最感兴趣的莫过于富有情趣的学习，本节课教师创设的游乐园情景，学生也以最大的热情投入学习之中。这节课虽是复习课，但我注重将枯燥的计算建立在富有情趣的事件上，使学生在不知不觉中梳理知识，运用知识。练习多样化激发学生的兴趣，题型涵盖全面，既从不同层面巩固了除法的知识，同时也让学生更好地区分加、减、乘、除，以便在今后的计算中注意运算符号与运算方法。通过一组组与学生生活实际相连的场景，学生自己在场景中寻找信息，探求问题，解决问题，取得了较好的教学效果。

小学英语低年段词汇教学学习活动设计及指导策略

黄秋萍

英国著名的语言学家 D. A Wilkins 曾经说过："没有语法，人们不能表达很多东西；而没有了词汇，人们则无法表达任何东西。"由此可见，英语词汇教学在英语教学中的作用举足轻重。

《英语课程标准》要求小学生能够掌握 600～700 个单词和 50 个左右的习惯用语，能够理解词义，正确书写单词，知道单词的不同形式和区别，养成良好的语言习惯。词汇量是提高学生听、说、读、写四种技能的前提和基础，小学低年级段的英语词汇教学直接关系到学生能否真正理解和掌握英语，能否切实有效地运用英语进行交际。同时因为学生年龄小，外语学习的天然劣势，使得设计恰当的英语学习活动，提高词汇学习的效能，使学生在轻松愉悦中学习尤为重要。

一、低年级词汇教学学习活动设计的基本理念

1. 激发学习兴趣，培养良好习惯

小学英语学习属于英语学习的预备阶段，这个阶段的教学要求主要是为学生打下基础，激发学生学习兴趣，培养学生良好的学习习惯。影响少儿外语学习效果的一个突出心理因素就是情感与情绪，良好的情感与情绪能使学生保持良好的精神状态，从而促进注意稳定，实现愉快学习。尤其

是一年级刚刚进校的孩子们，如同一张张白纸，趣味性的学习活动对他们肯定会产生很大的影响。

良好的英语学习习惯是学生学好外语的基本保证，而教师“张弛有道”、“严爱有加”的组织和管理则是帮助学生树立学习信心和培养良好习惯的良方。教师对学生要多表扬、多鼓励、少批评、不呵斥，充分发挥每个学生的优点，在适当的场合肯定他们，即使学习困难的学生在教师满腔热情的帮助和鼓励下，也会激发潜藏的力量，变得更聪明更活跃。

2. 体现人文价值，关注持续发展

英语是一门语言，就其工具性而言，是人们进行思维和传递信息的工具。但同时它还是文化的重要载体。我国杰出语言学家罗常培先生指出：“语言文字是一个民族文化的结晶。这个民族过去的文化靠着它来流传，未来的文化也仗着它来推进。”语言传承、发展和创造着人类的文化，蕴含着丰富的人文性。就人文性而言，英语课程承担着提高学生综合人文素养的任务，即学生通过英语课程能够开阔视野，丰富生活经历，形成跨文化意识，增强爱国主义精神，发展创新能力，形成良好的品格和正确的人生观与价值观。所以说，英语是一门工具性和人文性兼具的学科。低年级的英语教学不能为了让小朋友掌握英语这种工具，采用机械、简单的方法教学，使原本富有人性、情感、表现力和想象力的英语教学变得功利、狭隘、呆滞且低效。因此，在低年级段的英语词汇教学中，体现语言的人文价值，关注学生的可持续发展尤为重要。

二、低年级英语词汇教学基本学习活动设计

单词教学的学习活动丰富多彩，在很长的一段时间内，我们很关注教师的教，但对学生的学还关注不够。生长是树木及树林自己的事，同样，学习是学生及同伴们自己的事。越是低年级的孩子就像小树苗一样，越是容易培养自主学习能力和伙伴学习的习惯！在低年级的英语教学研讨中，我们也初步归纳出如下几种活动形式：

（一）直接拼读学单词

直接拼读法是华东师范大学章兼中教授根据我国学生学情而创立的一种教学法。它是按字母、字母组合的发音（音素）的规律拼写单词。其教学程序是：音素—单词—字母—音标。章兼中教授（1996）认为，用音素而不是用音标拼读拼写单词，更能体现语言的本质特征，使小朋友们在学习字母发音的过程中，不断领悟，归纳语言规律，逐步将其内化成自己的认知结构。

汉语拼音的声母一共有23个，其中与英语辅音字母形状大致相同、发音接近的就有17个。汉语拼音的韵母一共有24个，其中发音比较接近的只有4个。由于汉语拼音语音与辅音相似的地方比较多，且英语的辅音发音比较固定，因此我们在一年级学生开始学习汉语拼音的时候大胆采用字母和单词同时学习的方式，采用了“辅音领先，元音闭音”的教学原则，而对变化较多的元音一带而过。让学生积极将字母音、字母发音和汉语拼音进行对比和正迁移，互相促进记忆。

（1）学生制作已学过的字母卡片，大小写分别写在两面，一定要自己动手，同学之间可以互相监督和帮助，不允许家长代劳。

（2）给出新的单词图片，单词要求是学生在学习字母之前教过，会读，但不知道拼写的单词。学生大声朗读图片呈现的内容。

（3）四人小组合作，拿出自己的字母卡片，用识字母的读音（不是字母名称的音和音标）的方法进而拼读单词。如单词“猫咪”，读作cat [kæt]。同学之间能够边动手找字母，边互相提醒：[k]，[k] —c；[æ]，[æ] —a；[t]，[t] —t！即[kæt] 拼作cat。

在直接拼读法教学中，要求一年级学生拼出来的单词尽量以元音为闭音节的单音节单词比较合适。教师要积极巡视观察，关注小组内学困生会不会没有参与机会，适当调整小组学生层次。最后在班级中一定要及时反馈学生的拼读过程。

（二）音形结合教单词

英语词汇总量上百万，但基本构词成分都是有限的，每个英语词汇都同其他词有千丝万缕的联系。教师应充分让学生观察，鼓励学生自己去发现规律和词汇的特点，从而让孩子们自己找到发现的快乐。同时，这也是为孩子们今后十几年英语学习培养良好的学习单词的习惯，终身受益。

（1）给出单词，小组之间讨论，去发现规律。例如：

①词尾相同，区分词首不同：

Ⅰ. mother，father，brother；

Ⅱ．Monday，Tuesday，Wednesday等表星期的词，开头字母都要大写（鼓励学生质疑为什么）；

Ⅲ．north，south。

②词首相同，区分词尾不同：

Ⅰ．watch，water；

Ⅱ．chair，chips；

Ⅲ．care，careful，carefully。

③首尾相同，区分中间不同：

Ⅰ．hat，hot，hurt；

Ⅱ．slow，show；

Ⅲ．shirt，short。

④中间相同：after，often。

（2）在班级发表自己小组的发现和看法。

（3）教师呈现单词，让学生自己根据刚才发现的规律试着去读出来，或者在一些单词中，听教师读或录音，找到对应的新词，在小组内尝试读出来。

（4）学生在班级中交流新学习的单词发音。

（5）认真听并跟读教师的范读，仔细感觉与自己的发现有没有区别。

通过这样的教学，有效地在小组内从音、形两方面帮助学生学习并记忆单词。同时，学生也能总结出许多单词，通过对比完成学习任务，他们学习单词的信心和兴趣也因此得到了很大的提高。

（三）歌谣说唱练单词

教师将零散的单词编成有节奏感的歌谣，简单易懂，旋律优美，可以大大提高学生学习英语的兴趣，让学生学得轻松、开心，真正做到寓教于乐，乐教于学。其主要目的是用韵律节奏律动的形式进行语言操练，引导学生在交流活动中正确运用语言。这个环节分成两个部分：

（1）律动练习：学生在节奏感强的音乐或韵律中边随节奏练习新的单词边配以动感的身体动作，在同一个句型中将单词进行替换，创编新的歌谣。

（2）交流巩固：在舒缓的音乐中，学生之间运用新学的单词进行交流活动。这种自主练习、相互评价的活动可以用访谈、考查对方掌握新知识情况等不同形式进行，可以运用到以前的知识。每个学生在组内有自由选择合作者的权利。

音乐和韵律能使枯燥的单词变得富有节奏、朗朗上口，有利于学生在学习中获得乐趣，形成语感。在激烈的韵律练习后，舒缓的音乐能使学生的注意力得到适当的调节，减缓学生的疲劳和压力。在互相评价和自我评价的任务活动中，每个人都能够真正参与进来，达到较好的语言交际效果，给他们带来成功体验的快乐。这样既使学生巩固了前面所学的知识，也使学生的语言知识得到了拓展，而且还便于教师了解学生情况，及时发现问题。

（四）全身反应玩单词

全身反应法（total physical response，简称 TPR）是美国加州圣约瑟大学心理学教授詹姆士·阿歇尔（James Asher）于 20 世纪 60 年代提出的。这种方法倡导把语言和行为联系在一起，通过身体动作教授外语。

课堂上学生在真正的情景里来学习英语。把“单词”和“行为”联系在一起，通过左右脑的共同协调训练建立语言思维，达到掌握外语的目的。

具体实现方式是：通过学生听到一个单词，用身体动作对它做出对应的反应，从而使学生逐渐自然建立语言能力。教师将每个单词都配上一定的动作，在教学中，学生将动作和对应单词形成直接联系，增强记忆，小组内一起互相发指令，一个人做动作，其他人猜单词，在轻松玩乐之中学习单词。

这些活泼有趣的教学活动，不仅减少了学生在课堂上消极的“动”，增强了学生对学习内容的直观感受和体验，而且激发了学生的学习兴趣，实现英语语言的“内化”。值得注意的是单词的巩固练习活动更加适合小组内操作。

三、小学低年级英语词汇教学教师基本指导策略

多年来，英语的词汇教学是被动式进行的，给学生一种“距离感”。师生间常处于一种“我教你学”“我灌输你接受”“我出试卷你答题”“你犯毛病我训斥”的状况。在这一轮课题的研究中，我们重点在学生如何主动地合作的学习上，因此，也总结出如下几点基本的指导策略：

1. 整合与发展

英语教学要着眼于学生的全面发展。如果说课程标准是从宏观的层面论证和描述，那么英语教师应该从学生的实际帮助他们，促进学生发展。实际操作中，要通过多学科的整合，促进智能的发展。教师要认识到孩子们是可以通过英语这个语言载体来学习音乐、艺术、品德、体育常识等。教师自己要摆脱只盯着单词、语法、考试的局限，全方位充实自己，这样能使我们的英语课更丰富，尤其可以使能力特长不同的学生都有可能在自己的优势领域内得到更大的发展。

人文精神在英语单词教学中的渗透，不是生硬强制的，而是与英语教学内容融合在一起，但它又不是完全无形的，它使英语课更丰满，显得更富有生机和活力。同样，我们让孩子们在伙伴学习中得到快乐，就是人文价值的存在。

2. 合作与互学

学生的“学”远重于教师的“教”，在小学低年级的孩子中开展合作性学习，也许还不能和“合作学习”的概念扣得那么紧密，但是小组中孩子们的互帮互学，调查交流，却会比大孩子来得更加真实。在这个过程中，能够帮助学生养成乐于与他人合作，和谐与健康向上的品格。这对孩子们今后长期的学习是起关键作用的。因为教师在一年级不可以孩子年龄小不懂事为由而忽略伙伴学习活动。

3. 思考与空间

单词教学看上去“知识含金量”是最低的，就是“我教你读”。但就这也造成不少孩子记忆单词痛苦，对未来的学习没有兴趣。教师在单词教学中，要舍得花时间，让学生自己去发现，小组中探讨，集体中允许有不同意见，关注学困生的发展。这样做看上去一节课时间紧，内容也许教不完，但是却潜移默化地开拓了学生的思维能力，让学生自己动脑筋学习，孩子们学习力得到逐步的发展。让孩子们越来越对英语学习充满兴趣和渴望，不让一个孩子掉队。

附教学课例：

What color？

学科：英语　　年级：一年级　　执教者：黄秋萍　Ludwig（新西兰）

一、教材解读

（1）本课内容主要涉及的是几个基本的颜色单词和问句：What color?

（2）本课的重点是What color这样一个问句以及颜色单词：orange，purple，pink的学习和掌握。并能够修饰物品，能够用问句表达。

（3）本课让孩子们进一步了解颜色的英文表达。多姿多彩的颜色是孩子们非常喜爱的，在不同的颜色游戏中，能够进一步激发学生学习英语的积极性，提高孩子的探究能力和动手能力。

二、学情分析

（1）本课是第五单元的第三个课时，在第一个课时里，学生通过一个有趣的故事，从颜料涂色的角度，大致了解到英语表达的几种基本颜色，能够听懂故事。在第二个课时中，重点学习了四种基本颜色的听、说、读，如red，blue，green，yellow，并能够用I like…表达自己喜欢的颜色。在这个课时中，进一步学习颜色单词。

（2）孩子们6、7岁的年纪，对缤纷的世界充满了好奇。他们能够使用彩笔涂色，有少量的英语单词基础。在动作和PPT课件的辅助下，能够听懂外教的英文授课。

（3）低年级的孩子们喜欢漂亮的颜色，特别喜欢涂涂抹抹，对英语学习充满了兴趣。

三、目标定位

（1）学生发展目标：进一步激发英语学习兴趣，培养学生观察和思考的能力。鼓励学生自己动手实践，在实践中发现。

（2）三维目标：

①Children learn to say and use the new words：orange，purple，pink. Children learn to play a coloring and guessing game：—The ball is red? —Yes/No .

②Observation method，experimental method，TPR.

③Help children raise their English and other abilities.

Try to learn in group.

四、条件评估

（1）教学时间：35分钟。

（2）教学空间：教室，对于大班额学生而言，空间必然显得很小。

（3）教学设备：

教具：PPT课件，电脑、白板、白板笔、投影；空透明塑料瓶3个，分别调好红、黄、蓝、白广告颜料的透明塑料瓶4个，一个托盘，一块能够遮住颜料瓶子的布；生词卡片（1～4单词涉及的词汇）。

学具：学生自备12彩水彩笔或彩铅，蜡笔、油画棒；白纸一张。

五、教学过程设计（见表3-17）

表3-17　What color？教学过程设计表

学生活动	教师活动	设计意图
活动1：Little helper用单词卡片带领大家朗读单词，字母发音和相应字母。 活动2：自己读题理解问题。先猜测，再观察红色和蓝色相加会是什么颜色？ 活动3：学说purple，安静观察老师口型，然后再学习发音，分个人、小组、男女生练习。 活动4：用同样的方法学习pink。 活动5：自己读题理解问题，先猜测，红色和黄色相加会是什么颜色？ 活动6：小组内自己用彩笔将两种颜色叠加在一起，观察会变成什么颜色并回答。 活动7：用同样的方法学说单词：orange。 活动8：学生看转盘说颜色。 活动9：学生说看到的文具，四人小组自己商量分文具，分别快速涂色。 四人小组互相猜测，一个人报文具，其余三个人猜颜色，先猜对的为胜。	巡视。 提出问题。 用颜料瓶子互相勾兑，让学生观察颜色的变化。 教授发音，注意学困生情况。 提出问题，请学生回答，指导学生完整回答一个句子。 指导、巡视。 播放PPT上的转盘。 讲要求，确定每位同学清楚活动要求。 巡视。 和大家一起玩游戏。	熟悉复习学过的词汇，将每个词汇和学过的字母首字母发音联系起来，进一步学习字母发音。 学会自己根据日常经验去判断，再通过观察得出结论。 培养学生良好的发音习惯。 培养学生思考习惯。 培养学生自己亲自动手去发现的兴趣。 趣味巩固颜色单词。 合作分工， 动手操作， 交流语言， 趣味性强。
板书设计	What color?　orange，purple，pink —The pencil is red?　—Yes/No.	
家庭作业	Read and spell the colors. Play the game with parents.	

六、教学反思

从一年级开始就一直尝试在学生中开展小组之间的伙伴学习，孩子们慢慢地能够理解要求，能够兴致勃勃地和伙伴们一起开展分工合作的活动。在本课颜色单词的学习中，我们更希望孩子们学到的不仅仅是几个单词、一个句子，而是希望能够体现英语学习的人文性，能够通过英语这门学科的学习，让孩子们联系到其他学科的知识，能够培养勇于操作、勤于思考、善于合作的能力。这一节课，只是我们平时常规课堂的一个小小的片段，伙伴的学习不是一节课上就能够体现多少东西的，这需要很长时间的渗透和培养。我很高兴的是在这一节课上，我看到同学们积极参与的热情，自己得到知识的喜悦和同学们之间和睦相处、分工协作。在同伴之中，孩子们的语言能力得到很好的发展。看上去一节课似乎没有很多的知识点，但孩子们得到的能力和思维习惯的发展，是让人最为欣慰的。

中年级英语会话教学学习活动设计及指导策略

阮芳

小学英语会话课是整个小学英语教学中的重要组成部分，其主要目的是培养小学生初步运用英语语言进行交际的能力。语言交际是小学英语课堂教学中最基本、最常用的形式，是师生之间、生生之间面对面的口语交流。小学英语会话教学是指通过课堂教学培养学生口头表达的交际能力，提高会话技巧，最终习得并自如地驾驭语言能力的过程。

在现行小学英语教材体系中，接近 1/4 的内容都是以会话的形式出现。它是日常口语交际的文本再现，教材中选取以学生生活为背景，与单元话题紧密联系的交际话语为内容，辅以丰富的情景画面，穿插了实用易学的句型和习惯表达法，提供了大量鲜活的语言材料，在小学英语教学中占有较大的分量。

然而会话教学一直以来是小学英语课堂教学的难点，尤其是近几年来教师感到难以操作和把握。直接把教材上的对话内容一个词一句话逐一地分析、讲解、翻译，把会话教学讲得支离破碎，既枯燥乏味又不符合会话教学的要求。因此，我们只有尊重学生所想、为学而教，才会真正发挥会话教学的实效。

一、中年级英语会话教学学习活动设计的基本理念

1. 遵循会话教学的情景性

人类学家马林斯诺指出："如果没有语言情景，词就没有意义，也不能代表什么。因此词语也只有在情景语境中才能产生意义。"语言存在于特定的情景中，如果离开了情景，语言将成为无源之水、无本之木。结合情景进行会话教学可以创造积极主动和生动活泼的课堂教学气氛，促使学生集中注意力，激发学生的学习兴趣，帮助学生充分理解并操练句型。

2. 把握会话教学的整体性

小学英语教材中的每篇对话都有一个完整的情节、人物和交谈的内容。教学时要让学生从整体上理解对话内容入手，用话题这一主线将会话中的语言知识点串连起来。如果教师将会话分成独立的句子来教，则不仅会破坏语言情景的整体性，还会使语言知识显得零乱，影响学生的思维和交流。

3. 在活动中让会话真实发生

《英语课程标准》（实验稿）明确指出："根据小学生的特点，小学英语教学要创建以活动课为主的教学模式。"在各种各样的活动中进行会话教学可以避免机械操练，同时也能促使学生用所学语言进行交流，让学生在交流互动活动中自觉地把注意力从语言形式转向语言意义，转向信息和情感的沟通和传递。

二、中年级英语会话教学基本学习活动设计（要站在学生学习的角度写，而不是站在教师教的角度写）

我们可按照"三环（热身、呈现、巩固）五步（复习热身、呈现新知、趣味操练、拓展运用、总结评价）教学法"的模式进行会话教学。

1. 热身环节（即活动热身、温故知新部分）

热身环节是一堂课的序幕，是学生英语课堂学习的第一步。此环节有助于把学生的注意力吸引到课堂上来，营造一种轻松和谐的学习氛围，且通过对旧知的复习和巩固，降低新知难度，为学习新知做好铺垫。因此课前的热身活动是必要的，也是必不可少的。

常用的热身活动方式有以下几种：

（1）唱歌热身。在课前播放歌曲，营造英语学习的氛围，增强学生学

习英语的兴趣。所选歌曲应为本节课教学目标服务或与本单元内容相关。教师在引导学生学唱资源中的歌曲时，尽量给歌曲配上相应的表情动作，师生同唱同做，拉近教师与学生的距离。

(2) TPR热身。空中课堂教学资源中有大量的听、做、说的活动。开展这类活动最受学生喜欢，它能激活学生的大脑，启发学生的思维，调动学习热情，激发学生的学习情感，学生在听、做、说活动中自然地复习了旧知。

(3) Free talk热身。课前教师开展几分钟的自由会话，给学生创造一个英语口语训练机会，在每日的师生互动、生生互动中，不知不觉对旧知进行了复习、强化和巩固，提高了学生的口语交际能力。热身内容同时也要考虑本节课的教学目标，为重、难点句型做好铺垫。

(4) 游戏热身。游戏中的学生是自由放松的，游戏能激发学生学习的兴趣，满足学生的好奇心、表现欲，同时又达到了在玩中学、学中玩学习英语的目的。

2. 呈现环节（即情景引入——新知呈现部分）

呈现环节是会话教学的主要内容。在会话教学中，教师应尽量创设真实的交际情景，采用“先听说，后读写”的方法，引导和鼓励学生参与语言实践，培养学生的口语表达能力，增强语言实践的真实感。情景引入和新知呈现不是割裂开来，而是交替进行的。可以采取以下几种呈现方式：

(1) 实物呈现。实物是连接英语知识与实际生活的桥梁，教师通过描述实物、围绕实物展开对话等活动能帮助学生将自身的生活经验与已有的知识联系起来。

(2) 形象呈现。教师可以利用图片、电教设备、教学挂图、多媒体等方式呈现情景，训练对话。如：周末活动、谈论居室、谈论家庭成员、四季等。

(3) 简笔画呈现。简笔画可以用在教学的各个环节，甚至是各种课型。它的特征是简单、快捷、高效。教师用寥寥数笔、简单的线条，就能画出要教学的内容，以最小的代价（一支笔、一块黑板）就能取得较好的教学效果，而且可以节省宝贵的教学时间。教师在课堂上边语言描述边画，展示会话的情景及变化，生动形象，能很好地吸引学生，这是图片、实物等媒体所不能替代的。

(4) 肢体呈现。主要指教师通过丰富的表情和形象的动作呈现会话中人物的表情和行为动作，不仅能吸引学生的注意力，而且使会话教学生动有趣。

(5) 情景呈现。会话教学离不开情境，语言交际更离不开情境。学生只有参与真实情境下的交际活动才能真正掌握语言。在现实的教学中，教师不可能将某些真实的情景搬入课堂，但却能模拟出真实的情景，创设真实自然的语言交际氛围，让学生理解所学内容并通过体验、感知、交流与实践，培养综合语言运用能力。

情景创设要做到以下几点：

①真实巧妙自然。有趣的情景引入能创造一个生动活泼的课堂教学氛围，能在短时间内吸引住学生。教师用其纯正的语言、高超的教学技巧将学生带入会话教学的真实交际情景中来，使学生身临其境，置身其间。

②生动形象直观。英语课程的选材都来源于生活，来源于学生的实际，多数都能够创设真实直观的情景。教师可以利用简单的教具，如图片、实物（包括教室中各种物品陈设及学生的学习用品）、模型等，也可以借助手势、动作、面部表情甚至简笔画等辅助教学，为学生提供真实的交际场景，让学生在交际中学习英语。

③新颖奇妙有趣。小学英语教学活动一定要符合儿童语言学习的特点，要有趣味性。创设新奇的会话情景，让学生有一种新鲜感和信息差异，从而唤起学生学习的动力和探究欲望，激发学生参与热情，提高他们学习的积极性。

在呈现环节还要注意以下两点：

①合理拆分会话内容。三、四年级的会话内容大多是简单生活情景的描述，会话内容一般有两到三个轮回，主题句非常突出，教师操作起来相对容易一些。但对于信息量大的会话，教师要学会合理地拆分，遵循先易后难、先重点句型后辅助语句、先学后练、总分总的原则进行教学，给每组小对话预留相对独立的操练和表演时间。我们既可以分块教学，也可直奔主题句或重点句型，不必逐词逐句都一一教到且要求学生全部掌握，但重点句型要求学生必须学会交流与运用。辅助性的语言材料学生能理解、

明白意思就行了，学生在此基础上若能说、会读、会表演当然更好。

②整体理解把握会话。小学英语会话教学中要体现整体教学的理念。每篇对话都是一个小的语篇，有相对完整的情节和真实交际的情景，教师教学时要让学生从内容上整体理解和把握，用话题这一主线将对话中的语言知识串连起来。对话教学前先处理一些新词汇和句型是必要的，切记不可将对话分割开来教。

3. 巩固环节（即趣味操练、拓展运用部分）

小学生虽然记忆力强，但记得快忘得也快。呈现会话后，应及时帮助学生巩固所学内容。

（1）反复操练。新知学完后，教师不要急于让学生表达，应留有一定的时间让学生自由练习，在学生听懂会说的基础上再让学生进行表达交流。机械操练的形式是不可少的，如替换词语操练句型，先集体、小组后个人，或男生、女生、前排、后排、左右排、开火车等多种形式操练重点语句。

（2）游戏巩固。儿童天生喜欢游戏，他们也喜欢在游戏中学习。利用游戏的方式在玩中巩固句型，不仅能激发和保持学生学习的兴趣，同时又能让学生在课堂活动中得到放松。

（3）编唱歌曲或chant巩固。教师可以利用学生熟知的曲调，把重点句型编成歌曲或chant，让学生在欢快的节奏中巩固重点语言。

（4）创设新的语境巩固。新课程提倡用教材教，而不是教教材。教材只是给了我们一个范例，教师应根据教材中的对话示例，创设适当的新语境，设计一些更贴近学生生活的语言交际活动，让学生将书本上学到的语言知识运用到真实的生活情境中去。学完会话后，教师应善于以教材为核心，结合学生的生活实际，谈论与学生有关的事物、经历、爱好、思想和情感等，让学生跳出课本的局限，根据自身情况创编对话内容，提倡学科融合，培养学生的多元技能，学以致用。

操练巩固环节还应注意以下几个方面的问题：

（1）操练的范围越广越好。就像设计游戏一样，不要一两个人做，让全员动起来。为激励全班学生参与，可将角色头饰贴在黑板上，采取学生集体表演的形式进行。如果只有两个角色，可采取全班对半或男女生团体会话的表演形式进行。若三个以上角色的，可以分组或分角色师生共同参与。

(2) 操练的形式要多样。最常用的可采取游戏的方式操练，也可采取小组合作学习的方式操练，将小组合作学习的方式在英语教学中充分体现并贯穿始终，比如师生之间的对话、生生之间的对话、同桌之间、男女生之间以及师生、生生之间的表演都是合作。在操练会话时，教师要加强合作学习的指导。合作学习要有目的性，要讲清内容和合作的方法，必要时做一定示范，可由中外老师之间，或是师生合作演示等，给学生明确的任务，实现真正意义上的合作，使优生带动学困生共同进步。

(3) 操练时要尽量利用身边的资源。其实我们的老师、学生、教室的桌椅、书籍、文具、门窗等都是很好的资源。操练会话时尽量采用现成的资源，就地取材，就地取景，让学生充分进行交际。

(4) 操练中的课堂评价要及时跟上。操练时形成性评价体现得更为充分。一定是知识的反馈评价、一定是以鼓励为主的评价。纠错时注意方式，艺术性，等一等，帮一帮。

评价的形式是多种多样的。教师一个善意的微笑、一个友好的点头、丰富简洁的评价语言都可以激励学生、鼓舞学生。

三、中年级英语会话教学教师基本指导策略

语言的运用离不开实际生活，脱离生活的语言学习是空中楼阁，纸上谈兵。因此，在学生学习活动的设计上，教师应着眼于创设和学生生活密切相关的真实情景来帮助学生进行会话交际，以达到学以致用的目的。

其实，我们每天的课上都会用到大量的直观教具、录音和多媒体，老师夸张的体态语言等，都是一种情境的创设。但这些都属于“资源情境”。对话课中，教师还要恰当去创设“体验情境”“表演情境”，呈现一种生活的场面，只有这样才能使学生在活动中活化语言，并能正确运用到现实生活中，从而提高学生的英语口语能力。

另外，我认为一节完整的英语会话课中，创设的情境要有所关联。不可松散、缺乏连续，教师要真切地把握整节课的重点和大情境，提炼一根贯通全课的主线，并以主线连接各个小情境，从而使实际课堂教学中各个教学环节之间相互联系、紧密结合、环环相扣，整体推进课堂教学进程。这样就自然，不留痕迹，水到渠成。

附教学课例：

My family

学科：英语　　年级：五年级　　执教者：阮芳　Colin

一、教材解读

本课内容是一篇会话教学，处在五年级上学期的第一单元，在步入高年级段学习中，会话类型的文本在每个单元都有分布，是学生从句到篇过渡的最直接最有效的语言媒介，对发展学生语言运用能力有着重要作用。

小学英语会话课是整个小学英语教学中的重要组成部分，其主要目的是培养小学生初步运用英语语言进行交际的能力。它是日常口语交际的文本再现，教材中选取以学生生活为背景，与课文紧密联系的交际话语为内容，辅以丰富的情景画面，穿插了实用易学的句型和习惯表达法，提供了大量鲜活的语言材料，在小学英语教学中占有较大的分量。

本课选取的情景是在好朋友之间展开的一段描述家庭成员职业特点的会话，符合一般会话的交际功能，能促进学生运用所学语言去交换和获取信息，表达自己的见解和情感，且比较利于学生发散开去，融入更多的话题内容，使表达更丰满，沟通更自由。

二、学情分析

学生在本单元的学习中已经了解了家庭成员 brother，uncle 等及一些职业名称 teacher，farmer 等，会用基本句型介绍人物职业特点，如：My aunt is a nurse. She is very kind. 有一定语言基础和生活接触面，遵循五年级孩子的好奇心和表达需求，因此可谈性很大，且容易激发起他们的崇拜和共鸣。

基于我校外教班孩子的实际语言水平，我们没有停留在就教材而教，而是顺势补充了一个新句型 I want to be a ________, because ________. 激发学生主动思考、大胆表达，说出自己理想的职业选择，以促进学生积极健康的情感态度，不断追求卓越的美好愿望。

三、目标定位

学生能运用本课习得的句型和对话进行日常交际，传递信息，表达情感。

知识能力目标：学习新句型 What does your ________ do? She is a ________.

活动过程与方法：围绕话题内容设计了师生、生生互动的多个活动方案，层层推进，在感知中习得、在讲练中提升。

情感态度与价值观：通过谈论不同职业的特点，引发学生的向往和共鸣，从而激发他们的学习内驱力。

四、条件评估

时间：一课时（40 分钟）。

场地：多功能教室。

活动准备：按班级人数将学生分成若干个合作小组，每人编号，佩戴标识。多媒体交互课件、教学图片、发给学生的语言材料打印稿。

五、自学设计

（1）课前学生自学一首指定的歌曲，鼓励配动作进行唱跳表演，用于导入话题。

（2）创设多种情景和游戏，让学生在小组活动中操练和消化新句型。

（3）在小组中合作交流，再在全班集中反馈，并结合评价机制进行组际间的良性竞争。

六、教学过程设计（见表 3-18）

表 3-18　My family 教学过程设计表

学生活动	教师活动	设计意图
活动 1：唱跳热身。 My father is a doctor.	介绍分组和评价机制。	歌曲热身，活跃气氛。 自然交流，引出话题。
活动 2：记职业。 Memory game.	下发职业图片手稿，询问学生都知道哪些职业，引发小组讨论。	积累词汇基础，为后面学习句子做好铺垫。

续表

学生活动	教师活动	设计意图
活动 3：猜职业。 Guess the jobs. 策略 1 看剪影，引出句型 What does he do? 学习回答 He is a . . . 策略 2 听声音，引出句型 What does she do? She is a . . . 策略 3 快闪 策略 4 语言描述	示范教读新句型，师生互动问答。 引导关注 he/she 的不同表达方式。	着眼于多重感官协同参与，训练学生的倾听、观察、思维能力。
活动 4：谈论家庭 Zoo family.	从两师间的互问 What does your. . . do? 自然展开，引入动物家族成员的听音练耳，尝试用抓关键词的学习策略捕捉信息，并习得语言结构。	创设情境，学习对话。
活动 5：PK game.	用转盘游戏来随机定位到个人，进行组际间的互访 PK 赛，将习得的句子结构用于日常交际的对话之中，鼓励说得越多越好。	互动交流、学以致用。
活动 6：谈论理想中的职业。 Dream jobs.	引入一段原声视频，打开学生视野，借助任务单，整合语言点，将本节课所学句子融汇成篇，指导学生完成 Final task.	大方自信地表达自我，并最终落实到笔头。
板书设计	Unit 1　My family What does your father do? He is a ________. I want to be a ________, because ________.	
家庭作业	Write about your family. 配上照片，尝试写出自己家庭成员的职业。	

七、教学反思

我和外教Colin老师共同执教的“Unit 1 My family”教学内容是改编版教材五年级第一单元中的一篇对话。我们将学生分成8个合作小组，展开了一场English live show的英语活动课，较好地体现了我校“伙伴学习课堂模式”研究的阶段性成果。

基于中高年级段学生的年龄特征和语言基础的实际，我们创设了一系列符合学生兴趣特点及认知规律的课堂学习活动，充分尊重学生所想、为学而教，引导学生自学探究、主动吸收，在活动中体验和感悟，不断提升语言综合实践能力。且适当地将目标定位抬高，除学习教材语言文本之外，还进行了一定补充和再创造，以鼓励学生表达出自己的见解和思想。

围绕对学生“学习活动”的设计和实施，我们在反思中既积累了成功的经验，同时也有遗憾和不足有待去改进：

（1）活动二的记忆职业单词是为活动三学习功能句做铺垫，但之间耗时太长，用了11分钟，才进入到句型的学习。可以压缩至最多6分钟，在热身歌曲唱完后进行Memory game的环节中，快速扫两组不必迂回，可给学生后面的交流留出更多时间。

（2）在活动三中教完功能句What does your ... do? 之后，学生大面积的操练和生生交流还显得不够充分。虽然学生具备一定能力基础，完全可以小组内自学对话、相互问答，但在运用句型进行语言输出中还需要一个反刍和消化的过程，因此建议可在各组成员内开展S1－S2－S3－S4－S5－S6的Chain game连锁问答，再来推波助澜进行后面组际间的PK赛，也只有学生储备充足后，表达才会更加熟练和自信。

（3）集中汇报时，我们鼓励孩子加进他们前期所学相关联的语言素材，融入真实的对话之中，展开交流、获取信息。但在活动六中下发给学生的任务单上涉及的大量形容词的呈现还可以提前一些，应放在活动四中Zoo family的环节，通过引导学生描述动物家庭成员的职业特征，如He is very cool. She is very nice/busy ... 由简到繁，依次渗透和递增，到后面的PK赛和Dream jobs环节时，学生就能习得更多表达，如famous，popular，brave... 而不是积压到最后一股脑抛给学生，信息量过大，学生不知道从何下手，没有实效性和针对性。

(4) 终极目标任务是鼓励学生尝试完整表达和写出自己家庭成员的职业信息，落实到笔头上，带动综合语言技能的提升。我们鼓励学优生抛砖引玉，先说一说，再带动其他同学铺开，全班动起来，在小组阵地中尝试，画插图、说一说、写一写，使语言综合运用能力得到了有效生长。

小学科学实验教学学习活动设计与指导

郭静

小学科学是以实验为基础的学科，让学生通过参与实验过程理解基础知识，科学对待生活经验，纠正错误概念，是学生树立科学实证精神的基础。小学科学课的实验，从三年级的观察实验，四年级的安装、模拟实验，到五、六年级的对比实验，难度呈螺旋状上升，对学生的探究能力的要求逐步提高。而要在实验过程中让学生提高探究能力，首先要落实实验，更重要的是实现实验教学的实效性、高效性。结合学校"伙伴学习"的课堂建构，打造我们的高效实验课，让孩子们人人能手有所动、心有所动、学有所得。

一、小学科学实验教学学习活动基本理念

1. 伙伴实验，人人参与

我们的科学实验讲求集体智慧、小组合作。在实验室里分组而坐，每个孩子有自己的实验任务：材料准备任务、实验分工任务、整理讨论、清洁收拾。在实验课中专一某一任务或转换任务或进行优势选择，都能让每个孩子量力而行并在自己原有基础上提高。小组氛围中学生会有依赖，但更主要的是安全感环境下的自由与整合提高。小伙伴们为完成同一个实验任务相互依赖、缺一不可、相互学习、共同提高。

2. 纵贯实验，落实探究

纵观整个小学阶段的科学实验。从三年级孩子们第一课观察大树与小草开始，学生们的观察实验从直接观察到有序观察到运用所有感官和工具进行观察并用准确语言描述观察结果。四年级看图组装电路组装过滤装置到为什么要组装，还有没有其他装法，模拟地球表面以及三球位置，根据实验现象解释生活观象，五、六年级对比实验的设计，根据想要了解的问题设计实验，控制实验条件，据实验结果与预计的对比，做出分析与解释。所有的实验都有一个探究的过程。在每一个不同难度程度的实验中，我们探究的目标是什么，探究的方法是什么，怎样提供条件引导学生们进行探究。科学学习以探究为核心，让孩子们在像科学家那样进行科学探究的过程中，体验学习科学的乐趣，增长科学探究能力。如何向学生提供充分的科学探究机会，是我们对科学实验教学活动进行设计与指导的目的所在。

二、小学科学实验教学学习活动基本结构与设计

1. 观察实验活动

从学生第一节科学课开始，我们就在不断地学习观察。调动所有感官和利用工具，有序地观察并准确描述或描画出观察到的现象，这是三、四年级观察实验要达到的目标，也是其他类型科学实验的基础，就是我们所说培养观察能力，敏锐地发现、真实地反映。观察实验的设计步骤：

（1）看一看、闻一闻、摸一摸、量一量。动用所有感官去观察，在其中有对学生提出从上到下、由表及里的观察顺序。

（2）说一说、画一画。将观察到的用文字或语言表达出来，在描述的过程中，小组成员先在组内说，然后小组代表发言，组间相互补充。

（3）想一想。这就是观察实验中的探究环节了。观察蚂蚁时我们怎样从蚁穴中引出蚂蚁，观察蜗牛时怎样让蜗牛露出头来，观察金鱼时怎样才能观察到金鱼不是用嘴呼吸……想一想、议一议可行性再去试。

三年级的动植物观察，不同材料的观察，不同物质的观察都是以这样的结构设计观察实验过程。

2. 组装、模拟操作活动

四年级的点亮小灯泡，物质的溶解、过滤与蒸发，月相变化，地球表面的地形、土壤的流失等实验，除了对观察能力继续要求外，开始注重学生动手能力的训练。

（1）看图索骥，讨论交流。看线路图，看组装图，看模拟设计图，现在还有微课视频，弄清操作的材料步骤。

（2）动手组装，分工合作。这时候一个人是绝对完成不了的，导线在元件之间的连接绝不像在纸上画一条线那么简单，一个人扶着扭开接口，一个人将导线旋入，接好后还要人扶好接触点防止接触不良。

(3) 观察现象，探索思考。这里又提到了观察，可见观察是渗透于所有试验活动中的。以让小灯泡亮起来为例，全部连完，灯泡亮还是不亮，亮度是否不同，这都是可观察的。根据观察，自问一个为什么或老师追问一个为什么，我们再根据提出的可能性去逐一实践寻找答案，这就是探究过程。

3. 对比实验活动

五年级开始进入对比实验阶段，我们对实验的科学性要求大大提高，对比实验整个活动，可以说是一个完整的探究过程。

(1) 提出问题，做出猜想。以绿豆种子发芽为例，"绿豆种子发芽是否需要水"为研究目的，并做出猜想。

(2) 拟出计划，控制条件。根据实验目的，控制相关条件均不变化，只有"水"这一个条件不同。

(3) 实施计划，观察记录。按自己小组成员共同拟定的计划实施，做好记录。

(4) 分析记录，做出解释。根据实验记录与事先预测的异同，做出合理性解释。

从对比实验的学习开始，往后的实验都更讲求逻辑上的严密性，结论上的唯一性和更严谨的科学性。学生们在后期的光学实验、力学实验中都会有意识地设计出在实验中控制变量，用实验证明变量与现象结果的相关性。

以上是三个不同阶段的实验活动的主要特点与实施方式。其实在我们实际教学中还有许多实验是兼顾了以上三种实验要求，比如六年级《用显微镜观察周围的生命世界》观察前要先组装显微镜，组装后再观察，各种机械省力实验，组装再对比。

三、小学科学实验教学学习活动基本指导策略

1. 做好学生学法指导

各类型实验据其目标要求，做好学生分工引导、记录引导、评价引导。

小组分工刚开始时会有争执，老师先细后放，先逐一每组组员按号取任务，经过一段时间磨合，学生自行分工，也可推举领导力较强的学生任组长分工。

2. 做好实验器材准备

（1）布置学生准备要提前。比如我们 3 年级要观察的蜗牛，我们在“十一”前布置下任务，长假期间学生可以在郊游时找到并喂养，上课时才有蜗牛可以观察。

（2）实验室标准化配备器材使用到位。放大镜、显微镜、各种玻璃器皿、声学、光学、电学、磁学、机械、力学等相关器材，针对性运用，及时报损补漏，包装学生使用。

（3）自制实验器材，提高实验效率。电学器材中灯座开关接口氧化，接触极不敏感，再加上学生使用导线时会出现掉金属丝等情况，造成一些客观因素干扰形成分流或分压的问题，如小灯泡不够亮或干脆不亮，不利于学生进行电路接法（串并联）引起小灯泡光亮程度的研究。我们实验室田宁老师自购电池盒、鳄鱼夹、导线，自己焊接，学生使用时只要将导线两端的鳄鱼夹夹在元件两个接线柱上就接触良好。又如福利实验时按常规将钩码粘在水槽底部作为方向转换，实验时往往浮块不能完全没入水中，我们经区内教研，找到将一个薄薄的门搭用万能胶粘在小塑料水槽中，就完美解决了这个问题，并且方形水槽体积小，记录水的高度变化更明显。

（4）引进新材料，提升科学实验精准度。传热实验中学生对塑料勺、木勺、铁勺、铝勺的传热能力，凭手感判断，只明显区分出金属快，木头、塑料慢。至于铝勺和铁勺，木勺与塑料勺谁快，没有较精准的测量，很难让孩子信服。朗威科技用热传感器接数字显示器成功地解决这一难题。将热传感器接头夹在木勺、塑料勺、铝勺、铁勺的末端，连接数字传感器，同时将它们放入同一容器的热水中，分别由 4 名同学观察读书记录。数据化工具的精细化将传导后的温度显示在数字显示器上，若连接电脑中的统计图表，不仅能清楚地比较出传导能力，还能精细地制出传热的曲线。将不准确的主观手感转化为客观可视的统计数据和图表，更彰显科学实验的严密性。

又如《像火箭那样驱动小车》，“反作用力”本来对学生来说就有一些不科学的前概念：是气把小车推动的。我们要通过实验突破的是：反冲力是一种反作用力，它是与作用力相反方向的力，气球要恢复原形，向外压气体，气体反过来对气球产生相同大小、反方向的力，从而带动小车。与前概念的矛盾点：气体往后喷，小车往前运动，施力方向与运动方向不一致，造成与拉动、拖动小车运动方向与施力方向一致的矛盾冲突，继而逐步剖析比较。若用自制小车，摩擦力大、气球喷口的方向不断改变，会使我们疲于应付小车不动、运动方向不一致等干扰，难以集中精力突破“方向”这一难点。东方教具的小车设计，外观上和乐高的拼接玩具车类似，橡皮轮胎高仿真，方向稳定摩擦力小，小车架上任装插件、气球固定架、喷嘴固定架精细周全。让学生在实验时清楚地看到喷气方向与小车运动方向相反。

除了气球反冲力驱动小车，我们运用东方教具的叶轮，先用空气驱动，感受空气流动与叶轮运动的方向关系，再用水驱动，并在水中着色，让学生形象地看到水流方向与叶轮转动的方向确定相反，从而加深并推行出了反作用力的共同点：空气、水的运动方向与受力物体的运动方向相反。

附教学课例 1：

运动起来会怎样（一）

学科：科学　　年级：四年级　　执教者：黄敏

一、教材解读

（1）本课是教科版四年级上册第四单元《我们的身体》中的第三课，是在学习了身体的外部结构和骨骼、关节、肌肉在人体中作用的基础上展开的，是学生了解、认识呼吸和循环系统的开始。

（2）基于对单元整体结构的认真研究与分析，本课重点围绕运动与呼吸的关系，帮助学生了解呼吸系统的作用以及与骨骼、肌肉的联系。

（3）通过这一课的学习，学生知道了人体运动需要氧气，肺的气体交换作用将氧气吸收进血液，将二氧化碳排出体外。人体运动量越大，消耗的氧气也就越多，就需要加快肺的呼吸，以吸收进更多的氧气。所以学生明白了经常锻炼身体，可以加增强肺活量，这样有利于身体健康。

二、学情分析

（1）学生在前两课的学习中，已经了解到身体的外部结构和骨骼、关节、肌肉在人体中的作用，对于简单实验也已经具备动手操作的能力。

(2) 本课所涉及的内容是基于学生的身体感知和生活经验，对于四年级的学生来说这个内容理解起来比较容易。通过教师的引导基本上能够掌握运动后呼吸为什么会加快。

(3) 对于运动前后身体上产生的变化，学生都能够正确描述，但是对于为什么会产生这些变化学生还不理解，带着这个疑问他们学习这一课的热情就会大大增加。

(4) 学生的学习难点在于如何将呼吸系统与循环系统相联系，并理解这两大系统在支持人体活动上的作用与联系。可能对于理解为什么吸入气体和呼出气体的成分不同存在一定的问题。

三、目标定位

(1) 对于这课内容，学生最容易理解的是运动以后身体上可能产生的变化。

(2) 三维目标：

科学概念：①人体运动需要氧气，肺的气体交换作用将氧气吸收进血液，将二氧化碳排出体外。②人体运动量越大，消耗的氧气也就越多，就需要加快肺的呼吸，以吸收进更多的氧气。③经常锻炼身体，可以增强肺活量，这样有利于身体健康。

过程与方法：①合理使用实验记录单，能够测量单位时间内心跳与呼吸的次数，并进行数据分析。②能够结合实验现象、相关信息资料，做出对呼吸次数加快原因的分析。

情感态度与价值观：①愿意与同学相互交流，能够在合作中完成实验活动。②能够耐心、细致地完成心跳和呼吸次数的测量活动。

四、教学条件评估

(1) 本内容教学时间为一个课时。

(2) 本内容的教学空间在实验室，可供学生实验活动的需要。

(3) 教学准备：秒表、听诊器、塑料袋、吸管、肺活量测量仪。

五、教学过程设计（见表 3-19）

表 3-19 《运动起来会怎样（一）》教学过程设计表

<table>
<tr><th colspan="3">教学过程</th></tr>
<tr><th>学生活动</th><th>教师活动</th><th>设计意图</th></tr>
<tr><td>活动 1：观看教学视频。
活动 2：原地蹲下起立 1 分钟。
活动 3：测量运动前后的呼吸和心跳次数。
（1）测试运动前的呼吸和心跳次数。
（2）测试运动后的呼吸和心跳次数。
活动 4：呼吸为什么会加快
体验活动：反复呼吸塑料袋里的空气。
活动 5：实验证明吸入和呼出气体不一样：
（1）学生观看教师演示实验。
（2）分析表格数据发现吸入和呼出气体成分的具体数据。
活动 6：参与呼吸过程的器官在呼吸过程中是怎样工作的？
根据呼吸系统图片思考吸入和呼出气体过程各个器官是怎样工作的？</td><td>活动一：播放学生跑步后的体征表现，如流汗、气喘、疲惫的视频资料。
活动二：计时 1 分钟。
活动三：（1）计时 1 分钟。
（2）计时 1 分钟。
活动四：演示：用嘴对着吸管反复呼吸，在做的时候去感受刚开始做时是怎么样的，慢慢的又是怎么样的？
活动五：实验证明吸入和呼出气体不一样。
（1）将点燃的棉签伸入两个分别装有空气和呼出气体的集气瓶中。
（2）PPT 出示气体吸入和呼出成分的比较。
活动六：PPT 出示呼吸系统结构图片。</td><td>创设情境：学生通过测量呼吸前后心跳和呼吸次数更加直观地感受到运动前后身体产生的变化。
借助资料，认识到呼吸是气体的交换过程，吸入和呼出气体的成分不同。
让学生通过实验现象再次验证前面的猜想：吸入和呼出气体的成分不同。
通过资料，学生知道吸入和呼出气体的成分到底有哪些不同。
理论与实际相结合，知道参与呼吸过程的器官在呼吸过程中的工作情况。</td></tr>
<tr><td>板书设计</td><td colspan="2">板书：吸入　　氧气
呼出　　二氧化碳</td></tr>
<tr><td>家庭作业</td><td colspan="2">课后坚持锻炼身体，并体会运动前后身体产生的变化。</td></tr>
</table>

六、教学反思

本课是教科版《科学》四年级上册第四单元《我们的身体》中的第3课。这单元主要让学生认识自己身体的结构和功能，使他们意识到身体的各种活动都需要身体各个系统的协调运作，从而逐渐建立起他们的健康意识。当学生在上节课中开始关注骨骼和肌肉系统在人体运动中的联系与作用后，教材安排了“运动起来会怎样”这个内容，意图是以学生很容易感受到的身体活动后的变化为线索，将呼吸系统和循环系统引入学生的视野，并展现出这两大系统在支持人体活动上的作用与联系。《运动起来会怎样(一)》主要涉及对呼吸系统的认识，本课教材内容分为三部分：第一部分，体会平静状态下和经过剧烈运动后，感觉到自己呼吸的差异，初步体验到运动和呼吸之间的关系。第二部分通过反复呼吸一袋空气的体验，开始试着解释吸入的和呼出的气体有什么不同。第三部分用实验比较吸入的空气和呼出的气体有什么不同。在本课的教学中要求学生准确地测量呼吸和心跳的数据，仔细观察蜡烛的火焰熄灭情况来了解呼出的气体和新鲜空气之间的差别，最终让学生对人体的呼吸器官及其功能有一定的了解，懂得运动和健康之间的联系。

1. 创设情境导入

本课的导入方法很多，但我认为要使学生对科学探究活动充分投入，关键是激发学生产生强烈的探究欲望和持续不竭的研究动力，同时还要看导入的设计是否为全课的教学所服务。本课教学是以探究为核心，注重让学生亲身经历的一个科学探究的过程。而轻松愉悦的课堂气氛是取得优良教学效果的重要条件，学生全情投入之时往往是知识内化和深化之时。因此教学中我创设学生熟悉的生活情景，播放学生上体育课的视频，通过调动学生已有的生活经验，使课堂情景趋于生活化。以生活中常见的运动为引子，讨论呼吸与运动之间的关系，让学生亲身经历测量、比较、得出结论的过程，使整堂课在愉悦的氛围下达成教学目标。

2. 引导探究

(1) 为了让学生能够更加直观地看出运动前后心跳和呼吸的变化，我组织学生测量运动前后的心跳和呼吸，为节省时间，我让一半同学测了心跳、一半同学测了呼吸，然后互相交流，也能达成教学目标。但也有一个问题：学生虽然知道运动后心跳和呼吸会加快，不测也知道，而真正测过的却很少，这关系到实证精神的培养，从这个角度来说，我一分为二的做法就很不到位了。

(2) 体验"反复吸保鲜袋里的空气时"，我在演示时边做边讲解，导致学生在做的时候也没有连续呼吸体验，这一点还有待改进。学生通过这种呼吸体验能够感受到吸入和呼出气体的成分不一样，这就为下面我们进一步通过实验验证吸入和呼出气体的成分不同奠定了基础。

(3) 为了进一步验证吸入和呼出气体的成分不同，将点燃的棉签分别伸入装有空气的1号集气瓶和收集呼出气体的2号集气瓶，学生很明显地看到棉签在1号瓶燃烧的时间比2号瓶长。这个实验由于时间的关系是我在投影下演示，学生可以很清楚地观察到实验现象。在此基础上再让学生看看书本上的吸入、呼出气体比较表，效果非常好。

3. 交流发现

教师让各组派代表阐述本组的认识和看法，使学生能体会到学习的快乐、成功的幸福，培养学生的合作交流和口语表达能力，并可以增强学生的团队意识，培养集体荣誉感。其间我对学生的探究活动过程和结果进行了及时指导，甚至参与进去，并对学生做出发展性评价。

附教学课例2：

小苏打和白醋的变化

学科：科学　　年级：六年级　　执教者：田宁

一、教材解读

(1)《小苏打和白醋的变化》是教科版科学六年级下册第二单元《物质的变化》中的第4课时的教学内容。本课是继前一节《米饭、淀粉和碘酒的变化》之后的又一节科学探究课。

(2) 它属于"科学探究"的目标系列。

(3) 本课让学生观察到小苏打和白醋的剧烈反应过程，体会到化学变化的奇妙和有趣。

(4) 在本课中，当学生混合醋和小苏打时，它们将会看到明显的化学反应现象，例如看到气泡的产生和听到声音。这一化学反应的发生是因为小苏打包含有碳酸氢根，当醋酸与小苏打反应时，一种新的物质——二氧化碳就生成了。

（5）对二氧化碳的确定，不是采用直接告诉的方式，而是通过实验观察比较，发现该气体的一些性质，从而做出初步的判断，再结合教科书提供的资料，确定产生的物质是二氧化碳。这是一个严谨的分析、推理过程，它可以提醒学生，分析、推理的结论是否正确，必须经过实验验证。

（6）通过本节课这两种物质发生化学变化所伴随的现象，让学生通过观察现象、做出假设、寻找证据、得出结论的过程，研究各种化学变化，总结化学变化的主要特征：产生了新的物质。

二、学情分析

（1）六年级学生具备一定的观察能力和分析判断能力，学生将根据化学变化伴随的现象，认识到化学变化的本质是产生新物质，从而将化学变化与物理变化区别开来。

（2）学生对醋的认识多一点，对小苏打的认识可能不多，对这两种物质混合后会产生什么现象，知道得更少。因此，对小苏打和白醋的反应，学生是没有经验的。

（3）学生分辨现象与证据的关系，从而达到认识证据支持结果的重要性是个难点。

（4）在活动过程中体验科学探究的乐趣，保持和发展探究周围事物的兴趣和好奇心是我们老师应该努力的方向。

三、目标定位

（1）学生通过动眼、动脑、动手、动口，经历一个完整的科学探究的过程，同时体验成功的乐趣。

（2）三维目标。

科学概念：小苏打和白醋会发生化学反应，产生新的物质。二氧化碳是具有一定特殊性质的一种气体。

过程与方法：通过观察、实验、信息分析和交流结果作出判断，基本推测出结果。

情感态度与价值观：懂得只有足够的证据才能作出正确的判断，得出科学结论不仅需要实验证据，还需要一些严密的逻辑推理。

四、教学条件评估

(1) 教学时间：40 分钟。

(2) 教学地点：实验室。

(3) 教学准备。

学生方面：①每组准备集气瓶 1 个、盖玻片 1 块、棉签若干根、打火机 1 个、塑料杯（用于存放垃圾）1 个、蜡烛 2 个、梯形铁皮架 1 个。②每组桌上准备好小苏打 10 克和白醋 100ml。

教师方面：自制灭火器一套。

五、教学过程设计（见表 3-20）

表 3-20 《小苏打和白醋的变化》教学过程设计表

学生活动	教师活动	设计意图
活动 1： 学生认真倾听，积极思考。 活动 2： 学生大胆猜想，小组交流、讨论、反馈。	一、猜一猜 这两瓶分别是水和白醋，你可以用哪些方法分辨出它们？ 好，下面我们就用这些学习的方法观察老师为大家准备的白醋和小苏打。并将做好的记录填写在试验单上。 二、讲授 猜测两种材料混合后的现象： 1. 同学们观察得很仔细，生活中，我们常常需要把几种物体混合在一起。如果让白醋和小苏打相遇，会出现什么情况呢？今天我们就来探究(补充课题：小苏打和白醋的变化)。 2. 你为什么这样想？科学家伽利略曾说：一切推想都得从观察与实验得来。 明确实验步骤及注意事项 1. 让我们带上猜想，一起来到科学实验室验证。需要怎么混合呢？	直奔主题，让学生猜测，引起兴趣。

续表

学生活动	教师活动	设计意图
活动3： 1. 学生动手实验，观察变化，并描述变化过程。 2. 学生根据提供器材进行实验并填写记录表。 活动4： 验证此气体能否支持燃烧。	2. 先放小苏打或者先倒白醋？小苏打和白醋3∶1的比例。 3. 还有没有其他要注意的事情？ 4. 课件出示实验步骤附录课件： 实验步骤： ①取一只玻璃杯，倒入一匙小苏打，然后小心地倒入锥形瓶里的三匙醋。 ②迅速盖好盖子。 ③用手触摸塑料瓶外壁，先摸上部，再摸下部，看看有什么感觉。 注意事项： ①试验后把材料放回原处，摆整齐。 ②在实验记录单二记录小苏打和白醋混合后的现象。 学生实验一 （学生有计划地进行实验，小组分工明确，每个学生积极主动地参与实验） （教师指导学生观察、记录现象） 汇报交流实验现象： 1. 实验时大家有什么发现？ 2. 我们这个实验中最明显的现象是什么？——气泡 3. 为什么会有气泡？这说明小苏打和白醋混合之后产生了气体。 4. 对于这种气体你有什么想要知道的？——特性、轻重之类 解释新物质： ①你听说过哪些气体？老师搜集了几样常见气体的特性。 ②将燃烧的木条放入瓶中，能否检出瓶中的气体是哪种气体呢？——可能可以	引导学生进一步规范操作要领。 细心观察实验过程，提高思维能力。

续表

学生活动	教师活动	设计意图
	③你能不能预测一下实验现象并根据现象做出分析？ ④教师实验，从刚刚的实验与观察中，你们的推理是什么？——不支持燃烧。 ⑤大家玩过氢气球吗？如果手一松，氢气球就会飞走，这是为什么？ （氢气球里面是氢气，它比空气轻，所以它能飞走）	
活动5： 验证此气体比空气重还是轻。	6. 原来气体也有轻重之分，这种神秘气体比空气重还是轻呢？你能不能想个办法验证？让我们将刚刚的灭火实验稍作修改，检验一下。火和气体的位置换一下，设想，要是它比空气重，出了瓶口，它就会……火会……要是它比空气轻，它会像氢气一样……火就…… 7. 请用自己的话来告诉老师怎么做这个实验。（教师示范该实验）	促使学生对知识的掌握、培养学生善于抓实质，整理知识的能力。
活动6： 学生谈本节课的收获。	8. 从实验与观察中你会推测……（板书：比空气重） 9. 你们想不想亲手实验一下，请大家有序地开始实验。（学生实验，教师巡视、指导） 实验步骤： (1) 将杯口接近火焰；(2) 轻轻打开盖子； (3) 像倒水一样把杯中的气体倒在蜡烛的火焰上。 注意事项：①杯中的液体不要倒出。②屏住呼吸。③实验后物品放回原处，分析气体比空气重还是轻。 学生实验二 （学生有计划地进行实验，小组分工明确，每个学生积极主动地参与实验）	布置延伸的作业题，让学生有思考、探索和尝试的机会。

续表

学生活动	教师活动	设计意图
	（教师指导学生观察、记录现象） 汇报实验结果，实验火没有灭？小组寻找失败原因，并谈谈从中得到答案的启示。 1. 现在我们通过自己的努力知道了这种神秘气体的一些性质（比空气重，不支持燃烧）但是它到底是什么，仅凭我们现在知道的这两点还是不能确定它是什么气体的，怎么办？ 2. 很有想法，时间关系，我们还可以找科学家咨询：（出示课件：科学家经过大量的研究，已经确定这种气体是二氧化碳，它是空气的组成部分。二氧化碳气体能使燃烧着的火焰熄灭。常温下它是一种无色、无味、比空气重的气体） 科学家是怎么确定这种气体是二氧化碳的？从“大量的研究”，你想到了什么？（只有足够的证据才能做出正确的判断，得出科学结论需要严密的逻辑推理）那你记住了他们的研究成果么？ 拓展延伸： 1. 课件出示——关于二氧化碳，你还知道些什么？ 2. 现在我们观察这瓶里的液体，留下的液体是白醋吗？ 3. 做一个灭火器。	
板书设计	小苏打 和 白醋 的变化 灭火器 小苏打↓（白色的细小晶体） 白醋↓（无色液体有酸味） 的变化↓（气泡）二氧化碳——不支持燃烧、比空气重↑灭火器 二氧化碳↓汽水、呼出气体、蜡烛燃烧	
家庭作业	课下寻找器材，自制一个灭火器。	

六、教学反思

对本课学习的内容“小苏打和白醋的变化”，学生有着强烈的好奇心，因此我充分利用学生的好奇心理来激发他们的求知欲望。教学中正如我所预测的那样，学生兴趣浓厚、情绪高涨。当学生混合小苏打和白醋，看到产生了气泡并发出嗤嗤的声响时，他们全部的注意力都被吸引到实验当中。本节课能有这样的学习效果，其原因有：

（1）每次实验开始前对每个小组人员都有明确分工，记录员、材料员、操作员、噪音控制员、汇报员等各负其责，这样在实验时才不会出现乱哄哄、手忙脚乱的场面，从而保证实验有条不紊地进行。

（2）教师对实验的操作要求明确地告知了学生，让学生以严谨的态度去开展实验，认真观察产生的现象并及时记录实验数据及产生的问题。

（3）注意培养学生遵循“动脑—动手—动脑”的程序来对待科学实验，实验前先思考猜测或提出假设，然后设计方案，再根据方案开展实验研究验证假设。对产生的问题要继续深入思考或查找资料，不断提高自己的科学探究能力。

在这节课的教学中我也注意到：小苏打与白醋反应的气体是什么？学生一下子就说出来了，是二氧化碳。当然，这是受书本的影响。凭什么就认定这种气体就是二氧化碳？因此让学生认真做了后面两个实验，仔细观察实验产生的现象：火焰熄灭了。单凭这一个证据还不足以证明这种气体就是二氧化碳，如再深入下去做更多的实验来证明这是二氧化碳，已经超出了学生的认知水平，只好就此打住。让学生阅读理解书本上的最后一部分内容，让他们明白：科学家们为了证明这种气体就是二氧化碳，还做了很多另外的实验。我们科学老师就是要引导学生懂得：搞科学探究不能凭自己的主观判断，不能想当然，而是要通过一系列的实验并获得大量准确的数据，这样得出的结论才是科学的，才能令人信服。

（三）学生学情与教学活动设计

◇教学课例

《分数的简单计算》比较研究

李雪芳

一、教材解读

本节课学习内容属于数学“数与代数”领域的“数的运算”板块。教材第 99 页例 1 从分吃西瓜的情境引入同分母分数的加法。图中将一个西瓜平均分成了 8 份（块），一个男孩吃了 2 块，一个女孩吃了 1 块，要求一共吃了多少块，即计算 2/8＋1/8 是多少。教材通过小精灵提示思路和答案。教材第 99 页例 2 教学同分母分数的减法。通过一个女孩从 5/6 中拿出 2/6，来展示计算过程，形象直观，便于学生理解算理。接着让学生通过填空，来呈现思考的过程。这样逐级展现算理，符合学生的认知特点。有助于学生对分数减法算理的理解。

教材第 100 页例 3 教学“1 减几分之几”。有了前面学习的基础，学生很容易理解 1 可以改写为分子分母相同的分数，这样减法就不会有困难了。不过教材为了帮助学生理解这一点仍然安排了直观图。

二、学情分析

学习本课之前，学生已经认识了几分之一和几分之几的分数并能比较分数的大小。教材也针对新授内容图文并茂详尽地进行了介绍与讲解。学生在学习和生活中也积累了一些自学教材，合作探究的学习方法。伙伴学习小组已初步构建，学生具备了独立思考、倾听、辨析、质疑、表达的能力和自我展现的热情和欲望。

三、目标定位

（1）历经自主学习与探究，理解并掌握同分母（分母小于 10）分数加减法及 1 减几分之几的减法的算法及算理。

（2）能从日常生活中发现并提出简单的数学问题，体会到数学与生活的联系，增强学习兴趣。

（3）经历和他人交流算法的过程，在动手操作及说理的训练中，培养学生数学语言的表达能力及逻辑思维能力。

教学重点：掌握同分母分数加减法的算法算理。

教学难点：理解同分母分数加减法的算理。

四、教学条件评估

（1）教学时间：1课时。

（2）教学设备：PPT课件。

五、自学设计

通过自学课本第99页、第100页，思考下面问题，把你的想法并记录下来。

（1）根据例1提供的数学信息，可以提出哪些分数计算的数学问题？

（2）想办法运用自学的新知识，列式计算解决这些问题，并说说是怎样算的？

（3）提出自学中的困惑。

六、教学过程设计（见表3-21）

表3-21 《分数的简单计算》教学过程设计表

教学过程		
学生活动	教师活动	设计意图
活动1：复习回顾 （1）$\frac{1}{6}$里面有5个（ ）。 （2）$\frac{2}{5}$里面有2个（ ）。 （3）3个$\frac{1}{4}$是（ ）。 （4）$\frac{5}{7}$里面有（ ）个（ ）。 （5）3个$\frac{1}{3}$是（ ）。 1=（ ）个（ ）。 （7）三个三分之一是（ ），一等于（ ）分之（ ），1化成的分数有什么特点？	师：同学们，前几节课，我们刚刚认识了一个新朋友——分数。下面你们若能正确填写关于分数的问题，会有一个小惊喜。想试一下吗？	复习部分的设计目的在于唤起学生已有的旧知，激活学生的思维，为学习新知识作思维方式和知识上的铺垫。
活动2：汇报交流 组内交流相关知识的预习作业完成情况，质疑解惑。 活动要求： 合理分工，全员参与。 大胆表达，认真倾听。 善于质疑，敢于探究。	教师深入组内，参与交流汇报，指导。	通过交流，让不同层次的孩子都参与汇报交流，体验成功感。

续表

<table>
<tr><th colspan="3">教学过程</th></tr>
<tr><th>学生活动</th><th>教师活动</th><th>设计意图</th></tr>
<tr><td>活动 3：深度思维
1. 根据提供的数学信息，提出数学问题。
(1) 两人一共吃了这块西瓜的几分之几?
(2) 男孩比女孩多吃了这块西瓜的几分之几?
(3) 还剩下这块西瓜的几分之几?
2. 学习同分母分数的加法。
(1) 写出算式。$\frac{1}{8}+\frac{2}{8}=\frac{3}{8}$
(2) 说说为什么用乘法计算。
(3) 探究计算的方法。
(4) 提出困惑，并分析解决。
预设：为什么在计算时，分母不变，分子相加。
(5) 创编加法算式，并计算。
3. 解决用减法计算的问题。
(1) 以小组为单位，在全班汇报算式、算理及算法。
(2) 重点解决被减数是 1 的分数减法的算法。
质疑：为什么 1 要换成$\frac{8}{8}$。
(3) 总结算法。</td><td>在独立思考、合作交流的学习过程中，老师把控时间，激励全员参与，鼓励学生大胆地质疑、评价，并答疑解惑。老师在学生学习困难处适当点拨。</td><td>引发学生的认知冲突，激发求知的渴望。同时，期望学生在小组合作中充分地运用已有的数学活动经验，寻找解决困惑的方法。

教会学生善于质疑问难，为实现生生互动创造基础。“能不能提出自己的疑问?”“还有问题吗?”将这些问题直接抛给学生，增加生生的互动。</td></tr>
<tr><td>活动 4：深化练习
1.

2.
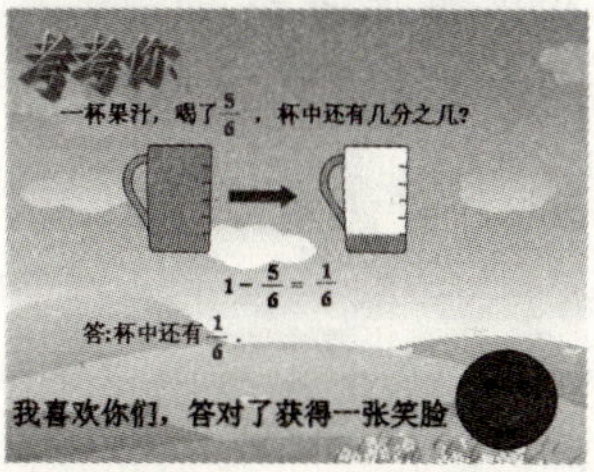
</td><td>在练习过程中，老师要关注学生计算方法的正确和算理的理解。</td><td>多种形式的练习，既加强了学生对简单的分数计算的理解，又使学生能够灵活应用所学知识解决问题，并使不同层次的学生从中体会到成功的快乐。</td></tr>
</table>

续表

<table>
<tr><th colspan="3">教学过程</th></tr>
<tr><th>学生活动</th><th>教师活动</th><th>设计意图</th></tr>
<tr><td>3.
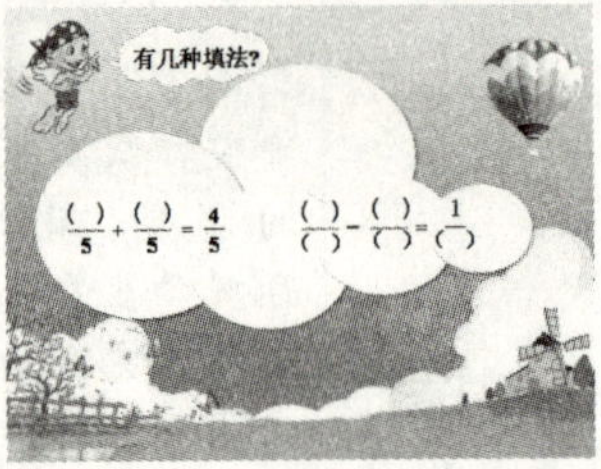
</td><td></td><td></td></tr>
<tr><td>活动5：全课总结
这节课，学生有哪些收获？</td><td>教师引导学生在知识与技能、学习思想与方法、情感态度与价值观方面都可以分享收获。</td><td>引导学生理顺知识、培养学习能力，提高学生的思维品质，教学环节更完整、更清晰。</td></tr>
<tr><td>板书设计</td><td colspan="2">分数的简单计算
男孩和女孩一共吃了这个西瓜的几分之几？
男孩比女孩多吃了这个西瓜的几分之几？
$\frac{1}{8}+\frac{2}{8}=\frac{3}{8}$　　$\frac{2}{8}-\frac{1}{8}=\frac{1}{8}$
1个$\frac{1}{8}$加1个$\frac{2}{8}$是3个$\frac{1}{8}$，就是$\frac{3}{8}$。
还剩下这个西瓜的几分之几？
$1-\frac{3}{8}=\frac{5}{8}$</td></tr>
<tr><td>家庭作业</td><td colspan="2">第101页第2、3题</td></tr>
</table>

七、教学反思

（一）研究背景

近几年，我校确立了“以优质教育为取向的小学生学习活动整体构建”的研究课题，把研究重点放在“课堂教学中学习活动的设计与教学组织策略”的研究上，逐步探索和提炼出具有学校特色的课堂教学模式——伙伴学习课堂教学模式。

作为一线数学老师，紧跟学校科研的步伐，关注学生各项学习能力的培养，大胆在课堂上实施伙伴学习模式，并积极与教师、同伴分享，合作研讨。在一次教研活动中，我结合选择适合“伙伴学习”模式的教学内容——三年级上册分数的简单计算，精心设计了教学预案，并在崇仁寄宿学校和体育馆小学两所学校进行教学实践，同样的老师，同样的教学设计，最后执教的效果截然不同。

（二）研究效果

执教学生：崇仁寄宿学校三（5）班

本节课学生先自学书本质疑问难，后进行伙伴学习，答疑解惑，深化提升，理解并掌握了同分母分数加减法的计算方法及算理，拓展学生的思维，让他们充分感受到成功的喜悦。整节课学生学习积极性高，能准确获取教科书上的重要信息，数形结合，发现相关的数学问题和解决问题的策略。同时提出有价值的数学问题：为什么相同分母的分数相加，分子相加，分母不变呢？学生小组学习和群体学习相结合，通过画图、推理等办法，得出结论：因为每个分数的分数单位是相同的，它们在相加时只是取的份数变了，每一份的大小并没有发生变化，所以分母不变，分子相加减。当学生在进行练习反馈时，老师有意识提出1减几分之几的题目，再次激起孩子们的思维碰撞，如何破解，孩子们纷纷摩拳擦掌，想方设法解决，终于找到最佳的计算方法。整节课四十分钟，老师很少发言，几乎是孩子们在自学与群学、质疑与解惑中行走，老师只在两个教学难点处适当点拨，引导学生通过练习走向深入，学生轻松圆满完成学习任务。

执教学生：体育馆小学三（1）班

本节课同样采用的是与以上相同教学设计，但学习效果相差甚远。首先，在自学环节，学生不知道怎样自学书本，不能自觉将新知识和已有知识进行有效融合，不能很敏锐地从中发现新知识的重点和难点，提出有价值的问题对于他们更是难上加难。在伙伴学习中，他们组织有些慌乱，不知道应该交流什么，更不会在与小伙伴互动谈话中提高、修正自己的认识。作为执教老师的我只能根据孩子的现状一步步带着他们学习，带着他们表达，带着他们提问，带着他们练习。一节课下来，我教得汗流浃背，孩子们也学得垂头丧气。听课的同伴也评价到：这是一节介于传统和改革之间的特殊课堂。

（三）归因分析

同样的教师，同样的教学内容，同样的伙伴学习模式，唯一不同的是学生，一节我是如此轻松，另一节却那么狼狈。我和专家、同伴们在一起深度剖析，究其原因。反思问题还是来源于学生，一个是我从一年级亲自带上来的学生，对每个孩子的特点、性格非常了解，并且一直参与学校科研，有意识地培养他们“伙伴学习”的各项能力。另一个班，我无从了解学生，对他们的学习习惯和认知基础估计不足，他们对于伙伴学习模式也相当不适应。所以，为了完成教学任务，只能回归传统教学。结合此次实践，作为小学数学老师的我深刻体会到：要想把课得精彩、上得高效率，就要在课前做好充分的准备，而准备中重中之重便是对学情的分析。学情分析是伴随现代教学设计理论产生的，是教学设计系统中“影响学习系统最终设计”的重要因素之一。现代教学设计理论认为，认真研究学生的实际需要、能力水平和认知倾向，“为学习者设计教学”，优化教学过程，可以更有效地达成教学目标，提高教学效率。要做好学情分析，应从以下几方面进行考虑：

1. 了解学生的层次水平

有位著名的学者曾经说过，世界上没有两片相同的叶子。那么对于学生来说，他们的智力、学习基础也是存在着很大的差别。在教学活动中，教师面对的是一个个活生生的学生，由于文化环境、家庭背景、自身思维方式的不同，他们的基础、性格、智力等都存在着差异，要使其达到同一层次的目标，是不现实的。而且，学生个体的差异性不仅仅是智力上的，不可能也没有必要每一个学生都是学习上的优等生。人类社会需要各种各样的天才，也需要各种各样的普通人。延伸到学生这个群体中，有些学生尽管学习成绩不好，却并不能否定他的其他智能。应该通过挖掘其潜能，引导学生走向成功。因此，我们在设计课时，要把这个因素考虑进去，让每个学生都能在课上有所收获。

2. 了解学生的心理需求

课堂教学要以学生的学习需要为前提。要让学生真正主动地学习，学生应该具有一种内在需要，明白为什么要学习，才会主动参与到学习的活动中来。而且，新的课程标准认为学生应该由“学会”、“会学”最终到“乐学”，这个过程的转变与学生内部学习动机的唤醒息息相关。因而，教学要获得成功，就必须想方设法启动学生的内驱力，将外在的教学目标系统转换为学生的心理需要，成为学生的学习目标。只有当学生对所学的内容产生了兴趣，形成了内在的需要和动机，他才能具有达成目标的主动性，教学目标的实现才有保证。因而，在备课中，教师只有充分分析了解学生的心理需求，并采取各种有力措施，把学生的兴趣和需求纳入合理的轨道，以调动学生的学习积极性，激发学生的内在学习动机，才能使学生由“要我学”转变为“我要学”。针对不同年龄段的学生要有不同的教学方法，只有了解了学生的心理特点之后才能更好地设计教案。

3. 了解学生对这节课内容的预知程度

了解学生对这节内容能预知哪些，学生的基础怎样，相关的知识学生掌握得如何，对于小学阶段的学生应达到什么样的认识水准，能理解哪些基本的基础知识，能具备判断哪些是非观念等，老师在备课中要考虑，要分析。学情分析还有一个重要的方面，就是进行更深层次的挖掘，关注学生的相异构想，了解学生的潜意识。教师要思考：相关的学习能力、学习方法学生掌握得怎样？在教学过程中可能会产生哪些问题？学生可能会产生哪些错误？如果出现问题时教师如何设置台阶来解决难点？教师要在认真仔细分析的基础上思考：讲什么？怎样讲？

4. 学生学习状况分析

不同班级整体学习情况有所不同，有些班级思维活跃、反应迅速，与老师互动比较好，但往往思维深度不够、准确性稍微欠缺；有些班级则较为沉闷，但可能具有一定的思维深度。不同的学生对知识理解掌握的不同，教师应该结合教学经验和课堂观察，敏锐捕捉相关信息，通过提出挑战性的问题、合作等方式尽量取学生之长、补其之短。对学生个体差异也应分析，学生的家庭文化背景、个人的性格、气质和生理特征等与学生学业成绩具有直接关系。老师必须了解学生的差异，尊重学生的差异，对学生的学习情况进行客观地分析研究。

5. 课堂教学的分析

教学对象是学生，每个学生都是完整、鲜活的个体。教学中学生的行为不可能完全按照教师的设计意图来进行，因此，真正的学情源自课堂，最有效的学情分析应是对课堂教学的高度关注。一方面，通过认真的观察和倾听，及时了解学生所思、所想、所为，并以此为依据合理地调整教学问题和适时地调控教学进程；另一方面，要密切关注学生的学习状态，准确了解学生的体会和感受，从有利于学生全面发展的实际需要出发，有效开发和利用课堂教学中的生成性资源。

总之，优质的教学活动设计必须建立在学生认知发展水平和已有的知识经验上，这就需要我们深入了解、分析学生，以学定教，从而增强教学设计的针对性和预见性，使教学设计及其实施建立在客观的，学生实际的扎实基础上。

《傻二哥》比较研究

学科：语文　　年级：五年级　　执教者：黄玲

执教时间：2013年4月

一、教材解读

《傻二哥》是一篇回忆性的散文。文章通过大量的细节描写，刻画出一个活生生的善良、勤劳、乐观且穷而有志的年轻人形象。“傻二哥”这雅号看似贬，实是褒，是赞扬傻二哥老实且热心助人的好品质。作者从傻二哥吆喝的内容、傻二哥爱给人帮忙、傻二哥的衣着、傻二哥吆喝前的准备、傻二哥有耐心不怕麻烦这五个方面把这样一个卖药糖的劳动者“傻灵傻灵”的特征刻画得淋漓尽致。文章语言生动活泼，细腻传神。善用细节描写，具有可读性。

二、学情分析

本文的语言比较口语化，没有生僻的词语，便于学生理解，但本文写作的时代和学生的生活隔得比较久远，学生对“药糖”和对卖药糖的职业不太了解，阅读理解会有难度。

三、教学目标

（1）能够正确、流利、有感情地朗读课文。

（2）具体感受傻二哥“傻灵傻灵”的性格特点，领悟通过品味人物动作、语言、外貌等细节描写体会人物形象的阅读方法。

（3）学习用细节描写突出人物特点的表现手法。

四、教学条件

（1）本班一直尝试民主管理模式，学生表现欲较强，思维活跃，开展

“伙伴课堂”教学实验有一定基础。以小组为单位的班级管理模式初见成效。班级中已经初步建立合作小组。个别学生合作学习意识有待进步，正在逐步学习倾听、接纳同学的观点。

（2）拟加强时代背景的介绍和课件展示任务，以突破学生阅读的难点。

五、自学设计

（1）读、标、查、思、找、问六步预习法①。

（2）思考课后第 3 个问题，在课文中勾画相关的内容。

六、教学过程设计（见表 3-22）

表 3-22　《傻二哥》教学过程设计表

学生活动	教师活动	设计意图
活动 1：抓住课文重点词句揣摩，比较哪一个方面最能表现傻二哥“傻灵傻灵”的特点。 1. 学生默读课文，揣摩、比较、思考。 2. 小组合作抓住关键词句，说自己的观点和理由。 3. 全班交流反馈。 小组反馈各自认为最能表现傻二哥特点的句子，并说明理由。其他小组的同学认真倾听后，发表各自的观点。全体同学共同品味词句，小组与每位同学之间形成互动。	导语：上节课我们知道了课文是从五个方面来写傻二哥的。现在请大家默读全文，抓住重点词句揣摩、比较哪一个方面最能表现傻二哥“傻灵傻灵”的特点，打课本第 79 页。 1. 了解各小组合作交流的情况，帮助不能参与合作的学生和不能形成合作关系的小组。 2. 倾听学生的发言，引导学生的发言指向设计意图。 3. 教师适时板书：在学生提到的要点后打勾。提示学生已经说过的观点不用重复。紧紧围绕课文描写傻二哥的五个方面，梳理全体学生发言的条理性，使各组之间建立联系，各种不同的观点之间建立串联。 4. 学生在反馈外貌描写时出示：“他出去卖药糖，总是穿着白布上衣，黑色裤子，挽着袖子，留着偏分头，斜背着一	1. 安静、独立地思考，品味语言。深入理解傻二哥“傻灵傻灵”的特点。 2. 为小组交流做好准备。 3. 合作学习，小组成员之间思维的碰撞，产生新的知识增长点。

① 系崇仁寄宿学校语文组研究出来的预习方法。详见《研究札记》。

续表

学生活动	教师活动	设计意图
	个很讲究的大玻璃瓶子。”体会这段外貌描写怎样表现人物特点。 5. 学生反馈动作描写时，引导学生联系第 2 自然段的语言描写出示课件：先是伸伸腿，晃晃胳膊，咳嗽两声试试嗓子：“卖药糖哟！吃块糖消愁解闷儿，一块就有味儿……”学生说了体会后，全体学生试着做一做动作，并吆喝吆喝，体会作者描写的精妙。	
活动 2：课文中的哪些写作手法值得你学习？ 1. 学生默读课文，体会作者的写法。 2. 小组合作交流作者的写法，联系平时的习作，说一说自己以后要注意什么？ 3. 小组反馈。	教师板书，具体的细节描写： 语言　　外貌　　动作	1. 通过细节描写突出表现人物特点，积累语言。 2. 体会作者的写法，在读中学习。
活动 3：小练笔。 1. 学生根据平时的观察写一段细节描写，表现人物特点。 2. 请几名学生读一读自己写的片段，全体学生评一评。	1. 辅导个别有困难的同学。 2. 组织点评学生的片段描写。	训练学生运用语言的能力。
请学生小结本节课的内容。	师：谁能小结这节课的内容，说一说自己的收获。	提炼、总结
板书设计	14. 傻二哥 “傻灵傻灵”　　吆喝前的内容语言 衣着　　外貌　　吆喝前的准备　　动作 帮忙，帮到底　　有耐心，不怕麻烦	
家庭作业	《长江作业本》第 46 页第 6、7 题。	

七、教学反思

上完了《傻二哥》这节课后，我的心情久久难以平静。一节课就像一面镜子，让我清晰地看到自己和学生一年来的成长，因学生大胆、出色的表现而欣慰，也为自己课堂上的某些失误而深感遗憾。自从参加校“伙伴课堂”课题实验，我反复研读佐藤学先生《学校的挑战》、《教师的挑战》等书籍，并在班级管理和语文课堂尝试“伙伴课堂”的新模式。如何摒弃习以为常的以学科为中心的传统模式，变一名教师与全班学生的互动为师生互动、生与生之间的互动，我和学生都面临挑战。正当我们无比纠结的时候，学校让我上了这节研讨课。因为有了专家们的悉心指导，我觉得收获颇多：

1. 颠覆传统，课堂以学生学习活动为中心

尽管在一年以前，我就开始慢慢地改变自己的课堂。但是，课堂的改变并不明显。怎样使课堂变为以学生的学习活动为中心？我始终没有找到正确的方向。自从学校课题组吸纳我为“伙伴课堂”实验教师以后，我得到了驻校专家的更多指导，参与教改的积极性就更高了。《傻二哥》分为三个活动板块，活动一：学生研讨课文哪一个方面最能表现傻二哥“傻灵傻灵”的特点？活动二：学生研讨课文中的哪些写作手法值得你学习？活动三：当堂练笔。这节课改变了过去以教材为中心的传统，不再是泛泛地读一读、说一说，让学生习得教师所传递的知识、技能；而是以学生为中心设计教案，真正关注的是学生在课堂上的活动质量。三个板块的设计也不仅仅源于教材或课程标准中的年级段标高，而是从学生实际情况出发，诚实地面对学生的起点开展学习活动。因为设计的中心问题贴近学生的真实需求，所以学生在课堂上表现得非常积极，每个同学都是全身心投入。

2. 小组建设，活动以学生为中心

在上这节课以前我还时常怀疑，小组学习活动是否可能以每位同学为中心？上了《傻二哥》这节课后，我知道答案是肯定的。这节课学生们的状态都很放松，学习兴趣高涨，生与生之间的互动比较流畅。反馈小组研讨成果的时候，小组成员也能合理分工，个别小组还能把本小组和其他小组的观点相互串联。在以前的实验中也一直尝试构建真正民主关系的小组，

但因为学生之间的争强好胜，因为小组成员间缺乏真正的尊重，每位同学都想成为小组中唯一的中心。这种多元中心的构想常常不如人意。要形成学习共同体，必须打碎小组中的那一个强势的中心。这节课虽然朴实，但可以看出我们班平时在这方面的努力。也许我们的尝试仅仅只是迈出了“创建学习共同体”的一小步，但是哪怕是这一点点进步又是何其艰难。

当然，尊重每位学生的发言常常会造成意见的分散而忽略了关键问题的探究。在学生离题或停滞时，教师不能急于呈现结果，而要真正体察学生的困境，并将这种困境与教材串联、与其他学生的发言串联、与学生以前学过的知识相关联。教师也必须是学习共同体的一员，而不是游离状态。

3. 读写结合，练习以提高能力为中心

这堂课不论读写都紧紧围绕——通过细节描写突出人物特点，这一训练点进行。学生通过扎实的练习，实实在在地提高了读写能力，通过小组的合作探究读懂文章内容，体会作者写法。学生当堂完成片段描写。许多学生都写出了精彩的动作、语言、外貌、神态的片段描写。例如：爸爸被烟呛得咳了两声……“那李凯的爸爸能办到的事，您为什么办不到呢?”我问了一句憋在心里很久的话。“不是每个人都有那个本事的啊！儿子！”爸爸像一只斗败了的公鸡，失去了刚才的气势。看到爸爸那憔悴而又痛苦的脸，我陷入了沉思……

因为时间的关系，没有安排学生互评片段描写，这是本节课的遗憾。

越是公开课越担心学生能否出色地表现，这节课如果自己放手，更放心地给学生更多自由的空间，学生会有更好的表现。实际上教师应该完全相信学生共同学习的可能性。

在应对课堂上生成的教学资源时，我的教学机智比较欠缺，导致错失了课堂上本应出现的几个亮点。例如：王昕艺在朗读傻二哥吆喝的内容时，同时做了动作。教师就应该顺势引导学生们把他的动作与教材内容之间建立的联系，让学生在课文中找到相关句子，体会作者的写法。另外，这节课在学生小组反馈的个性化、课堂上时间的控制等方面都留下了许多遗憾，正是这些遗憾让我不断保持着探究的热情。尽管明年我们已经是毕业班了，面临质量方面的压力，但是我仍然坚信，“伙伴课堂”是提高教学质量的有效途径，坚定地走静悄悄的变革之路。

附教学课例：

傻二哥

学科：语文　　　年级：五年级　　　执教者：黄玲

执教时间：2015 年 4 月

一、教材解读

课文是一篇回忆性的散文。文章通过大量的细节描写，刻画出一个活生生的善良、勤劳、乐观且穷而有志的年轻人的形象。文章从五个方面把这样一个卖药糖的劳动者“傻灵傻灵”的特征刻画得淋漓尽致。傻二哥吆喝的内容；傻二哥的特点——爱给人帮忙；傻二哥的衣着；傻二哥吆喝前的准备；傻二哥有耐心，不怕麻烦。文章语言生动活泼，细腻传神。善用细节描写是本文突出的特点，文中所描写的傻二哥的形象主要是通过细节描写来展现的。“傻二哥”这雅号看似贬，实是褒，是赞扬傻二哥老实又热心助人，不自私自利的好品质。

二、学情分析

1. 本文写作的时代和学生的生活隔得比较久远，学生可能对“药糖”和对买药糖的职业不太了解。

2. 本文的语言比较口语化，没有生僻的词语，便于学生理解。

三、教学目标

(1) 学习课文 4～7 段，能够正确、流利、有感情地朗读课文。

(2) 学生研读文本，小组交流，具体感受傻二哥“傻灵傻灵”的性格特点。

(3) 体会通过外貌描写、动作描写突出人物特点的写作方法。

四、自学设计

(1) 按照“读、标、查、思、找、写”六字要求自学。

(2) 思考课后第 3 个问题，在课文中勾画相关的内容。

五、教学过程设计（见表 3-23）

表 3-23 《傻二哥》教学过程设计表

<table>
<tr><th colspan="3">教学过程</th></tr>
<tr><th>学生活动</th><th>教师活动</th><th>设计意图</th></tr>
<tr><td>倾听、思考</td><td>导言：上节课我们知道了课文从五个方面来写傻二哥，这节课我们将进一步体会傻二哥的“傻灵傻灵”。打开课本第 79 页，默读课文第 4～7 段，勾画表现傻二哥“傻灵傻灵”特点的词句。</td><td>引导学生简单回顾上节课内容，明确本节课的学习目标。（此部分应该强化质疑环节，问题从学生的思考中来）</td></tr>
<tr><td>活动 1：
1. 学生默读课文第 4～7 段，揣摩、比较、思考。
2. 小组合作每位同学用抓住关键词句等方法，说自己的体会。
3. 全班交流反馈。
各小组多种形式反馈认为最能表现傻二哥特点的句子，并说明理由。例如：抓关键词、联系上下文、联系生活实际、联系以前读过的文章（或查阅资料）、看插图、朗读、做动作、想象画面等。其他小组的同学认真倾听后，发表各自的观点。全体同学共同品味词句，小组与每位同学之间形成互动。
4. 请一名学生说出所填的动词。
5. 全体学生朗读动作描写。</td><td>1. 了解各小组合作交流的情况，帮助不能参与合作的学生和不能形成合作关系的小组。
2. 倾听学生的发言，引导学生的发言指向设计意图。
3. 教师适时板书，提示学生已经说过的观点不用重复。紧紧围绕课文描写傻二哥的外貌和动作，梳理全体学生发言的条理，使各组之间建立联系，各种不同的观点之间建立串联。
4. 学生的反馈外貌描写时出示：“他出去卖药糖，总是穿着白布上衣，黑色裤子，挽着袖子，留着偏分头，斜背着一个很讲究的大玻璃瓶子。”体会这段外貌描写怎样表现人物特点。
5. 学生反馈动作描写时，引导学生联系第 2 自然段的语言描写出示课件：先是伸伸腿，晃晃胳膊，咳嗽两声试试嗓子：“卖药糖哟！吃块糖消愁解闷儿，一块就有味儿……”学生说了体会后，全体学生试着做一做动作，并吆喝吆喝，体会作者描写的精妙。
6. 出示：第 5 段的动作描写填空题。</td><td>1. 安静、独立地思考，品味语言。深入理解傻二哥“傻灵傻灵”的特点。
2. 为小组交流做好准备。
3. 合作学习，小组成员之间思维的碰撞，产生新的知识增长点。</td></tr>
</table>

续表

教学过程		
学生活动	教师活动	设计意图
请一名学生朗读原文	教师过渡语：读到这儿，可能许多同学意犹未尽。选编课文时编者删减了许多精彩的内容。这是新凤霞写的原文中的一个片段。 课件出示：新凤霞写的原文。	进一步体会傻二哥的特点。
学生倾听、思考	小结：作者就是这样通过细致的描写，突出了傻二哥的“傻灵傻灵”。	从阅读理解过渡到体会写法，读写结合。
活动2： 交流作者的写法，联系平时的习作，说一说自己的收获。	师：谁能说一说通过反复体会和朗读，自己在写作方面的收获。教师板书： 外貌　　动作	1. 通过细节描写突出表现人物特点，积累语言。 2. 体会作者写法，读中学写。
活动3：小练笔 1. 学生根据平时的观察写一段动作描写，表现人物特点。 2. 请几名学生读一读自己写的片段，全体学生评一评。	1. 辅导个别有困难的同学。 2. 组织点评学生的片段描写。	训练学生运用语言的能力。
板书设计	14. 傻二哥 “傻灵傻灵”　　吆喝的内容　　语言 衣着　　外貌 吆喝前的准备　　动作	

六、教学反思

2013年和2015年两次上《傻二哥》，在教学设计及教学效果上有一些区别：

（1）教学内容的调整。2013年，本节课教学内容为学习全文。2015年版调整为学习课文第4～7自然段。

（2）教学设计上的变化。

新增：①第五段动作描写填写动词的填空题，意图为：加强语言训练，夯实语言基本功。②出示教材原文被编者删除的片段。意图为：了解课文原貌，加深文章内容的理解，进一步体会文字的魅力，激发情感。

删减：课文中的哪些写作手法值得你学习？

取消了小组合作的环节，只点了几位同学简单小结一下，节省了时间，同时将体会写法贯穿于学习课文的过程之中，教师随机点拨，效果好，有几处闪烁出师生的共同智慧。

（3）在2015年教学中，教师和学生的语言都更简练。当学生语言重复啰嗦时老师及时提示引导。教师的引导不局限在语言，更多地运用了手势和神态，表达自己的意图。教师的主导作用发挥得更好，课堂学习效率更高。

（4）所用教学时间不同。2013年版用了47分钟；2015年版用了35分钟，学生练笔时间1分钟（下午的课只有35分钟，如果40分钟可加强学生练笔的指导）。

（5）效果不同。2013年学生读得、说得较精彩，2015年学生体会作者写法上更深入。

七、听课杂记：黄玲老师两次执教《傻二哥》之比较研究

（一）执教背景

《傻二哥》是五年级下册的一篇课文，黄玲老师于2013年4月在当时的五（3）班和2015年4月在当时的五（8）班执教了这一课。2013年，学校学习中心课堂的研究处于起步阶段，黄玲老师是实验的先驱。五（3）班是黄老师从一年级一手教上来的，师生感情融洽，班级氛围和谐，学生语文能力出众，是年组表现最优秀的班级之一。基于日常的研究之后，黄玲老师面向全校展示了《傻二哥》一课。2015年，黄玲老师是在送走了毕业班后来到新的五（8）班，这个班在学校学习中心课堂变革中也有一些行动，但不是学校的实验班，班级氛围较好，但是语文学习能力不是很理想，黄玲老师在新的班级开始课堂变革，经历了一个多学期后在年级组内展示了这节课。

（二）学习活动设计差异

这两节课的学习活动设计整体上类似，都是三个基本活动。活动一：研讨课文哪一个方面最能表现傻二哥“傻灵傻灵”的特点？活动二：研讨课文中的哪些写作手法值得你学习？活动三：当堂练笔。但在活动的具体执行中有一些差异：

（1）学习内容有调整。2013 年，学习内容为全文。2015 年调整为仅学习课文第 4～7 自然段。

（2）学习目标有变化。2013 年在感受人物形象之后尤为突出体会文章的表达方法，不局限于刻画人物形象的方法上，只要是文章中涉及了均可。2015 年重在通过品味人物的语言、动作、外貌等感受人物形象，在感受形象中领悟描写人物的方法，对表达方法的学习目标相对集中。

（3）学习方式有改变。2013 年对小组交流讨论和展示尤为重视，在课堂前两个基本活动中都有体现。2015 年则只保留了活动一中的小组讨论，活动二取消了。对活动三的处理上有改进，2015 年留有充裕的时间落实当堂练笔。

（三）教师指导的差异

（1）增加了练习的内容。2015 年教学时在活动一中增加了练习题，出示按照原文填写动词的填空题，意图为夯实语言基本功。还呈现作者的原文片段，引导学生比较阅读，进一步感受动作、语言描写的魅力。

（2）教师的指导方式有变化。与 2013 年比，2015 年黄老师的课堂引导不局限在语言，更多地运用了手势和神态，表达自己的意图。教师的主导作用发挥得更好，课堂学习效率更高。

（四）归因分析

相同的教师，相同的教材，教师在学习活动的设计及指导中为何有这样的差异呢？其原因主要是学情的变化。联系两次课的执教背景可知，2013 年的五（3）班，因为有着较好的学习基础，如班级自学、合作学习的意识和能力较强，学生语文素养较高。而 2015 年的五（8）班，学生的语文能力尚需夯实，学生的自学及合作学习的意识和能力都还需要着力培养。这种差异具体而言就影响了学习目标的层次、学习内容的选定、学习速度的控制，故而学习活动设计要与因为学情的变化带来的目标、内容的变化相适应。

◇研究综述

学生学情与学习活动设计

余国卿

学生是学习的主体，任何人都代替不了学生独立自主的学习过程。正因为学习是每个学生自己的事情，教师在对学生的学习进行引导的过程中，就要考虑学生原有的年龄特点、学习基础、学习动机与兴趣以及学生之间已经形成的集体学习的方法、机制等。只有依据学生的学情设计具有针对性的学习活动，学习才可能更有效。

对于小学生而言，教师在设计学习活动的时候，需要考虑的学情因素比较多，其中这些因素需要着重关注：

一、年龄特点

小学有六年，一年级学生与六年级学生在年龄特点上差异巨大。从六年整体的学情来看，年龄特点是学习活动设计首要考虑的学情。低年级学生活泼好动，注意力难以持久，喜欢直观形象的事物，表现欲望强烈，乐于接受直接的表扬。到了高年级，学生自我意识不断提高，能比较客观看待学习，逐步有意识去计划与实施自己的学习生活，在群体里表现的欲望逐步下降，理性思考逐步加强。这些带有普遍意义的年龄特点，给学习活动设计带来一些规律性的要求。在低年级与高年级的比较中，我们发现低年级个体活动相对比较多，团队活动比较少。在低年级同桌之间的互学、小组合作学习应用相对比高年级要少得多。低年级符号活动相对比较少，操作活动、交往、观察活动比较多。低年级学生大多非常喜欢美术课，乐于画画、做手工。低年级一个学习活动的时间往往比高年级要短，学生不能持续坚持做一件事情。低年级的学习活动形式更为丰富多样，更重视情境的创设和组织、评价。而高年级，活动时间更长一些，学生要在充裕的时间内思考、实践，从而形成较为完整的意见。

二、知识与经验

在知识体系中，总需要遵循知识的生长结构，循序渐进地学习。就如数学课程，不能跨越学生已有的知识结构而任意选择教学内容，没有学习整数，就难以学习小数和分数。具体到一节课的学情，学生对学习这节课的内容所需要的知识基础也是需要高度重视的。如许多的语文阅读教学竞赛课，因为时间紧张，教师往往对字词学习、课文朗读等一晃而过，急于抓住重难点展开教学，学生很难真正学好，课堂上被老师“拖着跑”。这就是忽视学习基础的表现。

与学习内容相关联的经验也是学习得以有效开展的重要基础。由于书本学习的大多是间接经验，学生需要一定的直接经验参与到对间接经验的理解、体悟之中。如见过大海的学生更容易理解《海上日出》，有过农村生活经验的学生更能感悟《乡下人家》。教师在学校活动设计时要尽量了解学生经验世界与学习内容之间的关联，从而提高学习效能。

三、能力基础

为了达成相应的学习目标，学习活动是需要以相应的能力做基础的，这种能力不是一节课就能补得上来的，需要学生较长时间的练习才行。李雪芳老师所做的比较研究非常清晰地说明了这个问题。同一年级不同班级学生在自学、合作学习上的能力基础差异，导致课堂学习活动的实施效果差异巨大。所以对于学习中心课堂所鼓励倡导的自学与合作学习，是需要对学生的自学能力与合作学习能力长时间的培养为基础的。

思维能力是学习能力的核心，小学生的思维能力受年龄限制，不同阶段表现出较大差异。在低年级以形象思维为主，高年级逻辑思维能力不断提高，这就要求学习活动设计时对思维的坡度要求要适应不同年龄学生，不能有过大的跳跃。黄玲老师两次执教《傻二哥》，虽然都是她的学生，但是学生理解文章的能力有比较大的差异，如何抓住描写人物语言、动作、神态的词句体会人物形象这一能力要求的差异让老师在学习内容、学习过程的指导上都有不同的设计，其原因就是针对学情设计了不同的教学目标以及达成目标的学习活动。

四、兴趣动机

不同的学生会对相同的学习产生不一样的兴趣，不同区域、学校、班级的学生的学习动机也有一些差异，不同的教学场景也会影响学生学习的兴趣与动机。在学习活动设计的时候都要考虑所执教学生的兴趣与动机。

整体上看，在学校学科教学中，学生对体育、音乐、美术、信息技术、劳动等学科的学习兴趣明显高于语文、数学、英语学科。学生在研究课、展示课、比赛课等特殊课堂上所表现的动机也比日常的课堂教学要强。教师、同学的表扬、奖励对低年级学生能产生强烈的动机，而高年级学生则需要内在成功的体验来激发动机。

学情的了解依赖于教师与学生的交流，既有日常的观察、互动，也有课堂上及时的发现与交流，不管是什么时间发现了不适应学习活动推进的学情，就得采取各种措施来改进教学，或者是对学情进行调整，如对知识的补充、完善，或者是调整学习活动，加强针对性的设计。这样做都是为了让学习更有效。

(四) 教学条件与学习活动设计

◇教学课例

有趣的平衡

学科：数学　　　年级：六年级　　　执教者：胡雯

一、教材解读

《有趣的平衡》是人教版六年级下册“整理和复习”中的综合应用的第一课时。本节课是在学生掌握了比例知识的基础上设计的，其目的是使学生通过实验，发现并初步感受杠杆原理。同时通过验证这一规律，发现当塑料管“左边的棋子数×刻度数”的积不变时，“右边的棋子数”和“刻度数”成反比例关系，加深学生对反比例关系的理解。

二、学情分析

学生已经掌握了反比例知识，并会运用反比例知识解决问题。六年级时在科学课上学习过杠杆原理，同时，高年级学生对“有用”的数学更感兴趣。他们已经处在理性思维占主导的阶段，渴望把已有的感性经验进行理性的分析，并和学过的知识建立联系。

三、目标定位

(1) 学生通过生活中平衡现象的实验，发现“左边的钩码数×刻度数＝

右边的钩码数×刻度数”这一规律，初步感受杠杆原理。发现当“左边的钩码数×刻度数”不变时，“右边的钩码数”与“刻度数”成反比例关系，加深对反比例关系的理解。

（2）通过生活经验的回顾与挖掘，感悟平衡与质量和距离有关，培养思维的周密性、全面性。通过实验寻求规律，培养抽象概括能力，积累动手实验活动的经验，丰富活动体验。

（3）通过数学化的过程，培养学生养成用数学眼光看待身边的生活现象的习惯。通过小组合作与分享，拓宽学生思维视野，感悟差异，丰富学习经验。

四、教学条件评估

（1）硬件：网络、白板、数影仪。

（2）学生：课前对平衡现象或跟平衡有关的物品进行搜集、了解、思考后有哪些疑问。

（3）时间：1课时。

五、自学设计

搜集生活中有哪些平衡的现象或者和平衡有关的物品。你对平衡现象有什么疑问？

六、教学过程设计（见表3-24）

表3-24　《有趣的平衡》教学过程设计表

学生活动	教师活动	设计意图
活动1：学生回顾在生活中见过哪些平衡的现象？ （预设：跷跷板、天平、剪刀、老虎钳）	提问：你对平衡的现象有什么疑问？	通过学生课前对平衡现象的思考产生问题，由自己问题驱动，学生对平衡原理的研究更加主动。
活动2：小组合作探究怎样才能平衡？	分类别展示学生的摆法 1. 等距等钩码数； 2. 不等距不等钩码数； 3. 两边多个位置摆多个钩码。 提问：有什么发现？	从学生随意摆放的平衡中让学生观察猜测，初步了解特殊条件和一般条件下平衡的规律，让学生初步感知影响平衡的两大要素：质量和距离。并理解“与支点的距离”的含义。并体会到其中蕴含着反比例知识。

续表

学生活动	教师活动	设计意图
活动3：验证猜想：先独立填表，再小组实验验证。	提问：在左边刻度4上放3个棋子并保持不变，右边分别在各个刻度上放几个棋子才能保持平衡呢？说说你是怎么想的，再实验验证。	通过学生的实验验证猜想，让学生对杠杆原理理解更加深刻并打破学生思维的局限性，并不是只有整质量数才能平衡。
活动4：小组讨论：用杠杆原理知识解释生活中的现象。	出示学生提到的图形（预设：跷跷板、天平、指甲剪、老虎钳……）	生活中许多物品的设计应用了杠杆原理。学生可能天天会用到这些东西，但不一定会深入地思考它的原理。让学生去解释生活中的现象，可以让他们深刻地体会到生活中数学无处不在，科学无处不在。
活动5：课堂练习。	1. 摆平衡游戏 2. 跷跷板问题 3. 奸商的问题	通过课堂上的各种类型的练习让学生对平衡的原理理解更加深刻
板书设计	有趣的平衡 距离　　质量 （刻度数）（钩码数） 左边刻度数×钩码数＝右边刻度数×钩码数	
家庭作业	如果在左边刻度2的位置放1个砝码，刻度3的位置放2个砝码，在右边需要怎样放才能平衡？	

七、教学反思

《有趣的平衡》这节课的教学重点是通过实践活动，发现“左边的棋子数×刻度数＝右边的棋子数×刻度数”，初步感受杠杆原理。难点是在实验中发现当“左边的棋子数×刻度数”的积不变时，“右边的棋子数”与“刻度数”成反比例关系，加深对反比例关系的理解。在教学时，我采用了以下两种教学方法来抓住重点，突破难点，效果较好。

（一）“以问题为核心，以探索为主线”开展活动

上课伊始，我通过和大家一起回顾引出本节课要探究的问题：怎样才能平衡。接着又组织学生选择合适的探究思路：从特殊到一般的活动思路探究，以学生在问题的指引下的活动为主线，环环相扣，直至核心。并且在整个探究过程中，每一个活动结束时，教师都及时引导学生交流和概括，提升了学生的探究意识和思维水平。

（二）自主探究，同伴互助，适时适度，难点点拨

在学习《有趣的平衡》时，我以活动为认知线索，设计了让学生自主探究、同桌互助、全班交流，教师适时点拨的新式学习方法。这种方法既符合新课改理念，符合学生的认知水平，使学生容易接受，又激发了学生的学习兴趣，提高了教学效率，使高效课堂更加高效。

传热比赛

学科：科学　　年级：五年级　　执教者：李虎

一、教材解读

《传热比赛》是教科版小学科学五年级下册第二单元的第七课，本课是关于热学中热现象——热传递的教学。这一课中物质在热量变化过程中产生的变化不容易区分，需要借助一些工具进行观察。教材上安排了两个活动：用手触摸三种不同材料的勺子，感觉它们传热的快慢；探究是否所有的金属材料导热性能都一样。通过这两个活动学生将区分热的良导体和热的不良导体，进而理解不同导热性能的物体有着不同的用途，生活中也有很多的运用。学习本课可以发展学生对生活现象探究的兴趣，也会让学生逐渐意识到实验方法的选择和改进会对实验数据的准确性产生影响。

二、学情分析

关于热现象，学生已有不少经验，尤其是在三年级下册“温度和水的变化”单元，学生们观察探究了温度和水的形态变化的关系，已经观察到了物质由于温度的变化而产生的显著变化——物体状态的变化。物质的变化，是从渐变到突变的。传热快慢现象的应用在生活中随处可见，五年级的学生也有了一定的生活经验和探究能力，但是他们在生活中的有些感觉

和经验不一定准确，他们对物体传热能力的体验是感性的、粗浅的。

学生在科学课堂上一直采用小组合作学习的形式，经过近三年的训练，基本都能组内协作分工完成实验。但是本课会采用一些新器材，所以学生可能对此比较感兴趣，从而出现只顾玩弄器材，忘记了实验本身的情况。

所以本课的重点是通过引导学生经历探究过程，明确热在几种不同材料物体中的传导性能是不一样的，并且意识到实验方法的选择和改进会对实验结论的准确性产生影响。难点是进行不同材料物体热传导性能的对比实验。

三、目标定位

(1) 情感态度与价值观：①发展对科学探究的浓厚兴趣。②意识到实验方法的选择和改进会对实验结论的准确性产生影响。

(2) 过程与方法：①进行不同材料物体热传导性能对比实验的设计并进行实验。(a. 用手去感觉；b. 用数字化仪器测量）②了解分析热的良导体和热的不良导体在生活中的运用。

(3) 科学概念：①不同材料制成的物体，导热性能是不一样的。②像金属这样导热性能好的物体称为热的良导体；像塑料、木头这样导热性能差的物体称为热的不良导体。

四、教学条件

(1) 教师准备：课件，两种勺子，记录单。

(2) 为学生准备：①5 种材料、塑料杯、热水、记录单。(每组一套）②5 种材料、温度传感器、实验容器、热水。(每组一套）

五、教学过程设计（见表 3-25）

表 3-25　《传热比赛》教学过程设计表

教学过程		
学生活动	教师活动	设计意图
活动 1：学生根据生活经验判断两种材料的传热速度 活动 2：探究 1. 学生根据生活经验猜测五种材料的传热本领排序，并填写在表格 1。	活动一：导入 1. 同学们，前面我们在《热是怎样传递的》一课中了解了热在金属中的传递，(拿出 2 种不同材料的勺子）那不同材料制成的物体它们热传递的快慢一样吗？能举例说明吗？	引导学生明确：根据生活经验我们可以正确判断出两种材料的传热速度。

续表

教学过程		
学生活动	教师活动	设计意图
2. 学生汇报自己的猜测，发现需要做实验验证。 3. 学生进行第一次实验，并完成实验记录，填写在表格2中。 4. 每个小组派代表汇报结果，并分析，发现结果还是不一样。 5. 学生小组讨论、分析影响实验结果的因素，并记录在表格3中。 6. 学生汇报小组的分析结果。 7. 学生观看微视频。 8. 学生领取器材进行第二次实验，并填写汇总表格。 9. 学生分析汇总数据，得出正确排序。 10. 学生分析手上表格中数据，对五种材料分类。 11. 学生明确什么是热的良导体和热的不良导体。 活动3：拓展小结 1. 学生说说生活中生活中热的良导体和热的不良导体的运用。 2、学生谈谈收获。	2. 我们凭借生活经验就能准确地判断出这两种材料的热传递速度，也就是传热本领谁强谁弱。那如果有3种、4种，甚至更多呢？我们还能准确判断吗？今天我们就来进行一场传热比赛。（板书课题） 活动二：探究 1. 课件出示五种材料，让学生根据生活经验猜测传热本领，并填写在表格1。 2. 教师巡视，留意学生的猜测。 3. 教师引导学生汇报，并进行板书记录。 4. 教师引导学生发现猜测不太一样，需要做实验。 5. 教师出示实验步骤，强调注意事项，然后分发器材。 6. 教师巡视，留意学生实验结果。 7. 教师引导学生分析结果，发现还是不一样，明确需要进行分析。 8. 教师分发记录单3，并巡视指导学生小组讨论。 9. 教师适当板书学生分析结果。 10. 教师出示器材，讲解使用方法。 11. 教师播放视频，明确如何进行实验。 12. 教师强调注意事项后分发器材。 13. 教师巡视指导。 14. 教师引导学生分析数据，得出排序并进行板书。 15. 教师引导学生分析手上表格中数据，对五种材料进行分类。	引导学生经历猜测—实验—分析—再实验的探究过程，明确生活经验有时候是不一定可靠的，实验不严谨也不能得出正确的结果，知道改进实验会对结果产生影响。 此处让学生谈谈生活中的运用，既可以加深学生对热的良导体和热的不良导体两个概念的认识，又可以让学生明确科学就是从生活中来的。

续表

教学过程		
学生活动	教师活动	设计意图
	16. 教师讲解热的良导体和热的不良导体。 活动三：拓展小结 1. 教师引导学生说说生活中热的良导体和热的不良导体的运用。 2. 教师引导学生谈谈收获。	
板书设计	传热比赛 时间　　①铜 ⎫ 工具　　②铝 ⎭ 热的良导体 测量的位置　③铁 ⎫ 热源　　④木头 ⎬ 热的不良导体 　　　　⑤塑料 ⎭	
家庭作业	课下继续了解相关知识，发到班级群或云空间与同学们分享。	

附表格：

表 3-26　五种材料传热本领比较实验记录单 1　　单位：℃

材料	木头	铝	铜	塑料	铁
传热本领					

表 3-27　五种材料传热本领比较实验记录单 2　　单位：℃

材料	木头	铝	铜	塑料	铁
传热本领					

表 3-28　五种材料传热本领比较实验记录单 3　　单位：℃

研究的问题	比较五种材料的传热本领
影响实验结果的因素	对应的解决方法

续表

表 3-29　五种材料传热本领比较实验记录单 4　　单位：℃

	木头	铝	铜	塑料	铁
空气中的温度					
放入热水中 2 分钟时的温度					
2 分钟后变化的温度					
传热本领					

六、教学反思

本课我运用了新的学具，引进了数字化实验设备进行教学，也让这节课的课堂发生了很大的变化。

由于五年级学生对物体传热能力的体验是感性的、粗浅的，教材上设计的传热比赛实验也只是定性的，而且受外界干扰因素较多，所以很难形成令所有学生信服的结论。而使用数字化实验设备使得学生的探究活动从定性分析过渡到定量分析，学生能亲自动手获取数据，进行分析得出结论，使得本课的探究活动更具有科学探究的意味，更接近现代科学研究的本来面目。

由于使用了新的器材，本课在教学设计上也进行了一些处理，充分考虑学生的认知特点及他们的主体地位，让学生在讨论过程中能够通过自己的观察、思考、实验得出结论。整节课让学生经历猜测、实验、结论不统一再分析原因、再次实验的过程，这样科学性和逻辑性也都较强。开课时就用 2 只勺子，让学生举例，明确通过生活经验可以很准确区分这两种材料的传热速度，但是更多的呢？此时学生已经产生了探究的欲望，进而引出5种材料，让学生猜测，发现猜测都不一样，促使学生去实验（放进热水中触摸），实验后再次发现还是不一样，从而分析影响实验的原因，再次用更先进的工具做实验，得出较准确的结论，也可让学生意识到实验要想获得比较准确的数据（结果），实验方法的设计、选择、改进是十分重要的。最后再联系生活，让学生找找生活中热的良导体与不良导体的应用。整个过程是越来越严谨，学生的思维也越来越缜密。

由于采用了数字化仪器可以得到比较直观的数据，所以我从一开始就增加了几种热的不良导体同时进行研究，这样还了解了不同的热的不良导体传热速度也是不一样的。采用这套新器材，也可以让学生清晰地感受到诸多我们要控制的因素，比如同时受热、受热时间相同、受热要比较均匀、测量的点也一样，等等。

这样，对小组的合作学习就有更高的要求：

（1）小组内每一个学生都要能发挥独特的作用，如能写的写记录，善说的汇报，动手能力强的进行实验。日常教学中还应进行角色轮换，让他们组内互助。

（2）要提供给学生充足的探究材料。本课正是有了这些数字化实验器材，才让学生的合作探究成为可能。

（3）探究过程中，教师大胆放手，给学生留出充足的探究时间和空间，教师在适当的时候给予必要的引导。本课在分析第一次实验失败的因素时，我给了充足的时间让学生交流讨论，在每个小组成员表达了自己的想法后形成小组讨论结果。有的小组遇到一些障碍时我及时提出了建议，让学生思考。

（4）要求学生学会倾听。由于使用新的器材，如果按照以往的实验教学，即老师一边做实验演示一边解释，学生看不清，也记不住。所以为了实验教学的效果，我把实验操作的步骤及要求拍成了微视频，播放时就要求学生的注意力要更加集中，仔细倾听实验操作要点。

总之，利用更加先进的实验器材，是能有效地提高学生科学素养和各方面能力的。怎样利用先进的实验器材最大限度地发挥实验教学的有效性，还需不断去探索、完善。

反冲力驱动小车

学科：科学　　　年级：四年级　　　执教者：郭静

一、教材解读

“运动和力”单元是小学科学物质世界部分重要内容。它是学生初中物理学习力学、物体的运动部分的知识基础。在本单元中我们要通过教学渗透力的三要素：力的大小、方向和作用点；力是改变物体运动状态的原因等基础知识。“像火箭那样驱动小车”中的反冲运动，既有与第一课“小缆车的滑动”、第二课“橡皮筋的弹力使车轮滚动等运动方式的共同点——在力的作用下产生运动”，又有它的独特之处——它是因反作用力产生的运动。小缆车的滑动方向与绳子的拉力方向一致，橡皮筋带动的小车轮滚动方向与橡皮筋的弹力方向一致，气球驱动的小车运动方向与气流方向相反。

二、学情分析

了解学生们的前经验时他们大多都知道是气流让气球动、小车动，但与气流方向是什么关系，是我们需要在课堂中与学生共同面对、突破的问题，感受气流的方向，看小车的运动方向，理解气流喷出过程中对气球产生的反作用力使气球带动小车运动。针对这个重难点，我在处理本节教材时，想要借助新材料的实验操作，让学生直观感受反作用力的方向与气流、水流等施力方向相反，是它改变了物体的运动状态。

三、目标定位

在实验活动中培养学生的科学探究精神和良好的科学学习习惯。

科学概念：气体、液体喷出（或流出）时，会产生一个和喷出（流出）方向相反的推力，叫反冲力。

过程与方法：组装气球小车和研究小车的反冲运动；研究气体和液体产生的反冲力推动叶轮运动，学会画反冲力运动的方向。

情感态度与价值观：体验合作的重要性和形成不怕困难的积极态度。

四、教学条件评估

（1）教学时间：40 分钟。

（2）教学空间：实验室。

(3) 教学准备

学生准备：小车以及配套器材（每个小组一套）、叶轮仪器及配套材料（每组一套），带颜色的液体、气球、实验记录单。

教师准备：三张图片、课件、气球。

五、教学过程设计（见表 3-30）

表 3-30 《反冲力驱动小车》教学过程设计表

学生活动	教师活动	设计意图
活动 1：玩气球、引出反冲力 1. 学生根据教师提问发表自己的看法。 2. 学生观察后交流。 3. 学生在老师提供的图片上画出气球运动的方向。	1. 师：同学们，老师这有一个吹足气的气球（出示气球图片），假如我们把气嘴松开，气球会朝哪个方向运动？ 2. 师：是大家说的这样吗？老师这有两个吹好的气球，我们一起来试试，仔细观察气球的运动的方向。（教师做演示） 3. 师：气球为什么会这样运动？	通过吹放气球，让学生联想以往玩气球的经历说说气球的运动方向并浅谈为什么会做这样的运动？
活动 2：用气球驱动小车 1. 学生小组讨论。 2. 学生汇报交流。 3. 学生观看视频。 4. 学生在小组开展组装小车、气球带动小车运动的实验。 5. 学生利用箭头的形式画出气球小车运动的方向。	1. 师：老师为每个小组准备了一个小车，你们能不能将气球运动中的这种反冲力运用到小车上，让小车运动起来？你们打算怎么做？需要用到什么材料？ 2. 师：你们的小车是怎么运动的？能不能让你的小车做直线运动？ 3. 教师利用微视频介绍组装小车的材料，并提出实验的要求。 4. 师生共同小结：气体运动时会产生一个相反的推力，我们把这个力叫反冲力。	感受气球中的气体喷出是小车运动起来的原因。材料要求：小车自重轻、重心稳、摩擦力小、能够安放气球。

续表

学生活动	教师活动	设计意图
活动 3：气体、液体推动叶轮的转动 1. 师生共同交流新仪器的构造。 2. 学生根据教师提问交流。 3. 学生实验、完成实验记录。 4. 学生汇报实验结果并画出它们的运动方向。 5. 学生发言。	1. 老师为大家介绍一个新的实验仪器（出示图片），请组长将这个实验仪器拿到小组里，我们一起来观察一下它的构造，师生共同交流新仪器的构造。 2. 教师提出问题：你们有哪些办法让叶轮运动起来？ 3. 教师将学生交流的方法板书在黑板上。 4. 大家的方法真多啊！我们先选择其中的一种打气的方式让它们转动。（教师根据学生发言选择实验材料） 提出实验要求：思考进去的气是怎样让叶轮运动起来的？气流运动的方向与叶轮转动的方向有什么关系？ 5. 除了用气体可以推动叶轮的转动，我们再来试试你们说的用水的方法，介绍实验材料并讲解使用方法。 提出实验要求：做实验时注意用水的安全；倒水时要慢，分工合作；仔细观察水流出的方向和叶轮转动的方向。实验完毕老师将请同学上来画出它们运动的方向。 6. 师生共同小结：我们刚才的几组实验都是运用什么力让它们运动起来的？	能让学生感受到不断变换着方向的气流对叶轮产生不断变化方向的反冲力，并且反冲力方向仍然与气流方向相反，推动叶轮向气流反方向运动。 将施力物体可视化，让学生亲眼看到水流方向与叶轮运动方向相反，感受气流的反冲力、水的反推力是同一类力。为了强化视觉效果，将水上色，水流方向非常明显，效果显著。
活动 4：总结实验、联系生活 观看视频。	师：回想一下我们生活中什么地方运用到了反冲力的原理？我们一起看一个精彩的片段（播放视频）。	观看“神舟七号”火箭发射，让学生了解反冲力在科技上的运用，进一步激发学生探究反冲力的欲望。
板书设计	反冲力 气体运动时会产生一个相反的推力，叫反冲力。	

六、教学反思

本节课主要是让学生通过几个实验了解什么是反冲力，教学流程是这样安排的：气球里的气体是驱使气球运动、驱动小车的原因→气体喷出的方向与气球小车的受力方向相反→气流、水流的方向与小车、转筒的运动方向相反。

据此思路，我设计了四个操作实验活动：①气球驱动小车；②气球驱动小车运动；③反冲力让叶轮转起来；④水流的反推力让叶轮转起来。其中一、二两项是教材中规定动作，三、四是我由研究新材料的心得增加的自选动作。

活动一：气球驱动小车。目的：感受气球中的气体喷出是小车运动起来的原因。材料要求：小车自重轻、重心稳、摩擦力小、能够安放气球。而我们以往的学生自备材料、教师自制材料以及旧的配套材料很难达到此要求。要么绑在车上的气球摩擦轮子，形成阻力，车子无法持续运动。要么气嘴与车轮轴不垂直，小车运动漂移拐弯。光组装小车就得花 3～5 分钟，更不用提活动中小车乱窜、抛锚等偶发非探究活动现象无谓浪费了较多时间，让学生有很强的挫败感。精细化的新教学器材把教师和学生从烦琐的、重复性的劳动中解放出来。本次使用的新设备，小车车轮灵活，气嘴安装位置准确简易，气球用支架固定，不易飘移。这些精细化的仪器为探究活动提供了极大的便利，组装快捷，使用方便，节省大量时间可以让师生集中精力于设计实验方案、归纳总结、交流信息和从中发现规律。经统计，与使用传统教学器材相比可以提高效率 100%以上。如使用新型器材，组装小车只需 1～2 分钟，完成气球驱动小车实验只需 2～3 分钟。

活动二：气球驱动小车直线运动。目的：确定气体喷出方向与小车运动方向相反。材料要求比上一实验增加固定支架，保证气流方向不变。新材料设计了弧形易安装支架确保实验效果。学生单位时间内可多次实验，充分感知气流方向与小车运动方向相反，有标出反冲力方向的可能。

活动三：探究气体、液体推动叶轮转动的实验是教学中没有的，补充这个实验更大程度上激发学生探究反冲力的兴趣，通过实验学生能更好理解反冲力，特别是用水推动叶轮的转动，学生可以清晰地看到水的反冲力，我们利用看得见的液体反冲让学生更加能够理解气体的反冲力。本节课的活动由易到难、不重复、形散神凝，极大地调动了学生的兴趣，丰富了学生的认识。

由于本节课完全使用了新材料，在组装小车这个环节上已经大大降低了教学的难度，所以四年级的学生也能够很好地开展实验活动，对反冲力的理解也是通过几个实验层层加深的。

地球内部运动引起的地形变化

学科：科学　　　年级：五年级　　　执教者：李虎

一、教材解读

《地球内部运动引起的地形变化》是义务教育小学科学教科版教材五年级上册“地球表面及其变化”单元的第二课。本节课开始指导学生学习有关地球表面地形地貌形成和重塑的内容。地球上，地形地貌的形成和重塑有两个原因，一是地球内部的力量，另一个是地球外部的力量。内力作用是指由地球的内能所引起的地壳运动、岩浆活动等作用，外力作用是指地表受太阳能和重力而产生的各种作用，如风化、流水、冰川、海流、波浪、潮汐以及风力等的侵蚀、搬运和沉积作用等。地球上巨大的地貌形态及变化主要是内力作用的结果。内力创造了地表形态的基本轮廓，即海陆的分异和大的地形起伏；外力则进行雕塑加工。内力作用造成高山盆地，使地面崎岖不平；外力作用则破坏高山、填平低地，使地面趋于平缓。两者在地形发展方向上是对立的，但又是相互联系的统一过程。

本课内容主要分为“火山和地震”、“地球内部的运动”两部分，主要通过火山和地震的事例来认识地球内部的力量是如何改变地形地貌的。

二、学情分析

火山和地震是学生非常感兴趣的话题，然而对火山和地震是怎样形成的，又是怎样改变地形地貌的这些知识则是学生所欠缺的。本课主要是在学生已有知识的基础上，重点让学生在学习活动中，直观地感受到地球内部运动会造成火山和地震以及地形地貌的变化。

三、目标定位

(1) 过程与方法：①查阅资料，观看视频，了解火山和地震是怎样改变地形地貌的。②做地震运动及火山喷发的模拟实验，想象和理解地球内部运动对地表形态的影响。

（2）情感态度与价值观：认识到地球内部是不断运动着的，地表的地形地貌是不断变化着的。

（3）科学概念：①火山和地震会改变地球表面的地形。②火山和地震是由于地球内部运动造成的。③地球内部运动会引起地壳的运动，从而形成山脉、高原、裂谷和海沟等地形地貌。④地球表面的变化有时是迅猛剧烈的，有时是缓慢不易觉察的。

（4）重点难点：①火山和地震会改变地球表面的地形，它们是由于地球内部运动造成的。②地球内部运动会引起板块运动，板块运动影响和改变着地表的地形地貌。

四、教学条件

（1）一对一信息平台支持。

（2）微课视频，课件。

（3）模拟火山、地震实验的相关材料。

五、教学过程设计（见表 3-31）

表 3-31　《地球内部运动引起的地形变化》教学过程设计表

教学过程		
学生活动	教师活动	设计意图
活动 1：学生根据课前资料进行回答 活动 2：探究 1. 学生模拟地震实验，并说说体会。 2. 学生观察回答实验器材后观看实验要求微视频。	活动 1：课前资料导入，引出问题。 1. 师：同学们，前几天老师已经给了大家一些火山和地震的资料，让大家解决这几个问题，那今天我们先回顾一下这些资料。（教师大屏展示课前预习资料） 2. 师：看看第一个问题，同学们都给出了很多回答，老师提前浏览了一下，发现有几位同学的比较好，先请××你来说说。（再请××说说）…… 其他的同学有不同意见吗？ 那看来火山和地震造成的地形变化有裂缝、峡谷、产生岛屿。（板书：地形的变化） 那我们再来看第二个问题，××你来说说。	引导学生明确生活中的工具可以帮我们做很多事情。

续表

教学过程		
学生活动	教师活动	设计意图
3. 学生领取实验器材，并摄录实验现象做好实验记录单，上传图片及视频。 4. 学生结合视频描述实验现象。 5. 学生在平板上浏览资料。 6. 学生在平板上进行练习。 7. 学生观看资料。 活动3：拓展小结 1. 学生跟随老师一起进行小结。 2. 课下查找流水、风、冰川、海浪对地球表面的影响，并发到讨论区。	看来同学们在这个问题上还比较统一。 3. 师：同学们还有些问题也比较好，比如：课前老师也让大家查找了这些问题的资料，我们一起来看看。 4. 老师看了下，发现××的比较好，先请他来说说。 还有××的也不错，请他也来说说。 活动2：探究新知 （一）火山和地震形成原因 1. 看来大家认为是地球内部运动引起的，那真是这样的吗？科学中我们要通过实验来进行验证，今天我们就来模拟一下火山和地震的情境。 2. 地震：教师先演示，边演示边说原理（内部在运动，慢慢地慢慢地弯曲，能量聚集起来，最后爆发释放）。请学生演示。 3. 火山：出示烧杯，提问：这里有哪几样材料？ 师：那我们一起来看下这个实验具体的操作和要求。 4. 播放微视频。 5. 教师分发器材后，巡视指导。 6. 师：看来大家的实验验证了确实是地球内部运动造成了火山和地震，从而引起了地球表面地形地貌的变化。（板书课题） （二）板块运动 1. 师：前面同学们还提到了，火山和地震发生时是非常快速猛烈的，那地球上有没有比较缓慢的变化呢？这个问题也提得非常好，老师课前也帮大家整理了一点资料，下面就请大家观看资料。 2. 师：大家解决了刚才的几个问题没有？我们还是来练习一下。 3. 师利用一对一平台及时进行统计，然后进行反馈。 4. 师：同学们掌握得还不错，那看来板块运动也会造成地球表面地形地貌的变化。 5. 教师出示板块运动造成的地形变化的图片。 这个就是雄伟的喜马拉雅山脉（图片展示），喜马拉雅山就是亚欧板块与印度洋板块相互碰撞挤压形成的。	引导学生尝试在实践中解决指定的科学问题（如拔图钉、铁钉和木螺钉），发现做同样的事情，用不同的工具效果是不同的，并从中了解更多的常用工具。

续表

教学过程		
学生活动	教师活动	设计意图
	这个是科学家在喜马拉雅山中找到的海洋生物（出示海洋中的化石），那你们能想象得到以前喜马拉雅山这个地方是怎样的地形吗？ 这是东非大裂谷（图片展示），它是怎样形成的呢？ 6. 地球内部是不断运动的，造成地球表面的地形也在不断变化。那喜马拉雅山和东非大裂谷是不是永远不变了呢？教师出示科学家关于喜马拉雅山、东非大裂谷将会发生怎样变化的猜测。 小结： 1. 师：那我们了解了这么多，也知道了地球表面多种多样的地貌格局都是地球内部运动形成的。有的犹如地震、火山一样猛烈而迅速。也有的如喜马拉雅山年复一年的缓慢隆起而令人难以察觉。 2. 然而地球表面的很多变化都是在流水、风、冰川、海浪等自然力的作用下很缓慢地进行的，是我们在短时间内难以觉察的。它们是怎样影响着地球的表面呢？ 3. 课后拓展。 大家课下可以去查找相关的资料，我们在后面的学习中将进行研究。（师出示课后讨论区） 当然大家也可以多多收集火山和地震的事例及相关资料进行了解。	让学生明确：机械指的是利用力学原理组成的各种装置。杠杆、滑轮、斜面等都是机械。简单机械又被人们习惯地称为工具。
板书设计	地球内部运动引起的地形变化 火山　　产生岛屿 地震　　裂缝 　　　　峡谷 板块运动　　海洋 　　　　山脉	
家庭作业	课下查找海浪、风等自然力影响地球表面地形变化的资料。	

六、教学反思

地球内部运动对于学生来说是难以察觉的，所以在本课的教学方式上，我选择用多媒体课件演示、资料分析、讨论交流和模拟实验等方式进行。在课前就抛出资料让学生思考，寻找资料，教师进行引导，课堂上让学生交流讨论，特别是根据学生的思维特点，设计了模拟实验、课件演示等环节，让学生利用平板及时记录实验现象并进行交流，把抽象的、难以触摸的内容变为具体、生动、形象的内容，帮助学生架起形象思维通向抽象思维的桥梁，让学生直观感受地球内部运动改变地球的地形地貌，同时可以充分利用平板系统，随时检测学生知识掌握情况。

本课除了科学课基本的活动要求之外，最大的特点应该就是信息化。科学课中充分利用信息化，使教学内容的呈现方式、学生的学习方式、教师的教学方式以及师生互动方式都有很大的变化，为学生的学习和发展提供了丰富多彩的教育环境。

1. 提高学生的能力

在科学教学中指导学生利用信息技术，可以帮助学生提高获取技能和经验的能力，还有助于学生提高思维能力和理解能力。信息技术为我们提供了个性化的开放实践平台。受班级授课制的约束，一个班级 50 多名学生，在一堂面向全体学生的课堂中，不可能人人有机会将自己的想法、问题马上向老师提问，也无法与有相似问题的同学一起探讨。而有了信息技术后，同学们可以及时在班级讨论区或者 QQ 群等上传问题，这样全班同学及老师都能及时看到，作出对应回答。比如在本课中，课前让学生学习资料，然后提出自己的看法、问题，老师及时让学生自己进行查阅，自己也准备充分的资料，课堂上全班进行探索研究。更重要的是学生在通过网络查询并收集相关知识的过程中，开阔了视野。

此外，学生课堂上进行实验时，还可以利用平板电脑及时记录一些实验现象，并与同学分享，这个过程中抽象的内容化为了具体的内容，使枯燥乏味的知识新鲜生动，引起学生的兴趣，学生的知识也逐渐丰富，能力也逐渐加强。而在学生汇报的过程中及时播放、及时点评，也能有效地促进实验教学水平与质量的提高。

2. 有利于师生“减负”

教师在备课过程中，需要查找大量的相关资料，在庞大的书库中一页一页地翻耗费了教师大量的时间。利用互联网就可以随时随地查找资料，博取众家之长，比如本课课前资料和课中的板块运动的视频资料，我就是充分利用互联网进行查找，然后截取需要的进行整合后利用，节省了很多时间。除此之外，还充分利用计算机辅助测试软件，让学生在课堂上当堂练习，当场出结果，及时进行讲解等，减轻了教师的负担。

总之，利用信息化，利用个人平板电脑，能使抽象的概念具体化，枯燥的知识趣味化，还能激发学生的学习兴趣，引起学生的注意力，调动他们的积极性和主动性，既学到知识，又减轻学生负担。

声音的传播

学科：科学　　　年级：四年级　　　执教者：李英

一、教材解读

(1)《声音的传播》是教科版科学四年级上册第三单元“声音”中的第五课时的教学内容。本课是继前一节“探索尺子的音高变化”之后的又一节科学探究课。它属于“科学探究”的目标系列。

(2) 本课是在学生了解了各种声音，知道声音是由于物体振动产生的基础上，引导学生产生疑问“声音是怎样传播的”，从而感受不同物质可以传播声音，并比较不同物质传播声音能力不同这一现象。课文分两部分：第一部分指导学生认识声音是以声波的形式传播的；第二部分指导学生认识声音在不同物体中传播的能力是不同的。

(3) 本课能够以探究为核心，为学生提供大量的探究机会，尝试运用科学的探究方法，让学生充分经历探究过程，逐步形成科学地看问题、想问题、解决问题的习惯和能力，从而培养学生的科学素养。同时通过本节课的探究，可以为今后学习有关于声音传播方面的知识打下良好的基础。

二、学情分析

(1) 四年级学生对声音的传播已有了一定的认识，知道了声音是由物体振动产生的，同时具备了初步设计实验与操作实验的能力，能够关注生活中的一些明显的科学事物和现象。

(2) 学生在生活中根据经验已经了解到声音可以在有些物体中传播，但是部分物体是否能传播声音学生还不是很肯定。

(3) 学生对于“声音是如何传播的”是很迷茫的，因此他们希望通过学习活动知道声音的传播方式。

（4）学生很难理解声音的传播需要空气等介质，通过用不同的物质做实验，让他们逐渐理解这一现象，并对比得出声音在不同物质中的传播情况。

三、目标定位

（1）学生通过动眼、动脑、动手、动口，经历一个完整的科学探究过程，同时体验成功的乐趣。

（2）三维目标：

科学概念：声音是通过各种物质以波的形式，从一个地方传到另一个地方的，这种传播方式称为声波。

过程与方法：借助实验和想象，对声音传播的方式进行描述。设计声音在不同物体中的传播实验，对声音在不同物体中的传播情况进行比较。

情感态度与价值观：意识到从实验中获取事实是认识世界的基本方法。

四、教学条件评估

（1）教学时间：40 分钟。

（2）教学空间：实验室。

（3）教学准备：

学生方面：①每组音叉（含小锤）、水槽（装有水）。②每组塑料管、木尺、钢尺、棉线、记录表各一份。

教师方面：学生材料一份、记录表、土电话、课件。

五、教学过程设计（见表 3-32）

表 3-32 《声音的传播》教学过程设计表

学生活动	教师活动	设计意图
活动 1： 学生认真倾听，积极思考。 活动 2： 学生动手实验，观察水面变化，并描述水面的变化过程。	一、情境导入，产生疑问 播放一首歌 师：同学们，老师看到大家在听音乐的时候都很陶醉，那你们有没有想过这段美妙的歌声是怎样传播到我们的耳朵里的呢？声音在这个过程中又是以怎样的形式传播过来的呢？这节课，我们就一起来研究声音的传播。（板书课题）	让学生首先在音乐中进入研究课题，既增强学生学习兴趣，同时给学生的猜想增加一点悬念。

续表

学生活动	教师活动	设计意图
小组交流、反馈：水面一拨一拨地从音叉所在中心慢慢向四周散开去。 活动3： 学生玩接电话的小游戏。 思考：纸杯里听到的声音是怎样传播的？ 活动4： 1. 学生根据材料讨论交流实验方案。 2. 学生实验并填写记录表。 活动5： 学生观看视频，认识体会声音在真空中的传播。 活动6： 学生谈本节课的收获。	二、认识声音是以声波的形式传递的 1. 教师出示音叉、水槽，指导学生实验。 实验要求： ①在水槽中接三分之二的水。 ②用击打过的音叉轻轻触及水面，观察水中的现象。 2. 播放视频资料：声像仪。 3. 师出示早期的电话。 出示要求：①说话同学要小声说话，以听电话的同学不能直接听到为宜。 ②接听电话的时候，电话线要拉紧，不能松松垮垮。 教师小结：通过上面的实验说明，声音是以波的形式传播，当声波遇到物体时，会使物体产生振动，声音就这样通过各种物质，从一个地方传播到另外一个地方。声音可以在不同的物体中传播。 三、研究声音在不同物体中的传播 师：一根细细的棉线就可以将声音传到对方的耳朵里，那你们想不想知道声音在其他物体中能不能传播？它们的传播本领又是怎样的呢？ 出示材料：塑料管、木板、钢尺、棉线，你们准备怎样研究呢？ 实验要求： ①在整个实验的过程中，我们都要保持安静。 ②尽量用相同的力量去制造声音。 ③棉线一定要拉紧。	通过振动的音叉轻触水面引起水面的波纹向四周扩散的现象让学生明确：物体振动发出声音，同时可以引起周围物体的振动，从而使声音向四周传播。 进一步加深学生对声音是以声波的形式传播的印象。 学生通过玩“土电话”游戏感受声音是以振动的方式向远处传播的。 通过研究，知道声音在不同物体中传播的本领是不一样的。 引起学生兴趣，进一步了解声音的传播需要介质。

续表

学生活动	教师活动	设计意图
	四、认识声音不能在真空中传播 1. 播放玻璃钟罩中的小闹钟视频。 2. 小结：声音离开了物质就不能传播了。 五、总结 师：通过今天的学习，你知道了什么？ 师：声音传播到我们的耳朵里，耳朵又是怎样听到声音的呢？有兴趣的同学可以课后去找找答案，下节课我们再一起来研究。	促使学生对知识的掌握、培养学生善于抓实质，整理知识的能力。 布置延伸的作业题，让学生有思考、探索和尝试的机会。
板书设计	声音的传播 水 声音以波的形式能在　棉线 中传播 尺子 塑料管 声音在不同物体中的传播是不一样的	
家庭作业	课下寻找资料，了解耳朵是怎样听到声音的。	

六、教学反思

《声音的传播》是教科版四年级上册第五课的内容，它是在学生了解了声音的大小、高低、产生的原因的基础上进一步指导学生探究声音能在不同物体中传播以及认识声音是以声波的方式传播的。教材的编写意图是使学生通过多个活动对声音这一熟悉的事物去进行一番理性的探索，从而构建起对声音传播的认识，为今后的探究、学习奠定感性基础。同时也可以激发学生热爱大自然、探究大自然奥秘的兴趣。

我在教学中特别注意了以下几点：

在课堂教学中充分尊重学生的主体地位。针对学生的年级段特征组织教学。

1. 创设问题情境，让学生带着问题去学习

在这节课中我认为应该在把握书本知识点的基础上，设计贴近学生生

活实际、能够激发学生学习兴趣、符合学生思维特点的问题去引导学生进行探究性学习是本节课的关键。上课伊始，我便用一首学生耳熟能详的歌曲引发他们的共鸣。接着提出问题：“这段美妙的歌声是怎样传播到我们的耳朵里的？声音在这个过程中是以怎样的形式传播的呢?”这种环境的创设激起了学生的学习兴趣和求知欲望，接着引入新课，使学生明确学习目标，自主进行探究。

2. 处理好知识点之间的关系，有助于学生的思考和探究

在备课时我发现这节课的知识点有些乱，只有把它们串成一条线才有助于学生的思考和探究。经过认真分析各知识点之间的内在联系，我认识到课文的第一个难点是如何让学生理解声音是以波的形式传播的，这是个难题。因为波的传播过程我们用眼睛不能观察到，所以只能通过一些实验来将声音传播的过程表现出来。一方面，通过振动的音叉在水面上形成波纹让学生初步感受物体的振动；另一方面，利用视频中的声像仪让学生进一步认识到声音是以波的形式向四周散开去的，把无形的声波以有形的方式呈现在学生面前。这样就可以比较好地解决这个难点。第二个难点就是让学生分辨出哪种物体传播声音的效果最好。对于学生来说，直接通过耳朵来分辨是比较难的，于是我选取了几种不同的材料，让他们只选出最好的一种，这样就相对来说降低了难度。

3. 及时探究，共同合作

我认为本节课的精彩之处是对表格中的数据进行比较，让学生通过小组讨论的形式进行探究，总结出知识点，可以加深学生对知识点的理解。体现了探究式学习的优点。这种学习方式不仅提高了学生的比较分析能力，还培养了学生的小组合作精神。学生受益匪浅，使全班同学都行动起来，激发了学生的学习热情，进行合作性学习，及时地解决问题。

4. 采用多种教学手段，设计多种教学活动使学生时刻具有新鲜感

本节课的知识较多，怎样才能使学生不觉得累呢？我认为采用多种教学手段和设计多种教学活动形式非常重要。如刚开始时，我运用多媒体教学手段播放音乐，吸引学生的注意力，提高学习兴趣。在教学过程中我主要以讨论、实验探究为主线，让学生分组讨论并设计实验。这时候教室顿时变成了实验室，同学们互相合作，在观察中思考，在思考中讨论，在讨

论中形成共识。教室的气氛一下子活跃了起来，此时我也成为学生的一员，不断地在各组之间穿来穿去，共同参与，共同探究，不断地指导，同时也掌握了学生活动的情况，激起了学生的学习热情。多种教学手段，活动多样化，使学生具有新鲜感，是课堂达到最好效果的重要手段。

在此次授课中，我还存在许多不足的地方。例如，本节课的不足之处主要有如下两点：第一是有些提问指向性不是很明确，科学是一门严谨的学科，在用语方面应该比较注意语言的简洁性。第二就是对于材料的取舍，如果能选取两种对比较强烈的材料，我想这节课会更完美，这样学生在数据分析的时候，就不会出现太多相似的结果，也就不会有太多的争执。另外本节课由于知识容量大、活动多，要控制好每个环节的时间，才能做到收放自如，在学生讨论时，要注意观察学生的讨论情况，加强引导，这也是本节课的待改进之处。

三峡游

学科：语文　　　年级：六年级　　　执教者：尹其丽

一、教材解读

《三峡游》是鄂教版六年级上册第五单元的一篇精读课文，是一篇作者游览三峡经历的游记。

全文以游览的时空为序，从长江三峡的壮丽景色闻名世界，写到船进三峡，亲眼看到三峡神奇的自然美，再写巫山十二峰美丽的传说，转而对葛洲坝工程发出由衷的赞叹，表达了作者对长江三峡的喜爱之情，也表现了作者对祖国壮丽、迷人山川的无比热爱。

本文时间和空间顺序清楚，要引导学生学习这一点，这正是游记类文章的基本特点之一。在描写三峡风光时，作者运用比喻、拟人等修辞手法令文章生动形象，要在教学时抓住这些句子训练学生的语言表达能力。

二、学情分析

六年级九班的学生作为实验班级，一直开展“伙伴课堂”的研究活动。班级设立了12个伙伴学习活动小组，课堂教学中一直采取自学—互学—交流的教学形式，组织学生进行合作探究式的学习活动。学生在合作学习的过程中，自主学习的能力增强了，合作交流的意识提高了，学生们善于自学，乐于合作，敢于交流，语文综合素养得到了提升。

学习本篇游记类型的课文，学生以前也接触过，内容很浅显，学生不难理解。重点要引导学生感受作者的用词准确，运用比喻、拟人修辞手法令文章生动、贴切，感受三峡之美，体会字里行间洋溢的真切情感。

三、目标定位

（1）学习生字新词。

（2）正确、流利、有感情地朗读课文。

（3）学习课文1～5自然段，通过对关键语句的品读，感受三峡之美，学习作者的表达方法，体会作者对三峡的喜爱之情。

四、教学条件评估

（1）教学课时：2课时。

（2）主讲小组提前准备好主讲资料，上传至班级云空间供同学们课前学习。

（3）学生按预习要求预习课文，并查找长江三峡的相关资料，可传至班级云空间，互相学习。

（4）每四人小组准备一台电脑，课上互动学习。

五、自学设计

预习要求：

（1）读课文、标段号，画出生词和好词。每个生字组两个词写在生字表中。

（2）找出难理解的词语，查字典，将意思写在书上。

（3）围绕课后第3题，抓关键词语，在书上批注感受。

（4）思考：作者按游览顺序写了哪些景物？并以此为抓手，试着概括文章的主要内容。

（5）质疑问难。

▲查找长江三峡的相关资料。

六、教学过程设计（见表3-33）

表 3-33　《三峡游》教学过程设计表

学生活动	教师活动	设计意图
活动1：（课前）学生独立完成学案 1. 读课文、自学生字词。 2. 了解课文的主要内容。 3. 质疑。	1. 精心设计课前学案内容。 2. 课前查阅学生完成的情况。	自主学习，了解文章主要内容，质疑问难。
活动2：（课中）预习展示 1. 小组互学，出示合作提示： （1）合作朗读课文，交流生字词的学习。 （2）作者按游览顺序写了哪些景物？并以此为抓手，试着概括文章的主要内容。 （3）质疑问难，合作解决，不能解决的问题留待全班交流。 2. 按照班级轮流惯例请一个小组汇报。（主讲小组调出班级云空间资源进行基础主讲，主讲内容包括生字、主要内容、质疑问难。学生主讲，其他学生及教师相机参与）	1. 出示小组活动提示，了解各小组合作交流的情况。 2. 参与主讲小组的汇报。 归纳内容，理清写作顺序。 （板书：游览　瞿塘峡　巫峡　葛洲坝）	1. 查漏补缺、夯实基础。 2. 整体感知、理清条理。
活动3：（课中）自学课文1～5自然段，围绕：瞿塘峡美在哪？作者又是怎么写的呢？自主合作探究学习 1. 自学：找出相关语句，勾画下来，旁批自己的感受。 2. 互学：在组长带领下，交流自己的感受。（学习方法：读句子、抓词语、谈感受，并且借助网络随时查找需要的资料，上传资料，与老师和同学们互动） 3. 全班交流反馈。 （1）小组汇报展示，其他同学注意倾听。 （2）其他小组或个人可补充意见。	1. 出示探究题。 2. 巡视检查学生自主学习情况。 3. 巡查小组合作学习情况，倾听学生发言，适当归纳、串联，帮助形成良好的合作氛围。 4. 组织全班交流，机智点拨、串联。 （1）学习第四自然段，引导品味重点句："船正慢慢地前进，突然，前面出现了两座峭壁，一左一右像是被江水推开的两扇大门，奔腾的长江就从中间冲了出去。" 体会船进三峡后景色的雄奇，抓住"推""冲"感受江水的猛	1. 定向导学，培养学生自主学习的能力和独立阅读的习惯。

续表

学生活动	教师活动	设计意图
	与急。学习运用比喻的修辞手法，令文章更生动。通过有感情地范读、朗读，品味句子。 板书：雄奇　比喻　拟人 (2) 学习第五自然段，引导品味重点句：“船眼看就要撞在峭壁上，好多人不禁惊叫起来：‘哎呀，危险！’但是就在这时候，船拐了个弯儿，山峰一下子就被甩到后边去了。” 体会三峡的险峻，学习正面描写与侧面烘托相结合的表达方法。通过有感情地朗读，品味句子形象。 板书：险峻　正面描写　侧面烘托 5. 回顾内容，总结写法。 同学们，我们今天跟随作者游览了长江三峡中的瞿塘峡，学习了作者运用比喻、拟人、正面描写与侧面烘托相结合的方法，把文章写得具体生动。下节课我们再按照今天的学习方法，去领略巫峡和葛洲坝的风采。	2. 指导小组合作学习，让学生分享学习成果，培养学生互相倾听、民主互学的品质。 3. “读、思、议、读”环环相扣，培养学生语文综合素养。
板书设计	瞿塘峡 雄奇　比喻　拟人 险峻　正面描写　侧面烘托 游览顺序　巫峡　葛洲坝	
家庭作业	1. 朗读课文，2. 自学后文。	

七、教学反思：课堂之道在“学”

执教《三峡游》一课，我始终为学生的学习热情和状态所感动。小组交流中，组长有序引导组员发言，并快速形成自己小组在全班汇报的步骤。各小组在进入全班交流环节，争先恐后，抢着发言。有序的流程、充分的交流、智慧的碰撞，学生充分动起来，自己与文本对话，从而生成学习能力。学习真的成为学生自己的事，他们在享受课堂、期待课堂，同时也成就了课堂。

（一）学生的课堂

学生的课堂是指课堂以学生为主体，它对应的是“教”的课堂、“教师”的课堂。或者说学生的课堂是“以学为中心”的课堂，对应的是“以教为中心”的课堂。学生的课堂应是学生自主的课堂，更是学生自主学习的课堂。

在这节课中，我充分以学生为主体。课前，给学生学案进行自主预习，在课堂伊始导入新课后，便要求学生在小组内交流自己的预习所得，提出自己不能解决的问题，提交到全班，以便组织集体交流。让学生充分进行自学、互学，做到学生会的我不教。这正是“以学为中心”的课堂。

高年级的学生，已经具备相应的自学能力。在学习生字、整体感知课文内容的环节，我充分放手，每次安排一个学习小组当“小老师”，上台展示。他们通过课前的充分自主学习，整理制作课件，然后向全班展示，既放手充分相信学生的能力，也从而更好地锻炼了学生学习的主动性。课堂不再是“等待”老师来教，而是变成“期待”自己来讲了。

（二）高效的课堂

好的课堂是突出“学”的课堂，是遵循“学生主体、教师主导”的新课改理念，主张先“学”后“交”再“教”。执教《三峡游》这节课，我按照：学生自学—组内展示—交流反馈的基本流程在进行。

好的课堂都应该是从自学开始的，这节课不论从课前照学案自学，还是课中围绕“瞿塘峡美在哪？作者又是怎么写的呢？找出相关语句，勾画下来，旁批自己的感受”这个中心问题，都是让学生充分自主学习。

在充分自学的前提下，学生在组内交流自己的感受，进而小组成员一起在全班交流自己的学习成果。在这一过程中，教师则完全退到后台，学生被老师推到了前台。学生自己围绕关键问题，找关键语句，扣住重点词语，交流体会，有感情地朗读文本，充分与文本进行对话。学生讲得好的地方，教师微笑肯定，积极鼓励。学生暴露出问题时，教师则及时点拨，智慧引导。这节课，我所说的每一句话，不是去展示自己的教学艺术有多高深，我的每一句关键处的点拨都是服务于学生的学或者说调动学生学的意识。

所以整节课，在学生自学—组内展示—交流反馈这样的流程下，完成得高效轻松，学生在抢着发言，争着补充中，思维在流动，智慧在碰撞。第四、五自然段中的重点语句，学生都充分交流了体会，发言精妙，可见平时的小组合作训练也非常扎实。

（三）教学相长的课堂

教育是人学，教师和学生都应该在课堂中得以发展。教学相长意味着两者之间合作共赢的关系。教师不再是知识的“二传手”，而是一个点燃、发动学习的人，更是一个学习者，是学长，是班级的第51名学生。而学生则是教学的第一资源，人人可以为师。

这节课师生关系融洽，我也以学生的身份参与课堂。如果对同一个问题进行补充时，为了不打断学生的思维流程，我要求学生可以自由起立，不需要举手。所以有一个环节中，我们看到，一个小组交流完毕后，有四五个小组抢着起来争相补充，而我这时也很想小结一下上一组良好的学习方式。于是我笑着说：“大家好踊跃，发言机会抢着来。是不是可以让我也有个机会说说呢！”于是我马上肯定上一组围绕中心问题，能够找关键句子—扣住重点词语—谈体会—有感情地朗读的学习方法。这一环节，教师和学生已经充分融为一体。教师智慧地小结学生的学习方法，既肯定了本组学生，也对其他组学习的方式进行了引导。

一节课，无论教师表演得多么精彩、讲授得多么透彻，我们只能说这是教师的课堂。只有围绕“学”建构的课堂，我们才能说这是一节好课！

五彩池

学科：语文　　年级：三年级　　执教者：王山丹

一、教材解读

本课给我们展示了一个奇丽画面，在四川松潘藏龙山上，有许多大大小小、形状各异的水池，池水在阳光的照耀下呈现出不同的颜色，再加上池周围树木花草的倒影，瑰丽多姿。多美的五彩池啊，真是人间仙境。课文的二、三、四自然段是全文的主体，特别是二、三自然段，教学中力求通过开放的课堂活动，重点让学生借助文中生动形象的描写，展开想象，了解五彩池的特点，体会五彩池的美丽神奇，探究大自然的奥秘。

二、学情分析

小学三年级学生好奇心强，喜欢感知新鲜的事物，已经有了初步读懂一个自然段的基础，有一定的自学能力。这篇课文景美，文也美，适合学生进行朗读、想象、知识、方法的积累。因此，教学中主要引导学生抓住重点词句进行品读，感受五彩池的神奇、美丽，学习作者通过比喻将景物写具体的方法。采用信息技术、讨论、朗读、想象等多种教学手段，使学生积极主动地参与到学习活动中，在学习知识的同时，掌握读书方法。通过教学，教师既要让学生真正理解课文内容，还要培养学生学习的能力和良好的学习习惯。要为学生创设尽可能多的读书时间、思考时间和交流时间。

三、教学目标

(1) 学习课文第二、三、四、五自然段，了解五彩池的特点，体会五彩池的美丽神奇及形成的原因。

(2) 通过体会五彩池的美丽神奇，从中感受大自然的美。从而培养学生热爱祖国河山，热爱生活的思想感情和审美情趣。

四、教学条件

三年级（3）班的学生课堂教学中一直采取自学—互学—交流的教学形式，组织学生进行合作探究式的学习活动。他们有一定的课外阅读积累，对于写作手法的理解有一定基础。

五、自学设计（导学案）

预习“六部曲”（书上完成）。

(1) 读课文、标段号、画出生词和好词。

(2) 把课后生字表中难读生字的拼音圈出来读三遍，难写的生字用红笔描写。

(3) 田字格里的每个生字组两个词，多音字组词。

(4) 在文中找出不理解的1～3个词语，借助词典，将意思工整地写在书上。

(5) 思考：找出文中描写五彩池神奇、美丽的句子，勾画下来。

(6) 提出1～2个不理解的问题，写在书上。

▲查找五彩池的相关资料。

六、教学过程设计（见表3-34）

表3-34 《五彩池》教学过程设计表

学生活动	教师活动	设计意图
活动1（课前）： 1. 学生独立完成学案。 2. 学生在小组内互查互说：字音、书写、组词、释词。	1. 精心设计课前学案内容。 2. 课前查阅学生完成的学案。 3. 巡查学生互查互看情况。	自主学习，扫清障碍，初读课文，了解内容。巩固正音，规范书写，理解词语，整体感知。
活动2（课中）：研读神奇：围绕“探究题”，引导学生自主合作探究学习 1. 自学要求。 请大家自由地读读二、三自然段，一边读一边发挥你丰富的想象，看看在你脑海里能不能浮现出五彩池的画面。然后把你认为特别能表现出五彩池神奇的句子画一画 。 2. 互学要求。 (1) 和小组伙伴说一说你勾画的句子。（方法提示：读句子、抓词语、谈感受）	1. 出示“探究题”。 2. 巡视检查学生自主学习情况。 3. 巡查小组合作学习情况，倾听学生发言，适当归纳、串联。 4. 组织全班交流，机智点拨、串联。 (1) 出示“那是个晴朗的日子，我乘汽车来到藏龙山，只见漫山遍野都是大大小小的水池”。 理解（漫山遍野） (2) 出示“无数的水池在灿烂的阳光下，闪耀着各种不同颜色的光辉，好像是铺展着的巨幅地毯上的宝石”。 理解比喻句 (3) 出示“池边是金黄色的石粉凝成的，像一圈圈彩带，把大大小小的水池围成各种不同的形状，有像葫芦的，有像镰刀的，有像盘子的，有像莲花的……”	1. 定向导学，培养学生自主学习的能力和独立阅读的习惯。 2. 指导小组合作学习，让学生分享学习的成果，培养学生互相倾听、民主互学的品质。 3. “读、思、议、读”环环相扣，培养学生语文综合素养。

续表

学生活动	教师活动	设计意图
(2) 小组内确定汇报的形式。 3. 全班交流： (1) 小组汇报展示，其他同学注意倾听。 (2) 其他小组或个人可补充意见。	理解比喻句、排比句，展开想象 (4) 适时指导朗读，并理解第三自然段，了解池水颜色的不同。 5. 适时总结：刚才我们从五彩池的数量多，大小不一，形态各异，色彩丰富，还来自同一条溪流感受出了它的神奇。	
活动3（课中）：研读成因：请同学们先默读这段，一边读一边想，找找原因，看看有几个原因？ 1. 自主读文进行勾画。 2. 小组内确定汇报的形式。 3. 全班交流： (1) 小组汇报展示，其他同学注意倾听。 (2) 其他小组或个人可补充意见。	教师出示提示，引导学生找到形成的原因。 (1) 打比方的句子才让我们感受到了池底石笋的高低不平，形态各异。 总结：作者站在藏龙山上，看到这大大小小、满山遍野、形态各异、色彩瑰丽的五彩池，还看到了水中蓝天、白云、远山、近树的倒影，他感慨万千，由衷地说道：“就在人间，不在天上。”（齐读）	训练学生将文本语言内化为自己的语言，积累语言、学会表达。让每一个学生都有开口表达的机会和欲望。
板书设计	13. 五彩池 神奇　数量　漫山遍野 形状　比喻 大小　对比 颜色 成因 就在人间，不在天上	
家庭作业	1. 巩固背诵第二、四自然段。 2. 欣赏像这样优秀的写景的文章。	

七、教学反思

《五彩池》这篇课文用生动形象的语言，采用“总分总”的结构，围绕“五彩池神奇的景象”具体描写了五彩池的数量多、形状多、颜色多，同时又揭示出池水鲜艳多彩的成因，让人不由得叹服大自然的鬼斧神工。因其是一篇选读课文，与课文第一单元主题密切相关，因此在设计上我从第一单元入手，通过课前准备活动，复习旧知，感受美景，从而激发起学生的学习兴趣，因势利导，导入新课。

在教学课文时，我遵循整体—部分—整体的结构去教学。导入新课后引导学生在整体感知的基础上概括出自己的感受，找出文章的题眼——神奇，而后引导学生品读能体现五彩池神奇的句子，通过读一读、品一品、换一换、想一想等方法感受语言文字的美丽，体会作者的思想感情。

1．读一读

阅读教学要“以读为本，以读为主”。在这堂课的教学中，我设计了形式多样的读书活动，如：导入新课的通读，紧扣关键词的品读，结尾的层层引读，“漫山遍野”的三读，体会水池形状各异、五彩斑斓时的配合读，老师的配乐朗读等，让学生在读中感受五彩池的神奇，感受语言文字的美丽。

2．品一品

在教学本文时，我主要抓住重点段落、重点句子、重点词语、重点符号引导学生品读、体味。如：体会数量多时的“漫山遍野、大大小小”，体会形状多时的省略号，体会颜色多时的表示颜色的词，并在学习课文时授之以渔，让学生得法于课内，得益于课外。

3．换一换

在引导学生体会语言的妙用时，换一换是一种很好的方法。如在体会水池的数量多时，我把“大大小小”换成“大小”；在体会水池形状多时，把省略号换成句号，让学生感受到文字、标点背后的含义，从而体会作者用词、用标点的准确。

4．想一想

本文文字优美，运用了比喻、排比等多种修辞手法写出了五彩池的神奇。阅读时，如能把文章所描写的画面再现在脑海里，就能够帮助我们加深对文章内容的理解，也可提高阅读能力和想象能力。如在教学文中重点句子时，我引导学生想象课文所描写的画面，使画面更丰富，仿佛身临其境，真的来到了山上，看到了那美丽、神奇的五彩池，从而欣赏到了形状多样、大小不一、颜色美丽的五彩池，体会到了大自然的神奇、美丽。这样，也就加深了学生对课文内容的理解。

课堂总是有缺憾的。在这堂课的教学中，我还可以在学生自主学习上更大程度的放手，让学生自主学习的积极性更浓，从而使学习变成学生自己的事情。

火星探险

学科：信息技术　　年级：五年级　　执教：李鸿翱

一、教学目标

(1) 知识目标：①学会分析图形并转化为程序设计思路，掌握通过调整机器人马达的速度和时间来影响转弯角度大小的方法。②重点掌握机器人程序编写系统的图形化编程方法。

(2) 能力目标：①培养学生的自主学习能力和综合运用知识的能力。②培养学生的探究学习能力、动手实践能力和创新思维能力。③培养学生的协作学习能力。

(3) 情感目标：①激发学生的学习兴趣，培养学生勇于尝试的精神。②培养学生互帮互助的团队精神。

二、学情分析

机器人作为信息技术教学的内容在小学信息技术教育中出现，会给信息技术教育带来新的内容、新的思考和新的活力。借助智能机器人，学生可以进行多项目的研究性学习。机器人体现的知识的综合性使它不仅会成为程序设计学习的载体，也会成为小学课程整合的新载体。

五年级学生在上学期已经学习过了 Logo 程序语言，已经具备了初步编程的能力。这一课是学生学习机器人的第二课时，在上一课的学习中学生已经初步掌握了机器人编写程序方法和简单调试，指挥机器人完成直线行走的动作。这一课主要是让学生巩固机器人程序编写系统的图形化编程方法，在各种活动中领悟机器人转弯的原理并掌握调整机器人马达的速度和时间来影响转弯角度大小的方法。

三、学案设计

（1）认真学习“机器人直线行走学习任务”微课程，回答以下问题：①如何指挥机器人直线行走？②在调试机器人的时候需要注意哪些？

（2）在小组合作时标出机器人行走的路线并记录左右马达的状态。

四、教学方案设计（见表3-35）

表3-35 《火星探险》教学过程设计表

学生活动	教师活动	设计意图
活动1：初步感知 活动要求： 1. 尝试调试火星探险车从登陆点到采集点； 2. 利用上次活动学习的走直线程序进行修改、调试； 3. 调试的时候注意小车的摆放位置、开关、万向轮等影响小车运行的问题； 4. 注意记录小车运行的状态和程序中马达的设置； 5. 活动时间5分钟。	倾听、协助、搜集典型问题。	通过小组内学习，培养学生合作意识和探究精神，提出问题和目标。
活动2：精确调试 活动要求： 1. 编程调试火星探险车准确地从登陆点到采集点； 2. 调试的时候注意小车的摆放位置、开关、万向轮等影响小车运行的问题； 3. 通过查看学习资源来学习； 4. 活动中用彩笔在地形示意图上把机器人运行的路线记录下来； 5. 活动时间12分钟。	组织、倾听、引导、交流。	了解学生根据图形设计出的不同路线及调试出现的问题。
活动3：大挑战 活动要求： 1. 没有完成任务的小组抓紧时间完成任务； 2. 完成任务的小组指挥机器人绕开胶棒表示的障碍物到达采集点。	巡视、倾听、提供建议。	让有能力的小组挑战更高的任务，体现分层教学思想。

续表

学生活动		教师活动	设计意图
活动4：集体交流，学生谈活动体会		组织、倾听、赞赏。	初步学会表达和交流解决问题的过程和结果。
板书设计	火星探险任务之到达岩石取样点 探险车运行状况　左马达　右马达 直线行走不转弯　正转　正转 向左转　停转或反转　正转 向右转　正转　停转或反转		

五、课时分配

1课时。

六、教学反思：活动带来体验，开放带来创新

这节课是我在参加全国机器人教学展示活动中上的一节课。由于上课的学生是北京当地的学生，而且没有接触过机器人，同时因为时间、空间等因素的制约，学生是不可能通过实际操作来完成机器人第一课时的学习任务的，我只能采用微课程方式录制了二十多分钟的教学视频短片通过北京的信息技术老师播放给学生看。这些不利因素都是我在磨课期间不曾遇到的，在教研员的指导下，把已经成型的教学设计进行了大刀阔斧的修改。从注重学生计算思维的训练到现在注重学生从活动中的体会和感悟，对于我来说是一个新的挑战。从这个挑战的过程中我也感受颇多。

（一）从做中学，获取成功体验

教育研究发现，如果一个人处于自己喜欢的活动中，需要解决的问题又正好符合自己的知识水平，那么学习就会像呼吸一样自然，学习者根本就不会意识到自己在学习。机器人的学习和调试都围绕着进阶式教育思想，目的是让每个学生都能够找到适合自己的起点，从简单的模型开始模仿，或者直接进入复杂的设计，发挥他们的想象力。

获取知识的最佳途径是让学生置身于充满趣味性、挑战性的活动中。学生积极地制作作品的过程，也正是知识在他们大脑中建构的过程，这就是“做中学”。学生在实施机器人项目的自主体验过程中可以培养动手能

力、创新能力、综合能力、协作能力和进取精神等。从策划、设计到制作、测试等一系列的开发过程均由自己亲手完成，可以使他们体会到成就感；体验参加机器人调试时的紧张、激动、成功的心情，可以促使学生继续向具有无限开发潜力的机器人领域进行永无止境的挑战。

（二）从开放活动中展现学生成长的过程

开放式教学提倡多元化教学。信息技术教学历来强调理论联系实际。开放式教学中也不再局促于理论指导实践的常规方法，可以先实践，然后从实践中得出结论，再引出课本理论。这样做的好处是使学生不用死记硬背那些枯燥的理论，而是通过熟练操作，无形中加深对理论的理解。在整个活动中强调学生的感悟，从尝试活动到精确控制，最后到附加活动，层层递进，给学生提出了更高的活动要求。不再以知识的学习为中心，而是以学生能力的提高和活动体验为中心，从这些活动的设计来说就是从封闭或者反封闭的知识学习体系走向了以学生活动的开放活动，极大调动了学生参与活动的热情。

◇研究综述

教学条件与学习活动设计

余国卿

教学条件是影响学习活动设计及实施效果的重要因素。从当下的课堂教学实际来看，起重要作用的教学条件主要是班额、教学时空、工具、设备等。班额大小、时间长短、工具优劣、设备好坏、空间富裕与拥挤等都会直接影响教学效果。近些年来，这诸多条件中，工具的变化最快，对课堂的影响越来越大。有人说工具正在改变世界。以电子产品为代表的现代信息工具也正在改变着课堂教学，翻转课堂正是这一现状的直接体现。在我校研究学习活动设计的过程中，也深切感受到工具的奇妙作用。

网络、电子白板、平板电脑、多媒体等信息工具进入课堂带来了巨大的变化，让课堂学习的资源变得极为丰富，交流变得更为便捷，数据处理更为精确，学习时空不再局限于课堂之内，学生学习和应用现代工具的能力超过老师……这使课堂学习活动设计必须直面这些现实，利用这一变化，促进学生更好地学习。

一、利用网络空间，尽量做好自学

自学是学习中心课堂建设极为重要的活动，在使用传统媒体学习的时候，学生一般是通过教材、教辅资料等纸媒来开展自学，搜集资料比较困难，不能及时与老师、同伴交流。老师的指导活动也仅限于课堂内布置学习任务，提供学习资料，教给学习方法等，而无法做到及时和个性化。使用现代媒体后，传统的学习时空观被打破，学生在家里就可以就自学内容与同学、老师开展及时的交流，也可以通过网络查询各种与学习相关的资源，帮助学习。胡雯老师执教的数学课《有趣的平衡》，李虎老师执教的科学课《地球内部运动引起的变化》都有这样的学习活动安排。老师与学生在武汉教育云平台的班级论坛中发布信息，开展交流，为课堂学习做好了充分的准备。

二、恰当使用现代工具，提高学习活动效能

现代工具在课堂活动中扮演着重要的角色，使用得当会大幅提高活动效能。如典型的操作性学习活动——科学实验，工具的作用就非常大。李虎老师执教的《传热比赛》是一节应用现代工具上好实验课的典型案例。因为传热比赛实验所需要的实验器材很难达到实验要求的精确度，教材中所提供的几种方案都操作烦琐，效果不佳。李虎老师使用了带有传感功能的数字测温仪，控制传热条件的六种传热棒和温控杯，这些工具很快就能帮助学生通过实验去验证自己的猜想，得到的数据非常精确，学习效能显著提高。李英老师执教的《声音的传播》，郭静老师执教的《反冲力》，都是使用工具提升学习效能的典型课例。工具还可以在交往学习活动中发挥重要作用。一是能搭建一个交往讨论的平台，如尹其丽老师执教的语文课《三峡游》，学生利用手中的平板电脑，做好了读书批注，然后发送到每一位同学的平板上，在交流的时候同学们不仅可以通过听，还可以通过看来相互交流，这样的交流效果比单一的听要好很多。李虎老师执教《地球内部运动引起的变化》时组织学生做模拟实验，学生用平板电脑视频记录实验的精彩过程，然后在交流汇报时发送到统一的平台上，同学们就可以一边看视频，一边听伙伴的讲解，也是事半功倍。在一些想象、理解、体验性的活动中，现代工具也能发挥重要作用，如王山丹老师执教的语文课

《五彩池》，学生在赏读美文的时候需要想象五彩池的美景，及时在线搜索或用CAI课件呈现都能帮助学生在想象后去印证自己的想象。

三、正确认识工具的弊端，避免学习活动浅表化或走过场。

现代学习工具走进课堂，如果使用不当，也会产生负面作用。如果学生不动脑大量使用网络搜索解决问题，可能会屏蔽学生的思维，让学习无效。使用工具带来精准的数据处理，可能也会让学生丧失自查自纠的反思经历。过度的读图、查询，可能会减弱文字阅读带给学生的成长快乐。所以工具的使用一定要恰当，要以达成学习目标为己任，要与学习内容相适应。

教学条件还包括教学时间、空间、班额等其他因素，这在我校的研究中涉及不多。如小班化教学带来学习活动的变化，如课程计划中不同学科的课时数，教师对某一教学内容选择的教学时间等都会成为影响学习活动设计的重要因素。

二、主题性学习活动设计及指导策略研究

中低年级数学自学活动设计及指导策略

刘帆

自学是学生靠自己的学习和努力取得成功或掌握技能，是学习的最高境界。我们的教学活动都是为使学生具备自学能力而开展的。中低年级学生年龄小、能力较弱，对于自学活动需要老师的引导和帮助，老师对于自学方法的指导尤为重要。

一、中低年级自学活动设计的基本理念

（1）通过自学，真正实现教学关系的反转，体现学习中心。在现代社会互联网技术越来越发达、普及的大环境下，努力将旧的教学方式中的精华与新的教学方式相互融合，使课堂能焕发出勃勃生机。

（2）充分尊重学生的年龄特点和认知规律。低年级学生的知识储备较少，能力待培养，在自学活动的设计中必须帮扶在前，逐渐放手。更应重

视儿童的情感、思维、生活，因为自学是每个孩子在成长过程中都会经历的过程，他们是有一些生活体验的。

二、中低年级自学活动中的基本学习活动设计

中低年级自学活动并不适合所有课型，它更适合以下两种的课：

第一种是侧重体验和感悟的知识学习。这类知识在学习时，需要学生在课前就有一定的感性知识的体验和积累。否则由于没有体验，会比较茫然，使得学习起来似是而非。例如《米的认识》、《克和千克》等课例。

第二种是与生活息息相关，来源于生活又运用于生活的知识。比如《认识人民币》、《认识钟表》、《平移旋转》、《年月日》等知识的学习，如果脱离了生活的积累和运用，学习是没有效率的。

在中低年级开展自学活动还必须做好必要的学生培训工作。因为这样的学习活动不仅仅需要学生带耳朵，还需要学生带上自己的独特意见和想法。

充分发挥互联网的作用，让学生在网络平台上观看寻找所需内容。比如在《小小设计师》的教学中，首先让学生在家观看事先录好的微视频。让学生通过观察、倾听来了解一些预备知识。然而对于低年级学生来说，要在网络平台上完成这些操作就必须熟练操作电脑。所以我们会在班上先通过白板集体演示操作过程，让孩子初步掌握方法。同时把操作方法，写成详细的文字操作流程发到班级群里，让家长也能了解。这样，学生在操作时就能比较顺利地完成。

另外我们还会要求孩子们把自己收集的资料或自学感受再次上传到公共空间里，这样，学生既能看到自己的作品，也可以看到其他同学收集的资料。

在这样一个过程中，同时也落实了新课标中所提出的“培养学生收集信息、整理信息、分析信息”的能力。

要想自学活动更有效地帮助学生自主学习，首先在布置前置性作业时要做到：

（1）要求清晰、简单明了。明确了要求，学生才能较好的落实自学任务。

（2）难度较低、易于操作。自学任务要让每个孩子都能动手，所以难

度不能大，要让每个孩子都有可以动手动脑的机会。

(3) 内容有趣、发散思维。自学内容的确定一般都是在课堂上不容易掌握的知识，让学生在趣味中学习对于中低年级学生来说是很有必要的。

由于有了自学活动任务，课堂环节的设计也和以往的学习方式有些不同：以往的学习往往是通过复习、新授这样的环节让孩子被动地学习知识，而自学活动可以让孩子在课前就对课堂学习内容有一定的了解。这样孩子在课堂上的学习就更为主动，参与性更高。

在操作中我们需要注意以下几点：

(1) 充分了解学情。根据学生已经查找的资料让学生自己简要地谈自己已有的知识、经验，从而确定教师的教学内容。我们可以通过“你知道什么”“你有哪些困惑”和“你的收获”来帮助学生确定本节课的教学任务。

(2) 给予充分的时间去交流讨论，发现别人与自己的不同之处，从而使得自己的知识结构更加丰富完整。比如在《年月日》的教学中，学生通过课前学习，绝大部分学生都知道判断平年、闰年时要除以 4，有一些孩子知道整百年要除以 400。孩子们通过讨论就逐步了解了在判断平年、闰年时应该是一般年份除以 4，整百年数除以 400。

(3) 要注意创设环节让学生去探讨研究结论的来历。

很多孩子在自学活动时就已经对知识有了结论。我们教师的作用就是让孩子在与伙伴的交流中除了知道结论，更要知道结论的来历，使之知其然更要知其所以然，而不仅仅是硬套结论。

在《年月日》的教学中，通过交流孩子们都知道了什么是平年、闰年。但是平年、闰年的出现是否有规律？有什么规律？孩子们只是知道结论。所以我们又设计让学生去想办法怎样去研究是否有规律。在这个过程中，由于孩子已经有了前置性学习的基础，我们又给他创造了研究的平台让他去思考研究方法和过程。孩子们学习起来就特别有意思，特别主动，效果也特别好。

(4) 及时评价学生的前置性学习内容，鼓励学生多从创新的方面来解决问题。在每次布置了自学作业后，选取一些优秀作业进行展示，并且告诉孩子们为什么这些作业会被老师选出来展示，给孩子们指明前进的方向。这样孩子们每次完成前置性作业就会特别踊跃。

除了多表扬做得认真、及时的孩子，我们也会特别去鼓励那些愿意动脑筋从各个方向去思考问题的孩子。比如在《年月日》的自学作业中，绝大部分孩子找到的资料是“为什么有平年、闰年之分”，但是也有一些孩子思考的角度不一样，他们找到的资料是“为什么二月份天数最少？”“各个月份是怎么确定天数的？”……像这样一些有创新精神的作业，老师就应该大力表扬，使得每个孩子都努力从创新的角度来解决问题。

三、中低年级自学活动教师基本指导策略

自学活动会因为学情不同，教师风格不同，具体操作会有所不同，但是在中低年级数学教学中，还是有一些基本的指导策略的。

（1）整合学科之间课程，在所有学科中学习运用。自学是学生学习活动的最高层次，它的培养不仅仅在数学课堂上要有所体现，在其他各科教学中都应该有所体现。“授人以鱼不如授人以渔”，所有学科学习活动中都教授一些自学的方式、方法，学生才能真正获得自学的方法，并熟练运用于各科学习活动中，举一反三，融会贯通。

（2）在自学活动过程中，培养学生合作意识、收集整理分析信息的能力。学习活动不应仅仅是知识的学习，更是能力的培养。在自学活动中，注重培养学生的能力，让学生在每一次自学活动中都有所受益。

（3）面向全体，让每个孩子在自己的发展区有所发展。自学活动过程中，必须建立较好的班级建设基础。加强教师的指导作用，确保每一个学生在自学活动过程中在自己的发展区有所发展。切实让每个孩子参与自学活动，让每个孩子在自学活动过程中有收获、有成长。

附教学课例1：

小小设计师

学科：数学　　　年级：二年级　　　执教者：刘帆

一、教材解读

《小小设计师》是人教版教材二年级下学期的一节将图形知识与计算知识相结合的“综合与实践”主题活动课。目的是让学生在实践操作活动中，能运用所学过的图形运动的知识，欣赏并创造图案，能用自己的语言描述图形的运动，逐步发展空间观念，感受生活中的数学美，培养创新精神和实践能力。

在第一学段，感受图形运动在生活中的运用，让学生经历动手拼摆图形的过程；在第二学段，通过认识图形在方格纸上的运动后，能绘制出图形各种运动的结果。由此体现出新课程教材逐步拓展、螺旋上升的特点。

二、学情分析

学生已经学习了图形的运动，了解了轴对称图形、平移、旋转的特点，会辨别三种运动。学习了乘法，有余数的除法，知道其意义，会利用所学的知识解决一些生活中的实际问题。学生对利用已有的知识经验来设计图案很有兴趣。

三、目标定位

(1) 是学生能辨认生活中的一些图案是由一个图形经过轴对称、平移等运动得到的。能在正方形中设计图形。并能用所设计的图形通过轴对称、平移等运动创造出自己喜欢的图案。能将多个同样的图案利用图形的运动拼在一起。并会用自己的语言描述图形的运动。

(2) 让学生在经历观察、操作及合作交流的过程中获得用图形的运动设计图案的基本方法。在想象图形运动的过程中发展学生的空间观念。在设计活动中，培养学生的空间想象能力、语言表达能力、与同学的合作交往能力。

(3) 旋转在生活中的广泛应用，感受数学的美，体会数学的价值。通过操作进一步加深对图形的运动特点的理解，利用乘除法的意义解决实际问题，使学生获得丰富的操作经验。

四、教学条件评估

(1) 本内容教学时间为 1 节课：40 分钟。

(2) 教师需要用到电脑、白板、实物投影仪。学生需要将书后的基本图形剪下，同时准备好自己设计的四个基本图形、一张卡纸、胶棒。

五、自学设计

(1) 我们已经学习了哪几种图形的运动，它们各有什么特点？

(2) 剪下课本第 123 页的图形，观看视频，了解什么叫基本图形，按视频中的方法，自己选取一种素材，通过图形的运动拼成一个图案。其他的三个素材留下备用。

（3）准备至少四个基本图形、一张卡纸、胶棒。

六、教学过程设计（见表 3-36）

表 3-36 《小小设计师》教学过程设计表

学生活动	教师活动	设计意图
活动 1：反馈课前预习作业 1. 我们已经学习了哪几种图形的运动，它们各有什么特点？ 2. 欣赏同学们的作品。 3. 小组内互相说一说自己的作品是通过怎样的图形运动而成的。	1. 教师出示一组运动让学生判断这到底是哪种运动？ 2. 在互相欣赏中，互相学习。	通过反馈预习作业，了解学生对于基本图形及运用图形的变化来设计图案的程度。
活动 2：根据已有知识创作出新的图案 1. 确定一种基本图形创造出新的图案，要求创造出图案和书上给出的图案是不一样的。 2. 一边设计一边说一说这个图案是基本图形通过怎样的变化得来的。 3. 将设计出的漂亮图案，贴在正方形纸片上，展示给同学们看，并说一说自己图案是什么？通过怎样的运动得来的。	学生完成作品后，让学生带着自己的作品展示给同学们看，同时说出自己是如何运用图形的运动来设计图案的。	让学生根据所学知识创造新的图案，进一步巩固知识、运用知识。
活动 3：运用操作的直接经验解决实际问题 1. 怎么才能在更大块布上拼出漂亮的图案？ 2. 你知道接下来一块会是什么图案么？ 3. 拼了三块图形，用了多少个小的基本图形？ 4. 33 个基本图形，能拼成多少个图形？还剩几个？	引导学生发现基本图形也可以是拼成的图形。这样会更快更方便地拼出大块的图案。	通过这几个问题帮助学生将所学的乘法、除法以及推理知识运用到解决生活的实际问题当中。
活动 4：个人独立设计图案 1. 欣赏各种漂亮的作品。 2. 独立运用自己准备的基本图形，设计出漂亮的图案。	引导学生认真观察图案，并帮助学生形成表象，完成设计。	通过独立创作让孩子更加熟练地运用所学知识完成设计。

续表

<table>
<tr><th>学生活动</th><th>教师活动</th><th>设计意图</th></tr>
<tr><td colspan="1">活动5：说一说这节课中记忆最深刻的部分（自我反思）</td><td>归纳总结。</td><td>帮助学生梳理本节课所学内容，归纳总结。</td></tr>
<tr><td>板书设计</td><td colspan="2">小小设计师
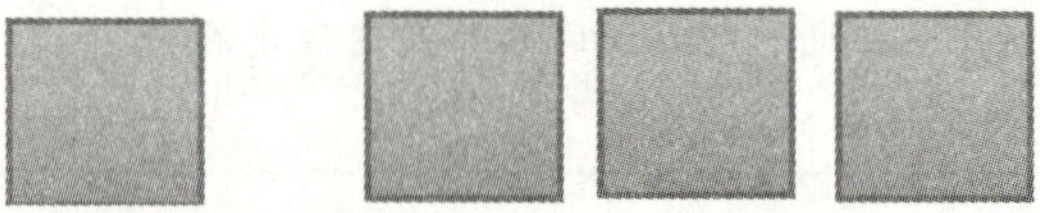
平移　旋转　轴对称</td></tr>
<tr><td>家庭作业</td><td colspan="2">运用今天所学知识，设计小报的边框。</td></tr>
</table>

七、教学反思

本节课，我通过五个活动来实现教学目标。首先是汇报预习收获，了解学生预习效果，然后及时根据学生的预习情况调整课堂内容。在班级上课时，我就发现很多孩子知道这些图案是通过平移、旋转得来的，但是对于什么是基本图形不够清晰，所以我在课堂上重新播放了视频，巩固预习中的知识。第二个活动是通过让学生创造新的图形来巩固和运用知识的过程，学生通过第一个活动的解说，基本了解了基本图形可以通过平移、旋转、轴对称等方式创造出漂亮的图案，从而创造出更多的图案，并再次边展示边叙述自己的方法，为活动三奠定了基础。第三个活动的设计是让学生通过活动感受基本图形（也可以是拼成的图形）。这样会更快更方便地拼出大块的图案。并在这个活动中将乘法、有余数的除法等知识运用其中。让学生在活动中综合运用所学知识，将知识与技能融合运用。第四个活动是让孩子利用自己准备的基本图形创造漂亮的图案。在这个活动中，很多孩子的设计不仅仅运用一种运动方式设计图案，设计出来的图案精彩缤纷各有特色。第五个活动是让学生说自己的收获，进行课堂小结。学生纷纷展示了自己的作品，表示自己在课上的收获，特别兴奋。整节课我都以活动贯穿始终，学生从带着任务进课堂到带着作品出教室，整个过程都积极参与其中，学得快乐有目标。

附教学课例 2：

可能性

学科：数学　　　年级：三年级　　　执教者：张璐

一、教材解读

《可能性》一课是数学教材第六册第八单元的内容，本课的教学目标是"学生初步体验有些事件的发生是确定的，有些则是不确定的"，让学生初步感受、体会概率知识存在于日常生活中。对小学生来说，他们学习的概率知识主要是以直观为主。在教学时，要让学生多观察多实验，亲自实践、体验，在游戏中获得确定性和不确定性的直观感受。从而获得有用的概率基础知识，用来解释生活现象，为全面地分析问题与做出一些简单的判断和推理奠定基础。

二、学情分析

三年级学生已经有了一些初步的判断和推理能力，对于生活中事件发生的概率有较丰富的经验，但对于生活事件的归纳和抽象能力还有待提高。

三、目标定位

（1）通过游戏、试验，初步感受事件的可能性。

（2）通过小组合作的方式，经历实验、猜测、验证等数学活动过程，有条理地推理、分析事件的可能性。

（3）通过主动参与数学活动，在活动中获得积极情感体验，培养学生的合作意识和动手操作能力。

四、教学条件评估

（1）教学时间：1 课时。

（2）教学设备：PPT 课件。

五、自学设计（无）

六、教学过程设计（见表 3-37）

表 3-37 《可能性》教学过程设计表

教学过程		
学生活动	教师活动	设计意图
活动 1：击鼓传花 1. 明确游戏规则：花落谁手，谁抽签表演节目（三选一）。 2. 你想表演什么？ 3. 反思游戏过程：花落谁家、表演什么等问题能够事前确定？	1. 介绍游戏规则。 2. 游戏组织。 3. 引导数学思考。	通过组织学生非常熟悉的“击鼓传花”游戏，引导学生透过生活表象进行数学思考，初步感受事件的确定与不确定性。
活动 2：摸球游戏，感受事件发生的确定与不确定性——例 1 1. 学生猜测游戏结果。 2. 小组合作，进行摸球游戏。 3. 对游戏结果进行反思。	1. 引发对事件可能性的思考。 2. 小组摸球游戏时巡视、倾听、引导。 3. 组织全班交流，适时点拨、串联、板书。	使学生在“游戏—猜测—体验—推想—验证”的过程中，进一步感受事件发生的可能性。
活动 3：用“一定”“可能”“不可能”描述、判断事件的可能性——例 2 1. 以小组为单位，对生活事件进行“可能性”的判断。 2. 用“一定”“可能”“不可能”描述生活中的现象。	1. 巡查小组合作情况，做好反馈记载。 2. 倾听学生发言，搜集典型问题。 3. 组织全班交流，适时点拨、串联、板书。	将学生的生活经验“数学化”，帮助学生进一步判断生活事件的“可能性”，同时感受数学与生活的紧密联系。
活动 4：说一说、猜一猜、画一画 1. 独立完成活动项目。 2. 小组交流活动结果。 3. 全班交流。	全班组织交流、点评。	调动各感官参与活动项目，引导学生用数学的眼光观察生活，培养学生数学思想方法。
活动 5：回顾与反思	倾听、点评。	通过汇报点评，梳理学习方法，激发学生继续学习的兴趣。
板书设计	可能性 一定 可能　　不可能	

七、教学反思

新一轮的课程改革，使教师的教育教学理念发生了新的变化，然而欣喜之余却也折射出一些隐忧：学生肢体的活跃代替了思维的活跃，课堂上形式的热闹掩盖了教学的本质，数学课因为片面追求生活化、活动化而变得华而不实。在教学实践中不同程度地出现“数学味儿”缺失的现象。如何把简单的数学内容上活、上出数学味儿？让浅显的内容变得深刻，让简单的思维灵动起来，我一直在思索着这些问题。

“可能性”是实验教材中出现的一个全新的教学内容，属于“统计与概率”这一知识领域的“概率”范畴，由于概率知识比较抽象，小学生理解起来有一定的困难。所以，在教学本节课时，主要是以直观的内容为主，创造性地使用教材资源，合理运用教学方法，充分发挥多媒体辅助教学的优势，营造生动活泼的学习氛围，使学生始终充满信心、充满激情地学习数学。不仅如此，教学中，我还用饱满的热情、生动的语言、形象的活动材料、富有趣味化的活动形式，为学生创设了独立思考、自我体验、自我探索、合作交流的学习情境，使得教学过程始终民主、平等、宽松、愉快。纵观本节课的教学，主要有以下几个特色：

（一）“做中学”，感受“大学问”

“给受教育者更多的实践与动手机会，让他们在做中学”，是课改实施方案的一项基本原则。“做”是一种直接体验，是学生学习的一条重要渠道，通过直接体验，促使学生对抽象的、理性的知识有切身的感受，而这种感受将成为学生认识的基础。

1.“做”游戏，使学生感受事件的可能性

在开课之前，我和学生一起玩“击鼓传花”的游戏，看似一个无意识的课前谈话活动，实际上却孕伏着教学契机，使学生对事件发生的可能性有一个初步的感知，同时感受数学与生活的密切联系。

2.“做”试验，使学生感受随机事件

“做中学”这一课改基本原则认为教学过程的本质是学生的学习过程。教师设计、组织、实施教学活动，着眼点不仅限于知识的传承，更是为学生的“做”服务，在为学生的学习创造条件，使学生在“做”的尝试中学会“做”的方法，养成“做”的习惯，从而实现促进学生全面发展的目标。

在学生对摸球的结果进行了一些预测和分析以后，组织学生在小组里真正地进行摸球游戏，引导学生感受当盒子里既有白球也有黄球时，摸球的结果既有可能是黄球也有可能是白球，进一步感受事件发生的可能性。这样，整个教学过程就成为“游戏—猜测—体验—推想—验证”的活动过程，使学生在活动中亲历数学，体验数学。

（二）“生活中学”，感受数学的价值

“数学来源于生活，又运用于生活。”生活是我们数学资源开发的宝库，能利用好生活经验是学好数学的前提。“一定”、“可能”、“不可能”是三个比较抽象的概念，为了帮助学生更好地理解，整个教学过程始终紧密联系学生的生活实际，为学生创设了生活化的数学情境。其实生活中有关事件发生可能性的现象很多，学生在正式学习之前已经有了很丰富的生活经验，于是在教学时我设计了让学生判断生活中的一些现象哪些是一定会发生的、哪些是可能会发生的还是不可能发生的，并且让他们结合自己实际的生活经验用“一定”、“可能”、“不可能”说一说自己身边的现象，使学生进一步感受数学与生活的密切联系，学生学习兴趣浓厚。我想当数学与生活携手共进的时候，我们的数学也就拥有了活力、拥有了生机。

（三）“思中学”，培养数学思想

新课程标准提出学生的数学学习活动应当是一个生动活泼的、主动的和富有个性的过程。数学思想方法是一种基于数学知识又高于数学知识的隐形数学知识，因此需要为学生设计一些生动、有趣的数学活动，在活动中展开观察、操作、实验、猜测、推理与交流，充分感受数学思想方法的奇妙与作用。在巩固运用阶段，我设计了“猜一猜”的游戏，已知的4张牌翻过去并打乱顺序，让学生猜一猜每张牌可能是什么？猜第一张时，学生发现它有四种可能，第二张时就发现只剩下三种可能，因为第一张已经确定了，它就不可能和第一张一样……直到最后一张能确定它是什么了。学生在猜测的过程中感受到“一定”、“可能”、“不可能”事件在不同的前提条件下是可以相互转化的，而且随着猜测的深入，确定的条件在增加，剩下的每张牌可能的范围就在逐渐缩小，学生们对可能性的感受就更加深入。教学不能只是传授一种知识、表达一种形式，而应该重视数学核心的教学，既让学生去经历一些现实的、富有挑战性的问题，让其面临“心求通而未能，口欲言而弗达”的“悱愤”状态，去解决问题，去理解、感受数学思想和观念、过程和方法，去发展数学思考。

（四）“快乐中学”，体验学习的乐趣

情感态度与自信心作为数学教育的目标之一，在学生的数学学习中起着非常重要的作用。在这节课中我尽量减少教师的语言，力求每句话、每个评价都起到画龙点睛的作用，尤其是对学生的情感投入起到积极的激励作用。如“同学们真了不起”、“你的推想能力太厉害了”、“你的发言太精彩了”等。既有对学生基础知识和基本技能的理解和掌握的评价，也有对学生发现和解决问题能力的评价，更重要的是有对学生学习情感的评价。比如学生列举生活中的可能性现象时，老师适时适地引导和激励，并增加了一些趣味知识，使得学生情不自禁地主动参与到数学活动中来，同时也一次次体验到成功的愉悦和教师的魅力。

教育也是有缺憾的艺术，在这节课中学生对事件的确定与不确定性虽然已经有了非常深刻的感受和体验，但当判断一个事件时，他们会直观地去判断是“一定”，“不可能”，还是“可能”发生，如果能先从确不确定来入手，不确定就是有可能发生，结果确定的，再来判断是“不可能”还是“可能”，更能体现出思维的层次性。

附教学课例 3：

统计

学科：数学　　　年级：二年级　　　执教：代婕

一、教学目标

1. 使学生进一步认识条形统计图和统计表，会用正确的方法进行数据收集，会用一格表示两个单位的方法画条形统计图。

2. 在统计的过程中，锻炼收集、处理、分析、总结数据和信息的能力，并能根据条形统计图表中的数据提出并回答简单的问题。

3. 运用信息技术手段，反馈答题情况。感受生活中处处有统计，统计知识的拓展。

二、学情分析

一年级学生曾学习过统计，基本理解了统计的知识，知道一个格子表示一个单位，会分析统计图、表。本学期的学习当统计遇到更大数据时，会用一格表示两个单位的方法来解决生活中的问题。在学习习惯和心理特征上分析，小学低年级的数学教学中经常会遇到学生差异性的问题：学生入学的起点不同，有些学生的数感基础较好，而有些学生的数感基础较差。加上这一年龄段的学生学习习惯不同，学习兴趣或高或低，主动参与学习的热情有待提高，这就要求教师采取适当的方法培养学生的数学学习习惯和兴趣，促进学生数学能力的提高。一对一数学化环境具有的个性化、移动性等特点比较适合小学低年级学生的需要。

三、学案设计

1. 认真阅读书课本第94～97页的内容，查找相关资料，回答以下问题：①生活中哪些地方运用统计的方法，如何绘制统计图、表？②通过以前学过的统计图，如何分析？

2. 预习课本第94页例1，你准备怎么收集相关数据并进行分析，如何用学过的统计知识来解决生活中的问题。

四、教学方案设计（见表3-38）

表3-38　《统计》教学过程设计表

学生活动	教师活动	设计意图
活动1：引出今天学习的主题，学生小组内讨论学过的记录的方法用哪些，并且确定方法进行记录。	倾听、协助、了解学生喜欢的方法。	通过小组内部学习培养学生合作意识和探究精神，激发学生学习兴趣。
活动2：小组研究当碰到一个格子表示一个单位不够的时候怎么办？ 学生以小组为单位提出各自的想法，并探索出比较好的办法是什么。	巡视、倾听、提供建议。	让学生学会运用一格表示两个单位的方法用统计图表示数据。
活动3：学生做统计练习、反馈，小组交流答题情况，找出问题，共同解决问题。	组织、倾听、赞赏、反馈学生作品。	初步学会表达和交流解决问题的过程和结果。

续表

学生活动	教师活动	设计意图
活动 4：选择自己最喜欢的卡通片，并且根据统计结果提出问题并解答。研究当出现单数情况时如何用一个格子表示两个单位来表示。	引发学生思考，反馈学生答案，组织研究。	根据生活实际收集信息、处理信息、解决问题。
板书设计	统计 小猫　小狗　小兔子　小乌龟　正 记录 人数	

五、课时分配

1 课时。

六、教学反思：乘载信息化快车　走高效课堂之路

断断续续在信息化整合课堂之路上走了接近 10 年，从初期的“课程整合”将课堂搬到了电脑室，到电子白板进课堂给教学方式提供了变革，但真正进入电子白板与“一对一”课堂融合发展的时候，我认为信息技术与课程整合才真正进入良性发展的轨道。在这样的课堂里老师不用准备很多的教具，学生不用准备很多的书本，老师一台教师机，学生一台上网本，教室一个电子白板，再配套上教师系统软件，于是一切尽在掌控中。于是我作为实验老师幸运地乘载上了这辆快车，踏上了为优化课堂教学为目的的道路。

（一）师生个性化学习

1. 寻找资源，自主学习

个性化自主学习必须有丰富的学习资源作为支撑。我们使用的人教版数字化资源包为学生在个性化自主学习中提供了丰富的信息，可以启发学生解决问题的思路，同时扩大视野、提高兴趣。

本节课在学生用统计知识解决生活中的问题时，学生可以自主打开电子书包，电子书包是孩子们学习的好帮手，孩子们只要拥有自己的用户名和密码随时可以登录进行学习，不用将重重的书包每天背到学校，在我校“一对一”实验班中落实后得到了家长的认可、学生的欢迎。电子书包还有

己提交答案后反馈的功能，也大大减轻了老师批改作业的繁重工作。在实验班的各门学科中老师们广泛采用，取得了较好的效果。这一工具的使用也为孩子们的学习提供了更为广阔的空间。

2. 课堂自由，思路飞扬

在一对一数字化环境下，学生的交流维度得到了扩展，课堂自由度比较大。

传统的统计教学中，一节课往往只能进行两个例题的教学，因为收集全班数据无论是用举手投票的方法，还是用纸写字再一个个记录，或用小组合作记录后再全班汇总的方法都需要10分钟左右才能完成，然后就是学生根据数据要非常细致的填图，一个个填满不出格也需要大约10分钟的时间，就是这个简单重复的机械劳动却要占用大量的课堂时间，这样一来学生分析数据的时间就要少很多了，更不谈巩固练习。一个简单的统计课往往要一周才能将练习做完，特别是碰到班级人数多那统计起来就更麻烦，而且不准确。大家都在尝试有没有新型的统计数据的方法。但在网络环境下这一问题就迎刃而解，这种创设了一个调查全校数据的情景，如果再用传统方法将无法解决，于是利用网络进行收集、分析、处理和计算的能力将数据汇总在一块，让学生在学会用传统统计方法的基础上，了解如何在短时间内准确又快速地收集到较大数据的方法。并且利用随机收集数据的方法，产生一格表示两个单位的情况下碰到单数该如何画统计图的这一矛盾冲突，使统计生活化、自然化，激发学生探究的欲望。

（二）交互性让教学更“自由”

“该出手时就出手”，这应该是我觉得在使用电子白板时的感受。一切以是否优化了课堂教学目标的实现为评价标准，而交互式电子白板的问世，为整合课堂、实现这样的理念提供了一个有效的平台。

交互式电子白板能实现投影展示、屏幕标注、白板书写、操作电脑四位一体。由于电子白板有书写的功能，从而取代了传统的黑板，从保护环境和教师的身体健康方面来说是有益的。

1. 备课简，沟通畅

由于交互式电子白板可以同时进行多种模式转换，可以进行投影展示、屏幕标注、白板书写、电脑四位一体操作，教师课前备课减少很多工作量，所用的材料不一定都要做成传统的PPT形式，各种形式的材料都可以得到有效使用，不像传统的课件做好以后修改不方便。如果课堂上老师发现课件有错误的地方或制作不完美的地方，在上课时就可以及时改正，甚至可以让学生动手参与其中。课堂上老师、学生还可以即时发挥制作课件。

在《统计》一课中在分析2号作业纸时用白板遮罩的功能突出表格的某一部分，再一部分一部分地分开来学习，用遮罩功能使表格分析起来更清晰，不受旁边信息的干扰，学生学习起来更轻松。

教师上课时不必在电脑与屏幕之间走来走去。对课件、展示内容的注释、标识能引起与学生对重要部分的注意，加深学生对所学内容的认知和记忆。用白板笔写下一格表示“2个人”，白板随时进行记录的功能使教学效率更高。在分析统计图时用白板笔进行圈点，在比较统计图高矮时可运用白板里直尺的功能，对应格子进行比较。

在学生熟练掌握填图方法后，尝试让学生来做示范，白板的使用激发了学生学习的兴趣，学生来当小老师上台教其他同学一块来使用，规范的操作让我们看到信息技术的变革给孩子们带来学习方式的改革，真是无法比拟的。

2. 标注清，反馈明

以学生为中心的课堂教学设计。当教师不仅可以熟练使用交互白板的各种功能，而且已经开始有意识地将白板所带有的交互能力融入自己的教学设计理念中，并能够将已有资源和自主设计的白板资源整合进自己的课堂教学中。学生根据统计好的数据仔细分析，找到了单数可以用半格表示的方法，在表格中按照自己的想法自由画图，体现了学习的多样性，将课堂主体交给了学生，特别是在反馈中充分发现每个学生的优缺点，再进行分析汇总。老师用教师系统可以自由选择学生的作品演示，传统教学中难以实现的方式运用信息化手段很容易就展示了，特别是白板笔的随意勾画让分析更清楚，老师驾驭起来更随心所欲。

低年级数学教学小组学习活动设计及指导策略

张秀萍

《数学课程标准》中指出：“教师应激发学生的学习积极性，向学生提供充分从事教学活动的机会，帮助他们在自主探索和合作交流的过程中真正理解和掌握基本的数学知识与技能、数学思想和方法，获得广泛的数学活动经验。”新课程标准把“自主探究、合作交流”提到一个前所未有的高度，成为本次课程改革积极倡导的学习方式之一。我们学校倡导的伙伴学习，有利于学生的自主性和创造性的发挥，有利于学生之间的合作与交流，使教学过程不仅成为认识过程，而且成为交往过程和发展过程。

一、低年级数学伙伴学习的必备条件

（一）伙伴关系的建立

首先是伙伴关系的建立，在小学阶段这种伙伴关系主要是以小组形式呈现。在低年级我们不能期待学生自发地建立这种关系，开始应该是由老师指定。我们在实施时，还发现最初的伙伴关系在同位之间比较容易建立。因此，对刚入学不久的一年级新生，我们在课堂上常常让同位的两个学生互相说一说、比一比、查一查……还进行黄金搭档的评比。学生喜欢也能很好地建立这种伙伴关系。

当学生学会了在两个之间的合作和交流后，我们再将伙伴人数扩展到4人。2人到4人的变化，不仅是人数的增加，更是学生合作、交流、组织协调能力的巨大挑战。我们发现2个人的交流合作学生还能做到有条有理，但进入4人小组后，学生常常会陷入一片混乱，要么各说各话，要么沉默不语，学习效率反而下降了。这就是俗话所说的：“鸟无头不飞，兵无将不勇。”没有组长的组织和指挥，小组只是徒有其名，小组成员或迟疑不动，或盲目行动，不能进行较好地合作。况且低年级学生自制力较差，好动、贪玩，没有一个良好的合作氛围，就会导致课堂纪律的散漫，教学效率事倍功半。因此，选拔一个组长至关重要。当然，小组的其他成员也要做细致地分工，如记录员、汇报员或辩论员等。这样每一个学生在不同角色中承担一定的责任并获得不同方面的发展。另外，包括组长在内的小组成员的分工要定期轮换，以便使每个学生得到多方面的发展。

（二）培养良好的合作学习的习惯

我们在小学低年级开展小组伙伴学习常常会感到困惑。如低年级孩子只关注自己的学习，对同学的学习漠不关心。在4人小组中总会发现一两个孩子包揽所有工作，其余的学生并没有真正地进入到学习活动中。低年级开展小组学习时，没有老师的积极引导，他们是不会主动去关照、帮助或回应别人的。所以在低年级教师要将很大一部分精力放在对学生良好的合作、交流习惯的培养上。我认为在小组合作中，应注重从四个方面培养学生良好的学习习惯：

1. 学会倾听

小组成员必须要听清老师布置的任务，听懂组长对小组分工的要求，听明白其他同学的发言，同时也要听得了表扬之词，听得进批评之言。

2. 学会质疑

在小组活动中，在肯定别人的优点的时候，还要敢于质疑。如果有疑问，应立即追问为什么，而不要害羞，默不作声；有不同见解和意见，要敢于提出，大胆质疑；想到了同学们没想到的、没说完的，要勇于补充。因此学会质疑，对于促使学生深入探究问题、掌握学习规律，以及学生的自我提高，都起着不可估量的作用。

3. 学会表达

在合作学习中常常会出现一些“小老师”、“小权威”，他们发言的机会较多，相对的有些同学发言机会较少。为此，教师更多的是要调动发言机会少的学生的参与欲望，培养他们敢说的勇气，小组讨论交流时要把一些简单易懂的问题让他们说，并给予肯定和鼓励，使他们也有表现自我和获得成功的机会。

4. 学会遵守组织纪律

小组学习虽然人数不多，但也必须在一定的组织纪律约束下进行的，要避免不必要的吵闹和争论。通过一定的纪律约束，让学生在合作中“活而不乱”。

二、伙伴学习常见的问题

将伙伴式学习引入数学课堂教学中的最初，由于我们缺乏对伙伴学习的正确把握和冷静、理智的思考，伙伴学习往往停留在表面形式。常见的问题有：

(1) 小组的伙伴学习不具备合作的向心力和倾向性，成为课堂教学的“摆设”，小组学习简单化、形式化。

(2) 教师采用小组策略准备不足，有很大的随意性和盲目性，课堂秩序混乱。

（3）小组分工不明确，学优生在小组中处于主宰地位，学困生处于从属或被忽略的地位。

（4）小组学习的任务过于简单或所讨论的问题没有思考性、启发性、探索性，学生没有讨论的兴趣，浪费教学时间，教学效率事倍功半。

纵观以上现象，我们可以看到一些小组伙伴学习只是流于形式，伙伴关系并没有真正建立。所以小组合作学习需要老师的精心设计，在实施策略上教师还要进一步探究。

三、小组伙伴学习的实施策略

（一）选择恰当时机是小组伙伴学习的保证

小组伙伴学习是课堂教学中的一种方式，而不是教学方法的全部，并非任何时候都需要小组的合作交流，不能为了合作而合作。有的问题很浅显，答案直白得一眼就可以看出来，还需要小组合作探究吗？小组伙伴学习有利于集思广益，优势互补，但如果过于频繁，就会适得其反。“好钢还要用到刀刃上”，那么究竟什么时候需要小组伙伴的合作探究呢？我们认为：要根据学生的学习状况，合理设置小组伙伴学习的环节。要考虑这个环节要解决的问题、要达到的目的，务必通过小组伙伴学习的方式才能最佳达成，才设置这个环节。以下是我总结出的适合开展小组伙伴学习的几种情况：

1. 研究开放性问题时开展小组讨论交流

新教材的编写，具有一定的开放性和创造性。许多数学问题的答案是多样化的，而学生考虑问题比较单一，往往想不到多种答案，这时教师可以采用小组讨论交流。比如：在一年级数学第一册第25页计算4＋1＝?，在教学的时候我就以“4人学习小组”为单位，引导学生交流各自的算法。有的学生说我是掰手指1、2、3、4、5数的；有的说我是从4开始，再往下数一个数（4、5）；还有的学生是利用数的组成知识得出4＋1＝5。我肯定了学生的三种不同算法都是正确的，然后再引导学生讨论：这几种算法中哪种最简便？使学生认识到利用数的组成知识来算比较简便。通过这个实例可以看出，新教材中蕴涵着丰富的数学思想，解决问题时有不同策略和不同层次的方法，通过小组讨论交流，可以使学生迸发出意想不到的创新火花。

2. 研究较为复杂的问题时，开展小组分工合作

数学学习有时需要学生从大量的具体事例或数据中分析、比较，从而归纳出结论。这时我们可以组织学生通过分工合作更高效地完成任务，达成学习目的。如我在教学一年级下册的“摆一摆，想一想”这一课时，学生需要从用2个圆片、3个圆片、4个圆片、5个圆片……分别在数位表（只有个位和十位）中摆出不同的两位数，进而发现摆出的数和圆片数之间的关系以及其他规律。如果有学生独自一人完成，操作和研究的工作量太大，教学时间不够，同时学生会产生厌烦情绪。于是，我在学生独立完成2个圆片的探究后，就将剩下的任务布置给小组，让小组成员以领取任务卡的形式分工合作。每人完成自己研究的那一部分后（如用3个圆片摆数），再向小组长汇报，小组长将大家摆出的数记录在一张总表上，便于大家观察研究。这样的分工合作活动大大减少了每个学生的重复劳动，提高了单位时间内的学习效率，同时也给学生留下更大的探究空间。

数学学习中还有很多操作性较强，但一个人又往往无法完成的内容。如在一年级上册《认识钟表》一课中，要让学生观察分针运动方式和时针运动方式的关系，需要学生操作钟表上的旋钮，又要学生观察钟表上的指针。而学生由于年龄小往往顾此失彼，所以我在此安排了小组合作学习，让一人负责拨钟，其他同学观察针的运动方向和轨迹，接着交换任务再做一遍。两次观察后讨论得出结论：分针走一圈，时针走了一大格。这样的合作学习，克服了学生一人能力不足的局限，给学生创造了更大的学习空间。比起由老师拨钟、学生看，学生的自主性大大提升，学习的兴趣更浓。

（二）用多种方法提高小组伙伴学习的效率

1. 任务驱动，促进目标达成

在伙伴式的课堂上，我们应该经常将学习的内容设计成各种任务，用任务驱动的方式，促进学生之间的伙伴关系。

2. 开展伙伴互相评价、互相鼓励、互相学习

其实学生之间的评价和鼓励，往往比老师的一言堂更有效。所以课堂上，我尽量让学生互评，如小组中一个人发言后，下一个人一定要先评一评前一个同学的发言，再说自己的想法。这样人人都要认真倾听别人的发

言，评价和被评价的同学也都产生了相互学习的行为。长期这样，学生就能养成向伙伴学习的习惯。再如一个小组汇报之后，下一个小组的代表也要先评一评前者的优点，再针对不足之处进行补充发言。例如在“摆一摆，想一想”这节课中，一个小组的学生汇报3个圆能摆哪些数后，另一个小组的代表首先肯定了前面这个小组能将所有能摆的数摆全，但同时能指出他们没有按照一定的顺序来摆，有些乱，这样容易出现遗漏。接着他们演示了自己小组的摆法（先将所有圆放在个位上，然后个位上的圆依次减一，十位上的圆依次加一）。其他小组的学生则针对以上的摆法进行了比较评价，同时提出了其他有顺序的摆法。这节课在这里产生了第一次热烈的讨论，可以看出学生们身上发生了有效的学习活动。组与组之间形成了相互学习、相互鼓励的良性竞争关系，这也就是一种伙伴学习的关系。

3．故意示错，引起争论

在课堂教学中，我经常根据教材内容的难点或学生容易出错误的地方，故意出示错误，引导学生去探究，让学生来纠正，利用学生的好胜心激发学习兴趣。

附教学课例：

摆一摆，想一想

学科：数学　　年级：一年级　　执教者：张秀萍

一、教材解读

本课是新课标人教版一年级下册第四单元“100以内数的认识”中的一节“综合与实践”主题活动课。通过让学生把一定数量的圆片分别摆在数位表的十位和个位上，得到不同的数的活动过程，巩固学生对100以内数的认识，体验位值思想。同时，让学生发现其中的规律，并利用发现的规律解决一些简单的问题。此外，在活动中还渗透了一些统计的内容。可以看出，这是一节综合性很强的活动课，可以很好地培养学生的形象思维和抽象思维能力。

教材中呈现了多个学生活动的场景：用2个圆片摆一摆；用3个圆片摆一摆；用4、5个圆片摆一摆；最后直接说出用9个圆片能摆出的数及其个数。而在第 2 个和第 3 个活动中两次提问："你们发现了什么?"从教材的这种呈现方式中，我们可以体会出本次活动主要分为以下四个层次：第一个层次是用 2 个圆片摆出不同的数，并能把摆出的数记录下来。通过这个层次的探索操作，让学生直观地体会到每个圆片摆在不同的位置上就表示不同的数，初步感受"位值"思想，加深对数位的理解。第二个层次是用 3 个圆片摆出不同的数，并要求学生有所发现。通过这个层次的探索操作，学生进一步感受"位值"思想，感受所摆出的数之间的关系，学会有序思考的方法。第三个层次是让学生用 4 个、5 个乃至更多的圆片摆出不同的数。这个层次的重点在于让学生进一步体会有序思考的价值，并发现圆片的个数与所摆出的数的个数之间的关系及其他规律。第四个层次是让学生直接说出用 9 个圆片能摆出的数及其个数。这个层次是要求学生根据前面活动中发现并归纳出的规律和方法来解决问题。这体现了新的数学课程标准中对学生发现规律和运用规律能力的强化，也是这节活动课的重要内容。

二、学情分析

本节活动课，是在学生已经认识了 100 以内的数，理解十位和个位上的数所表示的含义，并且有过在计数器上用不同的珠子表示数的活动经验的基础上开展的。因此，绝大部分学生能够独立地用几个圆片在数位表中摆出不同的数。但是，由于学生思维习惯和思维水平存在的差异，他们任务的达成程度也会有很大的差异。有的孩子摆圆片时会想到哪种摆哪种，缺乏思考的顺序，往往会出现遗漏和重复。有的孩子则因为在学习 10 以内数的组成和整理 20 以内加、减法表的学习活动中，有过按顺序操作学具和整理算式的学习经验，形成了有序思考的习惯。并且能将这些经验迁移到本次活动中，会有顺序地摆放圆片，从而能不重复、不遗漏地摆出所有的数。因此，教师可以让学生在独立操作探究后再引导学生在小组中交流、比较各自方法的优劣，体现有序思考的优势。

另外，低年级学生好动，喜欢操作性较强的数学活动，所以一开课学生会被这节课的内容所吸引。但是由于几次的操作内容很接近，难度变化不大，学生往往会在第一个和第二个活动结束后就认为自己已经掌握了方法，对后面的活动兴趣不大。从而失去进一步探索和发现的动力，对规律的观察比较粗浅，浅尝辄止。同时，低年级孩子发现规律和方法后，总结和概括的能力还比较弱，会出现词不达意的现象，需要老师的引导和帮助。

三、目标定位

（1）通过在数位表上摆圆片的活动，加深学生对100以内数的认识，进一步巩固数位和位置的概念。

（2）通过探究圆片个数与所摆出的数的个数之间的关系，使学生学会发现规律，并能用发现的规律解决一些简单的问题，初步培养学生的归纳能力。

（3）使学生在自主探索中体会有序思考的重要性，在合作交流中养成倾听、有条理地表达想法的习惯和意识，感受数学的“好玩”，喜欢数学并愿意学习数学。

四、教学条件评估

本课教时40分钟，在普通教室即可。学生需要准备数位表和5个圆片。

教师需要准备数位表、磁力扣、课件、实物展台。为了方便学生记录和统计自己摆出的方法和个数，教师设计了操作记录表和小组汇总表，课前下发到各学习小组。

五、教学过程设计（见表3-39）

表3-39 《摆一摆，想一想》教学过程设计表

学生活动	教师活动	设计意图
活动1：用1个圆片表示数，初步感受位值思想。 每个学生利用1个圆片和数位表表示出不同的数？(1和10) 一名学生上台展示并说明自己的方法：1个圆片放在十位表示1个10，放在个位表示1个1。 学生提出问题： 1. 用2个圆片能摆出几个数？3个圆片呢？5个呢？100个呢？ 2. 按什么方法（顺序）摆比较好？ 3. 其中有什么规律吗？	变魔术，变出一个圆片。 提问：用1个圆片和这张数位表，你能变出什么数？ 提问：为什么？同一个圆，有的同学变出了1，有的同学变出了10？ 总结：这个圆片真神奇！大家用它一下子变出了1和10两个不同的数。 出示更多的圆片。	让学生体会到同一圆片放在不同的数位上表示的意义就不一样。

续表

<table>
<tr><th>学生活动</th><th>教师活动</th><th>设计意图</th></tr>
<tr>
<td>活动2：用2个圆片表示数，进一步感受“位值”思想。
每个学生尝试用2个圆片能摆出哪些数？比一比谁摆得多，摆得快？
请最先完成的学生在黑板上演示，请另一名学生将他的摆法和表示出的数记录在一张表格中。
<table>
<tr><th>十位</th><th>个位</th><th>表示的数</th></tr>
<tr><td>○○</td><td></td><td>20</td></tr>
<tr><td></td><td>○○</td><td>2</td></tr>
<tr><td>○</td><td>○</td><td>11</td></tr>
</table>
活动3：用3、4、5个圆表示数，在操作中感受有序思考的重要性。
1. 小组分工合作。
(1) 每组有4张任务卡，每人选一张完成。
分别完成以下任务：
任务①用3个圆片能摆出哪些数？摆一摆、填一填。
任务②用4个圆片能摆出哪些数？摆一摆、填一填。
任务③④用5个圆片能摆出哪些数？摆一摆、填一填。
(2) 每人在小组中汇报自己怎样摆的，摆了哪些数。组长按顺序记录。
(3) 小组同学比一比，谁摆数的方法更好。
2. 小组之间交流讨论。</td>
<td>提问：老师这还有更多的圆片，看着这些圆片，你们想到了什么问题呢？
教师将学生问题板书在黑板上。
今天我们就带着这些问题来玩一个“摆数游戏”。咱们来边摆边想。
出示课题：摆一摆，想一想
提问：还能摆出其他数吗？（不能）
总结：那也就说，2个圆片只能摆出3个数。
提问：如果让你一个人像这样边摆边记，你们会吗？
总结：在刚才的游戏中，同学们用1个圆就摆出了2个不同的数，用2个圆又摆出了3个不同的数。（将统计的结果，呈现在汇总表中）还想玩吗？
教师出示并说明第一项要求：
提醒学生，拿到任务卡后，要认真读一读。按要求，一边摆，一边记录。完成后举手。</td>
<td>通过让学生提出问题，培养学生的问题意识，增强学生学习的自主性。同时明确本节活动课的目的。

通过活动二使学生进一步感受“位值”思想。并借此对学生进行记录和统计方法的指导。</td>
</tr>
</table>

续表

<table>
<tr><th>学生活动</th><th>教师活动</th><th>设计意图</th></tr>
<tr>
<td>(1) 交流3个圆片能摆哪些数。
小组代表上台汇报，一人摆，一人说。
重点展示以下几种：
<table>
<tr><th>十位</th><th>个位</th><th>表示的数</th></tr>
<tr><td>○</td><td>○○</td><td>12</td></tr>
<tr><td>○○○</td><td></td><td>30</td></tr>
<tr><td>○○</td><td>○</td><td>21</td></tr>
<tr><td></td><td>○○○</td><td>3</td></tr>
</table>
<table>
<tr><th>十位</th><th>个位</th><th>表示的数</th></tr>
<tr><td>○</td><td>○○</td><td>12</td></tr>
<tr><td>○○</td><td>○</td><td>21</td></tr>
<tr><td></td><td>○○○</td><td>3</td></tr>
<tr><td>○○○</td><td></td><td>30</td></tr>
</table>
<table>
<tr><th>十位</th><th>个位</th><th>表示的数</th></tr>
<tr><td>○○○</td><td></td><td>30</td></tr>
<tr><td>○○</td><td>○</td><td>21</td></tr>
<tr><td>○</td><td>○○</td><td>12</td></tr>
<tr><td></td><td>○○○</td><td>3</td></tr>
</table>
<table>
<tr><th>十位</th><th>个位</th><th>表示的数</th></tr>
<tr><td></td><td>○○○</td><td>3</td></tr>
<tr><td>○</td><td>○○</td><td>12</td></tr>
<tr><td>○○</td><td>○</td><td>21</td></tr>
<tr><td>○○○</td><td></td><td>30</td></tr>
</table>
其他同学说说最喜欢哪个小组的方法和理由。</td>
<td>教师在巡视中，发现学生中的典型做法，为引导学生的交流讨论做好准备。
每个同学完成各自任务后教师再出示并说明第二、三项要求。
教师选取有代表性的几种摆法，组织学生进行交流讨论。
教师再次用课件展示第3种方法。
教师出示汇总表，引导学生发现摆出的数和圆片个数之间的关系，以及其他规律。
教师引导学生类推得出其他数量的圆片摆数的个数。
用10个圆片能摆几个数？引导学生发现不同。
小结：看来规律也是会有变化的。
引导总结：今天的游戏大家玩得开心吗？你们有什么收获？还有什么问题吗？</td>
<td>用3、4、5个圆来表示数，操作内容相近，难度差别不大。分多次完成，学生容易产生厌烦感。采取自己选择任务卡的形式，进行组内分工合作，既提高了学习效率，也体现了伙伴学习的优势。
考虑到学生年龄小，将分工合作的任务和要求分两层布置，降低难度，有利于学生完成。</td>
</tr>
</table>

续表

学生活动	教师活动	设计意图
通过对比发现第3和第4种最好，因为是按从小到大或从大到小的顺序来摆的，不会遗漏也不会重复，操作也最方便。 其他没有想到这种方法的同学再摆一遍。 (2) 交流4个、5个圆片能摆哪些数，注意方法是否有序。 活动4：观察归纳，发现规律。 根据每个小组填写的汇总表，观察发现其中的规律。 小组讨论，代表汇报。其他组补充。(摆出的数的个数总比圆片的个数多一；摆出的数个位与十位的和刚好是圆片的个数……) 活动5：运用规律，解决问题。 1. 根据发现的规律，快速说出6个圆片、7个圆片能摆出几个数。 2. 说出9个圆片能摆出几个数？不摆圆片，直接写出能摆哪些数。并总结方法。(所摆的数个位和十位两个数字之和必须是9，可以从9开始，个位依次减1，十位依次加1；反之亦可) 活动6：拓展延伸，打破定势。 先猜猜10个圆片能摆几个数？ 再摆一摆（通过摆圆片验证猜想） 明确10个圆不能都摆在十位，也不能都摆在个位。发现10个圆片摆数的情况和前面有所不同只能摆出9个数。 活动7：总结提升，质疑发展。 学生谈谈自己的收获：1. 知道了摆数的个数和圆片个数的关系。2. 学会了有顺序的思考方法。3. 发现了很多的规律……	看来一节课的结束并不是学习的终点，还有更多的问题等待大家去探索。张老师最后再送给大家一件礼物，看这是什么？(一张百数表) 它和我们今天的游戏有没有关系呢？仔细去观察，你会发现更多的奥秘！	让学生自己对比各小组的方法，深刻体会到“有序”思考的优点。 通过交流4个和5个圆片摆出的数让学生再次巩固有序思考的方法。 在活动中培养学生发现规律、运用规律的能力。 通过10个圆片，避免学生盲目迁移，体会规律也是会有变化的，不能以一概全。

续表

<table>
<tr><th colspan="2">学生活动</th><th>教师活动</th><th>设计意图</th></tr>
<tr><td colspan="2">学生提出自己还有哪些问题：如更多的圆片11个圆片、12个圆片……能摆出几个数？是不是随便用多少个圆片都能摆数，最大能摆出几？（这些问题可以在课后继续探究和发现）</td><td></td><td>用问题引发学生的不断探索。让课堂学习成为学生学习的起点，而不是终点。</td></tr>
<tr><td>板书设计</td><td colspan="3">摆一摆，想一想
1. 几个圆能摆几个数？
2. 按什么方法（顺序）摆？
3. 有什么规律？
<table>
<tr><th>十位</th><th>个位</th><th>表示的数</th></tr>
<tr><td>○○</td><td></td><td>20</td></tr>
<tr><td></td><td>○○</td><td>2</td></tr>
<tr><td>○</td><td>○</td><td>11</td></tr>
</table>
<table>
<tr><th>十位</th><th>个位</th><th>表示的数</th></tr>
<tr><td>○○○</td><td></td><td>30</td></tr>
</table>
</td></tr>
</table>

六、教学反思

本节课是一节“综合与实践”的主题活动课。对学生学习活动的设计，我力求做到以下四性：趣味性、思维性、层次性、互动性。

1. 趣味性

对于低年级学生，尤其是刚刚入校不久的低年级学生，学习的趣味性对其尤为重要，只有感觉学得有趣他们才会积极参与、认真思考。加之这节课本就是一节数学活动课，所以我从“玩”字入手，把整节课设计成用圆片来玩一个摆数的游戏。开课伊始，我用魔术的形式出示一个圆片，问学生用它你能变出什么数。学生们就像魔术师般地用一个圆片变出了两个不同的数。学生们既感受到一个圆片的“神奇”，也感到了成功的快乐！于是他们迫不及待地想迎接新的挑战——提出用更多的圆片来摆数。到了活动三，我又设计成“跑男”里的任务卡形式，让学生自己选取任务卡来完成，再次点燃学生的热情。整节课，学生都在玩中学，学中玩。

2．思维性

数学活动的核心应该是思维，脱离了数学思考的活动是没有任何意义的。本节数学活动课，不仅仅是一个有趣的数学游戏，更重要的是要让学生有所思有所得。开课时，我在学生用1个圆片摆出了2个数后，出示了更多的圆片尝试让学生来提问。原本以为学生顶多会问：3个、4个……100个圆片能摆几个数？出人意料的是，课堂上突然有个孩子举手说：我想知道几个圆片能摆几个数？可以看出这个孩子已经由研究具体问题上升到探究普遍规律性的问题。我抓住这个问题的思维价值向他提问：你为什么会想到这个问题？他说："我想知道它们有没有规律。"多有价值的问题呀！接着学生还提出了：用什么方法来摆？课堂上这些一年级的小家伙们提出的问题着实让大人们吃惊。苏霍姆林斯基说过："在人的心灵深处，有一种根深蒂固的需要，这就是希望感到自己是一个发现者、研究者、探索者，而在儿童的精神世界上，这种需要特别强烈。"所以数学学习应该从学生的疑问出发，让孩子经历提出问题—研究问题—解决问题的过程。

在每次的操作活动中，我也注重引发学生的思考。先让学生猜猜能摆出一个数，再通过摆一摆验证自己的猜想。让学生经历猜想—操作—验证的过程。特别是当学生通过观察发现摆出的数的个数总比圆片个数多1的这个规律，并解决了6个、7个、9个圆片能摆几个数的问题后。课的最后又让学生猜猜10个圆片能摆几个数。学生猜测用"10个圆片可以摆11个数"后，教师质疑："到底对不对，我们可以怎么办?""那就动手摆摆看。"……设计的意图并不在于让学生掌握这个知识，而是要引发认知的冲突，唤起学生新的疑问，让学生带着问题走出课堂。真正让课堂学习成为学习的起点而不是终点。

3．层次性

教材的编排，可以看出本节活动课应有的层次性。但是通过前几次的教学，我发现按部就班按教材的原有设计，分四个层次来组织活动，每次的活动内容相近、难度不大，学生很快会厌烦。于是我将活动分成三个层次：第一个层次，让学生通过研究2个圆片摆数进一步理解位值思想，同时学会记录以便后期研究。第二个层次，用任务卡形式让学生分工完成3、

4、5个圆片摆数。学生在讨论交流中，发现有序思考的优势及其中的规律。第三个层次，运用规律解决问题。学生通过三个层次的探究活动，思维逐步深入，同时每个层次都留足学生探究的空间。

4. 互动性

随着我校的伙伴课堂的深入开展，我们每个班级都成立了学习小组。虽然我教的是刚入学不久的一年级学生，但他们早就已经习惯了伙伴学习的模式，课堂上他们能分工合作地完成任务，交流中能大胆发表自己的意见，也能认真倾听别人的发言，能由衷地赞赏，也能有礼地质疑。这都得益于“伙伴学习”的思想。正是有了这样的课堂氛围，这节课中我才大胆放手，让学生相互学习、相互启发。在小组的交流中他们不仅找到了哪种方法更能不重复、不遗漏地摆出所有的数，发现摆的数与圆片个数的联系，还发现了很多老师也没有关注过的许多规律。

课堂中学生的互动，让数学学习变得更加丰富多彩，更加开放，学生的思维也更加深入。但同时，也给老师带来了巨大的挑战。由于课堂上的生成往往超出了老师的预设，老师对学生突如其来的想法，不知如何应对和引导；对学生的评价有时也缺乏针对性，忽略掉学生很多有价值的想法……我深深地感受到课堂的改革确实给学生带来了巨大的改变，而同时作为教师的我们则要有更全面的专业知识和更高的驾驭课堂的能力。只有不断学习，我们才能不被时代所抛弃。

中低年级培养数学思维能力的学习活动设计及指导策略

刘凌云

数学课程标准在总体目标中明确提出：“学生能够获得适应未来社会生活和进一步发展所必需的重要数学知识以及基本的数学思想方法和必要的应用技能。”这一总体目标贯穿于小学和初中，这充分说明了数学思维的重要性。

在小学数学阶段，培养学生的数学思维能力，不仅加深学生对数学概念法则、公式定律、几何空间的理解，提高学生解决问题的能力，也是小学数学进行素质教育的真正内涵之所在。同时，也能为初中数学思想方法的学习打下较好的基础。

一、中低年级培养数学思维能力的学习活动设计基本理念

（1）动手中动脑。中低年级学生在思维过程中，往往需要辅之以语言、动作等外在行为活动。把抽象的数学思维外显为恰当的动手操作，会有事半功倍的效果。

（2）学会从数学的角度发现问题、分析问题、理解问题，形成一些解决问题的基本策略。如预习、复习策略，自学、小组合作学策略，等等。体会解决问题策略的多样性，发展数学思维、实践能力与创新精神。

（3）促进学生学习方式的转变。通过学生自主探究学习，与他人合作学习，与他人交流数学思维的过程和结果，从而初步形成自主探究合作等策略。

二、中低年级培养数学思维能力的学习活动设计

数学的思维活动渗透并贯穿于计算、几何图形、解决问题、统计与概率等数学学习活动的全方位。如何在数学教学中培养学生的思维能力，养成良好思维品质是教学的重中之重。

（一）前置内容提前学

思维能力的培养需要在思维活动中进行，前置性的自学活动就是很好的载体。让每个学生有准备地进入课堂，进行有思考的讨论。学生有了更多的自主学习空间，他们自身的知识素养、家庭环境、文化底蕴结合自我的充分研究可以让书本上的知识更开阔，课内的交流更宽泛，并扩展他们的学科视野。同时学生可从中发现学习的快乐，每个学生的能力不同，思维水平不同，他们在完成前置性作业的过程中，都或多或少有自己独特的思考，在交流的过程中，哪怕自己的一点点的观点被其他同学认可，都是非常快乐的一件事。

（1）教师要熟悉并吃透教材，领悟相应的知识重难点；分析把握学情，定准教学目标。

（2）根据教学内容的难易程度和学生的知识水平，选择课前和课中相结合的前置性作业形式，可课前先学，也可课中先学，做到形式为内容服务，为学生的学服务。

（3）为了使每个学生都能有所得，前置性作业可以设计成必答题和选答题，让不同层次的学生自由选择。

(4) 可以把课后的部分习题提到预习阶段，让学生通过做完预习阶段的习题初步了解知识。

(5) 可以让中心学习组整理出典型的预习作业，把布置作业的权利也交给学生。我们研讨周蕾老师执教的二年级《解决问题——找规律》，该课的教学目标是定位在学生已了解物体排列的简单规律和有余数除法的基础上的，例题出示的是一组简单的规律图。而学生在一年级已接触并掌握了怎样找规律，因此设计了前置学习，让学生课前收集有规律的图片，并创作出自己的规律。大胆鼓励学生根据已有知识创新，联系生活实际，允许学生充分思考，创作出自己心中的规律图。开课由欣赏同学们的作品入手，引入思考：你认为什么是规律？再出示由学生创作的规律，教师质疑，引发学生认知矛盾，然后揭题：用余数的除法解决找规律的问题。教学素材修改成学生自己的作品，一开课，学生们的思维被充分调动，认真地投入学习中。

(二) 小组合作活动学

充分利用学生的前置学习，让学生自己在小组内交流自己的学习成果，然后以小组为单位，全班交流。在培养小组学习的过程中，注意以下事项：

(1) 哪几人一组，每组成员好、中、差各种层次的孩子搭配要均匀，达到相互帮助的目的。

(2) 选一个能干的组长带领全组，如谁先发言、谁第二个、第三个……在交流时，声音要小，不要影响其他组的学习。

(3) 汇报的时候，读题、说思路、谁和我们交流、谁还有什么补充……让每个孩子都有发言展示的机会。

(4) 在评价时，多种方式鼓励，比如争星活动、积分活动等，激起每个小组的竞争意识、团队意识。如研讨刘凌云老师执教二年级的《角的初步认识》，从学生认知水平来看，由于小学生的思维正处在由具体形象思维向抽象思维转变的过渡阶段，特别是低年级儿童，他们的思维仍然以具体形象思维为主要形式。在教学中，这就不可避免地要产生几何图形的抽象概括性与儿童思维的具体形象性之间的矛盾。怎样去解决这一矛盾呢？最后我们决定遵循学生的认知规律，把对角的认识建立在丰富的感性材料的基础之上，采取课中制造矛盾的方法，让学生小组活动，自我解决矛盾。

整节课分为“五个环节”、“四个活动”：

五个环节：

1. 通过“指一指、找一找”活动，初步感知角的形状，引导学生从“生活角”中抽象出“数学角”。

2. 通过自学例1，认识角的形状和各部分名称。

3. 通过“折角，同小伙伴比角的大小”，使学生在操作活动中了解角是有大小的。

4. 通过“猜测验证”活动，进一步巩固角的特征以及感悟角的大小和变化特点。

5. 通过自学例2，学会画角并巩固角的知识。

四个活动：

活动一：学生通过自学例1，自己掌握“角的各部分名称”。

活动二：通过“折角与小伙伴比角的大小”活动，让学生在活动过程中初步感受了角是有大小的。

活动三：四人小组“猜测验证”，角的大小是可以变化的，并验证角的大小变化与什么有关。

活动四：“画角”也是学生自学完成，并对学过的知识进行不断巩固。

学生通过手中的活动角，还有自己折出的大小不同的角，在小组里交流、验证，有的孩子发现，当活动角的两边一样长，但两边的拉动会使角的大小发生变化。有的孩子发现，折出的角，有的角两边很长，却比两边短的角要小。这巧妙的活动设计，不但使学生自主感知了角的大小跟边的长短无关，还让学生充分锻炼了动手操作能力，迸发出数学思维火花，更树立了学生能自主学好数学的自信，学生真正成为课堂的主人。

在整堂课中，创设直观、生动且富有挑战性的数学活动，通过“小组合作”的学习方式，促进学生将丰富的感性认识上升为理性认识，把学生的思维引向深刻。在合作交流的过程中学生的发言激起听者产生广泛的联想，通过互相补充，互相提示，互相激励，学生的思维之间产生了碰撞，激发了对数学内容的深化理解，同时数学思维得到了扩展。在对其他同学的思路进行分析思考，做出自己的判断的过程中，使自己的理解更加丰富、全面。同时，学困生在与小组同学的交流中，得到了帮助，能力得到了提高。我们所有参加课题研究的老师，都体会到了学生在小组学习中的互相交流与解答，掌握了知识，提高了合作能力，学生的数学思维得到了充分的发展。

三、中低年级培养数学思维能力教学教师基本指导策略

（一）老师少教，学生就会多思

教会学生自己多思考，少依赖老师的传授是有效的课堂教学策略。古人云："授人以鱼不如教人以渔。"这里的"渔"指的就是学生自己多动脑、多思考，从而找到解决问题的方法。老师少教，从而促进学生自己多学、多思，就是真正开启学生思维宝库的金钥匙。学生有效地自我思考学习，可以帮助学生以较少的时间和精力耗费去获得较大的学习效果。我们在实践中发现，片面地强调依赖老师的讲解传授技能而忽视学生的自主参与研讨思考，只能让学生越来越不会独立思考，数学思维得不到锻炼，从而导致越来越不会学习。而且间接地加重了学生的学习负担，让学生对学习感到痛苦，打消了学生学习的积极性。

（二）培养自学，学生就会巧思

过去我们习惯性地用一个个小问题去牵着学生走，甚至是强迫学生按照教师自己预先设计的线路走而言的。而本质的问题是教师预先规划的线路、程序是不是站在有利于学生学习的角度来考虑？是不是站在学生能否自己主动思考、主动求知的角度来设计？于是课堂的学习失去活力，缺少灵性，学生的数学思维成为定势。因此，我们产生了"生本教育"，就是以学生为本的教育，是以学生自学而设计的教育，它提出的教学原则是："先学后教，以学定教。""先学后教"就是通过学生先自主学习，确定课堂教学的起点。学生自学的内容，可以课前完成，也可以在课中完成。总之，是在老师向学生讲授新课内容之前，让学生根据自己的知识水平和生活经验所进行的尝试性自学。老师的任务是精心设计问题或话题，有了问题或话题的引导，自然就有了交流与探索，其本质还是数学思维得到发展。数学思维的发展代表认识能力的提升，代表学习策略、学习方法的提炼。

我们教师也要关注以下几个方面：

（1）我们需要思考清晰、准确、合适的目标定位，初步规划板块格式和课堂流程。

（2）我们需要思考哪些具有开放且有价值的问题需要学生充分的探索与研究，这可以表现在前置性作业设计中，也可表现在课堂上。

（3）我们需要思考课堂如何组织学生交流，以什么样的方式交流。

（4）我们需要思考学生泛泛而谈时，如何引领孩子深入。

（5）我们需要思考在环节转移的过程中如何有效地引领学生转移触角与视线。

（6）我们需要思考当学生遭遇到困难时，如何拨开孩子眼中的迷雾。

（7）我们需要思考在什么时候以及以怎样的方式提升学生思维包括思想上的认识。一句话，我们不能代替学生学习的角色，但也不能褪去教师本该承担的角色。

高年级学生思维能力的培养初探

蓝燕

教育家苏霍姆林斯基曾经说过："知识是最容易被遗忘的，而能力却永远伴随终生。"教学素质其核心就是思维能力，而思维能力又是智力的核心。可以说数学教学就是数学思维的教学。对高年级学生来说，其思维品质正处在一个发展、变化当中。对这一阶段的学生进行数学思维的培养，能有效提高学生对数学知识的理解和掌握，帮助学生建立认知结构进而提高学生的数学素养和能力。在建构学习中心课堂时，思维能力培养的独特性使得学习活动的设计就要与之适合，以取得良好的教学效果。

一、伙伴学习中高年级学生思维能力培养的基本理念

引导学生开展有意义的探索活动，注意尊重学生个性，顺学而教。小学数学新课程标准提出：数学活动是师生共同参与，交往互动的过程。必须激发学生兴趣，调动学生积极性，引发学生思考；注重培养学生良好的学习习惯，掌握有效的学习方法。学生学习应当是一个生动活泼的、主动和富有个性的过程，除接受学习外，动手实践、自主探索与合作交流也是数学学习的重要方式，学生应当有足够的时间和空间经历观察、实验、猜测、验证、推理、计算、证明等活动过程。教师教学应该为学生提供充分的数学活动的机会。处理好教师讲授和学生自主学习的关系，通过有效的

措施，启发学生思考，引导学生自主探索，鼓励学生合作交流，使学生真正理解和掌握基本的数学知识与技能、数学思想和方法，得到必要的数学思维训练，获得广泛的数学活动经验。

充分尊重学生的认知规律和情感需求。《礼学·学记》里讲："独学而无友，则孤陋而寡闻。"其实何止是"独学而无友"，在生活中、在活动中、在成长过程中，没有伙伴也会孤陋寡闻。"同伴是个大学校"，伙伴关系是老师、专家无法代替的。有学者指出，儿童的大部分知识都得自伙伴；伙伴关系能满足儿童对团体归属感的需要，在情感上得到伙伴的支持而产生安全感和责任感，有助于发展儿童的自我认识。伙伴是一种教育力量，一种老师和家长不可替代的教育力量，伙伴教育方式易被学生接受，孩子需要伙伴，由伙伴产生的教育效应不可忽视。

二、伙伴学习中高年级学生思维能力的培养初探的活动设计

教学学习活动多种多样，在高年级，按照活动形式基本可以分为以下几种活动，每一种活动都有明确的目标、内容、反馈方式。

1. 让每个学生独立思考，再与伙伴交流，在伙伴的相互启发的学习活动中，逐步完善对新知识的理解，同时培养了学生思维的严谨性

如《分数与除法》一课。在探索分数与除法的关系，理解分数商的意义时，由于学生在学习分数的意义时已经对把一个物体平均分比较熟悉，所以在教学把一张饼平均分给3个人时并没有让学生操作，而是多媒体演示分的过程，让学生理解1张饼的1/3就是1/3张。3张饼平均分给4个人，每人分多少张饼，是本节课教学的重点，也是难点。当老师出示"3张饼平均分给4个人，每人分多少张饼"时，同学都能很快说出算式，部分学生能说出每人分得3/4张。有学生问，怎样才能看出是3/4张呢？这时要求四人伙伴进行探究活动，通过分一分、说一说、看一看、摆一摆这样的形式，让学生直观地感知、完整地思考，最后学生得出了以下三种分法：

①一块一块的分，先把每个圆片平均分成4份，每人每次分得1份，即1/4块，最后每人分得3个1/4块，也就是3/4块。

②一块一块的平均分之后，把12个1/4块合在一起平均分成4份，每份是3个1/4块，再把3个1/4块拼在一起，每人分得3/4块。

③把3个圆片叠在一起，平均分成4份，每份是3块的1/4，也就是

3 个 1/4 块，再把 3 个 1/4 块拼在一起，每人分得 3/4 块。

在整个伙伴合作中，给予学生充足的时间与空间，让每个学生能独立思考，与人交流，动手操作。真正理解 3 张饼的 1/4 就是 1 张饼的 3/4，整个教学过程注重学生参与的主动性，在互相启发的学习活动中，学生逐步掌握数学的思想方法，受到数学思维的训练，获得知识，发展能力。

又如《定向运动》一课。“定向运动”与生活技能密切联系，需要在操作中形成技能，因此要重视学生对数学活动过程的体验。教材中的例 1 是以结论来呈现的，直接告诉学生 1 号检查点的位置该如何描述。而教师则将之变成活动任务，让学生经历活动过程，获得学习经验，再自己归纳出方法。教师把例 1 的教学图改为只有起点和 1 号检查点两个位置，让学生带着“确定 1 号检查点的位置”这样的任务进入小组活动。

伙伴活动有以下要求：(1) 独立思考，画一画。(2) 在小组里面交流你是怎样画的？(3) 尝试描述一下 1 号检查点的位置。首先给学生独立思考的时间，让自己有初步的想法；再通过小组交流发现不足，完善作图；最后尝试描述 1 号检查点的位置，完成任务。这里我给了充分的时间让学生们交流。教师通过对每个学习小组的巡视来发现他们思考中的不足之处并给予及时的点拨，帮助他们理清思路。在活动开始时，学生的作图所展示出来的是很不完整的状态，这说明他们个人的力量只关注到了比较浅的一部分，从而体现出思维的不完整。接下来通过听他们之间的交流同样发现他们思维的顺序及逻辑性上的不合理之处。这时，教师根据各个小组展现出的不同状态、存在的不同问题进行了相应的指导。例如，有些小组里有部分孩子作图很详细、叙述很有条理，于是我请他对着自己的图来说给别人听为什么要这样做以及作图的顺序。有些小组里孩子们的作图都不太完整，于是我请他们说给我听他们作图的步骤，请他们想一想自己说的在图中有没有体现出来，孩子们很快发现自己画的图不完整。有些小组画的图有些区别，但都可以说明问题，于是我让他们来比较一下哪种更好……在这个活动中，我并没有直接告诉他们应该怎样画、怎样做、怎样说，但我通过一些问题带领他们思考完善自己的图，并给了充分的时间让他们交流。一个孩子解决了问题，立刻就带动了小组里的其他孩子，于是活动到后来呈现给我的图大部分都是完整的、正确的。通过他们充分的交流，在汇报这一环节，几个孩子对于作图的步骤及理由叙述得非常清楚。从而达到了这次学习活动的目的。

2. 发挥伙伴优势开展研究性学习，培养学生思维的深度、广度

如《商的变化规律》一课。教材充分利用学生已有的计算技能，通过计算，观察比较，提出问题，引导学生思考发现商的变化和不变规律。这部分内容不但可以巩固所学的计算知识，同时培养了学生初步的抽象、概括能力以及善于观察、勤于思考、勇于探索的良好的学习习惯。教师充分借助学生所探索的“积的变化规律”的经验方法和思维方法，以三组乘法算式为载体，激发学生对数学新知识的探究热情，展开猜测、分析、举例、比较、验证等思维活动，并通过学生小组合作，引导学生探索商的“多种变化规律”，会用规范的数学语言来描述这个规律，感悟函数的思想方法，同时体会事物间是密切相关的，受到辩证思想的启蒙教育，从而获得一定的价值体验。因此为了能让学生自己去发现规律、研究规律、运用规律，教师应充分尊重学生主体地位，将课堂充分还给学生，有的放矢、灵活机动地进行教学。这不仅充分调动了学生学习的积极性，激发学生的数学思维，求异的数学方法，让学生真正投入探索规律之中，而且也在朴实的课堂教学中体现出合作的魅力。

3. 在伙伴中辨析、判断、推理，培养了学生思维的灵活性和创造性

每节课的高效，能否变为孩子一生的长效，是值得我们思考的。《鸡兔同笼》一课定位是学生自己提出问题，自己解决问题，自主发现规律。带着这种思考，教师摒弃了传统的假设法和用方程解的方法，而是以帮助学生积累数学基本活动经验为主线，围绕怎样列表展开教学。放慢学生的探索过程，把时间留给了学生体验、发现，而不是过多的练习。

开课时直奔例题，明确题意后，由学生直接提出解决问题的方案，学生提出了“假设法”、“用方程解”、“一个一个地试”、列表，老师介绍了这节课的主要学习——列表法后，学生独自尝试列表解答例题。

学生展示自己的表格时，让其他学生自己谈谈对展示同学所列的表的想法时，学生不仅能指出同学的列表中的问题，而且还能从正面肯定同学哪些地方是正确的。在伙伴交流过程中有学生居然说道：鸡 8 只，兔 0 只，脚 16 只，离题目中脚 26 只有点远，所以我想：兔 8 只，鸡 0 只，脚 32 只，

接近题目中的26只……还有学生提出了直接想：鸡4只，兔4只，脚24只……培养了学生思维的灵活性，同时为后续学习做了铺垫。

《孙子算经》中的鸡兔同笼数据比较大，学生自己解决《孙子算经》趣题后，让学生自己提出困惑，有学生说，一个一个列表太麻烦了！这时，还是让学生与自己的小伙伴讨论，如何解决这个问题。让学生自己提出解决问题的方法，经历尝试—猜测—调整的过程，体会解决问题的一般策略——列表并以此培养学生思维的灵活性和创造性。

三、伙伴学习中高年级学生思维能力培养教师基本指导策略

学习活动的完成离不开教师精心的设计，在学习活动的实施之中，更离不开教师的组织和指导。教师不同，学生不同，课堂生成不同，组织和指导策略都会有差异，但一些基本的指导策略是相同的。

1. 创设问题情境，让学生有准备的学，激发兴趣

兴趣是孩子们学习的第一老师，有了浓厚的学习兴趣，那样的学习才会事半功倍！因而在每一节数学课的开课环节中，“激趣导入”更是不可少。然而“在枯燥的概念、计算、图形、解决问题中探索抽象的数学规律”的学习，如何激起学生学习的热情、激发学生们的探究兴趣成为我们开课的重点之一。《定向运动》、《商的变化规律》等是课前布置的预习提示练习，在教学时通过事先预习唤起学生对已学知识的回忆，并设计逐层深入的问题情境让学生在具体的情境氛围中，回忆具体内容和探索研究方法。正是在这一“知识的熏陶，情感的体验，方法的回顾”的问题中，让学生有准备的学，给予学生学习的自信，学生们自然而然地进行了知识的迁移，从而激发了学生们研究的热情和欲望。

2. 给予学生充足的探究、思考的时间与空间

课堂中为学生创设充足的探究、思考的时间与空间。到了关键处让学生自己静静思考，确定解决问题的方法。由学生们独立思考，展开对新知识的不同猜测，再到四人伙伴中展开探究，再随着每个小组的学生们进行交流，学生们虽“探究无序”，但“思维方法有序”。他们进行着思维的碰撞、交流、质疑等。正是在这有深度思考、有广度的交流中，数学知识、数学方法等也就脱颖而出。这个过程，教师仅仅作为课堂学习的组织者，探究学习的合作者，正是跟着舞台的主角——学生们的思维火花，畅游在

数学知识的海洋，感受着思维的体操旋律。

3. 充分调动学生学习的主动性

每节课的高效，能否变为孩子一生的长效，是值得我们思考的。每节课的定位是让学生自己提出问题，自己解决问题，自主发现规律。带着这种思考。放慢学生的探索过程，把时间留给了学生体验、发现，而不是过多的练习。例题部分学生自己解决，伙伴展示，学生评价，学生自己去发现规律，提出解决问题的方法构建所学问题的知识模型。

附教学课例 1：

商的变化规律

学科：数学　　　年级：四年级　　　执教者：蔡桂珍

一、教材解读

“探索规律”是数与代数领域要教学的主要内容之一，也是整数四则运算中的一个重要内容。《商的变化规律》是小学数学四年级上册第五单元的内容，是在学生有了探索积的变化规律的亲身体验的基础上，又掌握了三位数除以两位数的计算方法的基础上进行教学的。教材内容分两部分呈现：第一部分是商的变化规律，第二部分是商的不变规律。“商的变化规律”在小学数学中占有很重要的地位，它是进行除法简便运算的依据，也是今后学习小数乘除法、分数、比的基本性质等知识的基础。而“商的不变规律”又是在商的变化规律的基础上进行的一个延伸。教材充分利用学生已有的计算技能，通过计算，观察比较，提出问题，引导学生思考发现商的变化和不变规律。这部分内容不但可以巩固所学的计算知识，同时培养了学生初步的抽象、概括能力以及善于观察、勤于思考、勇于探索的良好学习习惯。

二、学情分析

本课我充分借助学生所探索的“积的变化规律”的经验方法和思维方法，以三组乘法算式为载体，激发学生对数学新知识的探究热情，展开猜测、分析、举例、比较、验证等思维活动，并通过学生小组合作，引导学生探索商的“多种变化规律”，会用规范的数学语言来描述这个规律，感悟函数的思想方法，同时体会事物间是密切相关的，受到辩证思想的启蒙教育，从而获得一定的价值体验。因此为了能让学生自己去发现规律、研究规律、运用规律，我充分尊重学生主体地位，将课堂充分还给学生。有的放矢、灵活机动地进行教学，不仅充分调动了学生学习的积极性，激发学生的数学思维和求异的数学方法，让学生真正投入探索规律之中，而且也在朴实的课堂教学中体现出合作的魅力，并在学生已经有了探索积的变化规律的体验基础和掌握了三位数除以两位数的计算方法的基础上进行教学的。

三、目标定位

（1）通过猜测、举例、观察、比较、探索，引导学生思考发现商的变化规律的过程，并总结商的变化规律；运用规律解决问题。

（2）培养学生初步的抽象概括能力及善于观察、勤于思考、勇于探索的良好习惯。

（3）通过“变”与“不变”向学生渗透初步的辩证唯物主义观点。

四、教学条件评估

本内容教学时间为 40 分钟，充分利用多媒体计算机辅助教学。

五、自学设计

预习作业单：

一、计算与发现

A $\begin{cases} 2\times50= \\ 4\times50= \\ 12\times50= \end{cases}$　　B $\begin{cases} 4\times90= \\ 4\times45= \\ 4\times15= \end{cases}$　　C $\begin{cases} 40\times60= \\ 20\times120= \\ 80\times30= \end{cases}$

我发现了________________　　我发现了________________

________________________　　________________________

二、猜测与列举

在乘法计算中，有积的（　　）规律和（　　）规律。在除法计算中，我猜想可能有（　　　　　）。

1. 被除数（　　），除数（　　），商（　　）。

我的举例 $\begin{cases} \text{\_\_\_\_\_\_\_\_\_\_\_\_} \\ \text{\_\_\_\_\_\_\_\_\_\_\_\_} \\ \text{\_\_\_\_\_\_\_\_\_\_\_\_} \\ \text{\_\_\_\_\_\_\_\_\_\_\_\_} \end{cases}$

2. 被除数（　　），除数（　　），商（　　）。

我的举例{ ______ ______ ______ ______

3. 被除数（　　），除数（　　），商（　　）。

我的举例{ ______ ______ ______ ______

4. 我还发现了（　　　　　　　　　　　　　　　　）。

六、教学过程设计（见表 3-40）

表 3-40　《商的变化规律》教学过程设计表

学生活动	教师活动	设计意图
活动 1：交流自学 根据预习作业单，全班反馈。	1. 组织交流。 2. 引出新课。 3. 板书课题：商的变化规律。	枯燥的数学信息融入预习之中，由易到难，逐层深入，提高学生新旧知识的迁移。
活动 2：探究规律 1. 猜测。 猜一猜，在除法计算中，商会有哪些变化规律呢？ 先由每个学生独立猜测，再在小组内交流，达成集体意见，最后汇报猜测（以小组为单位汇报）。 2. 验证规律。 (1) 小组合作，举例分析。 四人小组合作，任选黑板上 2～3 个商的“变化规律”，列举 3～5 道除法算式进行验证。	1. 组织猜测，把小组汇报尽量板书在黑板上。 2. 指导验证。 在除法计算中，商究竟有没有这些变化规律？这些变化规律是否准确？我们可以采取什么方法来验证或发现呢？（生：举例几道除法算式进行验证） 鼓励学生用列举法来证明自己的猜测。	小组讨论，合作学习，学生们动脑筋用已有的知识、经验和不同的数学方法进行验证自己的猜想，充分体现了学生们思维方式的多样性，并将选择探究方法的主动权也放置到学生们的手上，由以往我们教师要他们探究转化为学生们自己想探究，自己要去探究，真正意义上由被动式探究向主动式探究转变。

续表

学生活动	教师活动	设计意图
组员在组长的带领下，选取最典型的、最能发现规律的算式进行分析。 (2) 全班交流，评价反馈。 针对商的变化规律，每一变化规律将指明2～3个小组反馈，尊重学生的个性思维，鼓励学生有不同的想法和尝试。 (3) 整理、归纳规律。归纳、整理全班同学的意见，尽量完善“商的变化规律”。 3. 应用规律（做一做）。 观察数学四年级上册第93页例5中的算式和表格，快速抢答，并思考：从这些题目中发现了什么？	组织集体交流，指导学生讲述清楚小组的意见。 引导学生之间尝试用反证法辩驳。 3. 借助板书，引导学生完善规律。 4. 推广规律。 师：同学们，刚才我们通过列举3～5道除法算式，来验证我们的猜测，从中发现商的变化规律，那是不是所有的除法算式都有这样的变化规律呢？	
活动3：巩固应用，拓展延伸 巩固练习。 (1)《猴王分桃》的故事： 花果山风景秀丽、气候宜人，那里住着一群猴子。有一天，猴王给小猴们分桃子。猴王对一只小猴说：给你14个桃子，平均分给2只小猴吧。小猴听了连连摇头说：太少了，太少了。猴王又说：好吧，给你140个桃子，平均分给20只小猴，怎么样？小猴得寸进尺，挠挠头皮试探地说：大王，再多给点行不行呀？猴王一拍桌子，显示出	1. 课堂小结。 (1) 今天我们学习了商的变化规律。请大家回忆一下，我们采用哪些学习方法来学习的？（知识迁移—举例猜想—合作验证—推广运用）	分层练习的设计，充分巩固其知识掌握的牢固性和知识运用的灵活性。特别是最后一道开放题的设计，更是将学生思维充分打开，学习热情充分激发，学生所呈现的多样化的想法是我所始料未及的，也是自叹不如的。可见，教师只有相信了学生，放开手了，学生自当会创造、会创新！

续表

学生活动	教师活动	设计意图
慷慨大度的样子说：那好吧，给你280个桃子，平均分给40只小猴，你总该满意了吧？这时，小猴子满意地笑了，猴王也笑了。 师：小猴子和猴王，谁的笑是聪明的笑呢？为什么？猴王到底是利用了什么规律呢？ (2) 口算（根据第1题的商，口算出下面各题的商） 72÷9=8　　144÷9= 72÷18=　　720÷90= (3) 根据上面的算式，在下面的括号里填上合适的数。 150÷50=3　（　）÷50=6 240÷80=3　240÷（　）=6 96÷12 =8　（　）÷（　）=8 (4) 判断题。 两数相除，如果被除数缩小4倍，除数不变，那么商也不变。（　） 250÷a=25，如果被除数不变，除数a缩小5倍，那么商是5。（　） 被除数不变（0除外），如果除数扩大3倍，商会缩小3倍。（　） 两数相除，商是20，被除数扩大2倍，除数缩小2倍，商还是20。（） (5) 在○里填上运算符号，□里填上适当的数。 ①120÷30=（120×2）÷（30×□）	(2) 通过学习，我们发现了除法里有商的变化规律，对比以前所学的积的变化规律，你觉得有哪些需要我们注意的地方？	

续表

学生活动	教师活动	设计意图
②150 ÷ 50 = （150 ÷ □） ÷（50÷□） ③200 ÷ 40 = （200 ○□） ÷（40○□） 师：你是怎么想的？说说你的理由？应用了哪一条规律？ 师：第 2 题能填 0 吗？为什么？		
板书设计	今天我们学习了什么？你有哪些收获和困惑？	

七、教学反思

在数学教学中，我们喜欢倡导学生进行自主探究和合作学习。并且我们都知道合作探究不是一蹴而就的，而应该是在问题情境的驱动下有准备、有深度、有广度、逐层深入开展的，这样才能凸显“探究”的魅力。在教学《商的变化规律》一课时，如何让枯燥无趣的探索变得更有趣？如何让学生们真正成为学习的主人？难道课堂上仅仅只是针对几组除法算式让学生四人小组一起发现规律？而这些规律其实是每个学生都能看得见的！还是将学生放置在学习的主体地位，让他们自己去发现，自己去探究，这样的学习才更有意义？寻思着，斟酌着，我进行了尝试——

片段一：

出示 A 组计算题，师：谁来算一算？（学生们踊跃举手发言）

生：100、200、600。

师：你算得可真快啊！（我赞许）仔细观察这些乘法算式，你发现了什么呢？

生：我发现第一道乘法算式的因数 50 不变，另一个因数 2 乘 2 得 4，积 100 也乘 2，等于 200。因数 2 乘 6，积也乘 6。

师边鼓掌，边评价道：你观察得非常仔细，说得也很具体。

出示 B 组计算题，师：谁算得又对又快？

（教师的话音刚落，学生们便嚷嚷抢答着）生：360、180、60。

师：你们算得可太快了！那再仔细观察这些乘法算式，你们又发现了什么呢？

生：我发现第一道乘法算式的一个因数4不变，另一个因数90除以2，除以6，商也分别除以2，除以6。

师：那你们能不能用一句话概括这两组乘法算式的发现呢？

生$_1$：乘法算式里，一个因数不变，另一个因数乘或除以几，积乘或除以几。

生$_2$：在乘法算式里，一个因数不变，另一个因数乘或除以几（0除外），积也乘或除以几（0除外）。

师：你们回答得真精彩！第二个同学更是关注了细节，强调除以几时，0除外。

出示C组计算，师：这三道乘法算式，你们能快速地算出结果吗？

全班齐答：2400，2400，2400。

师：这三道乘法算式结果都是2400，为什么？仔细观察，你们还发现什么？

生：我发现一个因数乘或除以几，另一个因数除以或乘几，积不变。正如第一个因数40除以2或乘2，另一个因数60乘2或除以2，积都是2400。

师：你太会观察了！（老师向这位学生竖起了大拇指）

师：同学们，在这三组乘法计算中，我们可以发现积的变化规律和不变规律。那么在除法计算中，也可能会有什么规律呢？

学生异口同声地高声嚷道：商的变化规律和不变规律。

师：那今天我们就一起来研究，除法计算中，究竟有没有“商的变化规律”？如果有，商又会有哪些变化规律呢？（板书课题：商的变化规律）

教学反思：创设问题情境，让学生有准备的学，激发兴趣！

兴趣是孩子们学习的第一老师，有了浓厚的学习兴趣，那样的学习才会事半功倍！因而在每一节数学课的开课环节中，“激趣导入”更是不可少。然而“在枯燥的计算中探索抽象的数学规律”的学习，如何激起学生学习的热情，激发学生们的探究兴趣成了我们开课的重点之一。还记得我在四（1）班教学这个知识点时，开门见山就问学生：“积的变化规律是什么？”学生们顿时茫然一片，举手的学生也是寥寥无几，学生们的回答也是支离破碎。当时的我郁闷地想："这个知识学过的啊！"可毕竟学生们对这个知识的学习已经比较久了，如果硬是枯燥的回答，很难唤起学生们的回忆。吸取了这次教训，我在教四（2）班时，课前布置的预习提示练习，也就是片段一教学情境呈现的教学内容。我通过事先唤起学生对已学知识的回忆，并设计逐层深入的问题情境——几组乘法算式，让学生"算一算——看谁能算得又对又快"，"想一想——你发现了什么"，使学生在具体的计算氛围中，回忆规律的具体内容和探索规律的研究方法。因为"问题是数学的心脏"，是分析问题、解决问题的前提。杜威把"设置疑难情境，使儿童对学习活动有兴趣"作为教学过程的第一要素。正是在这"知识的熏陶，情感的体验，方法的回顾"的问题中，让学生有准备地学，给予了学生学习的自信，激发了学生的求知欲，学生自然而然地由"乘法计算中的积"想到了"除法计算中的商"，从而激发了学生研究"商的变化规律"的热情和欲望。

片段二：

师：同学们猜一猜，在除法计算中，商会有哪些变化规律呢？

生$_1$：我猜想，被除数乘几，除数乘几，商不变。

生$_2$：被除数不变，除数乘或除以几，商也乘或除以几。

生$_3$：被除数除以几，除数也除以几，商不变。

（教师边板书边鼓励学生有不同猜测）

师：大胆一点，想一想，还有不同的猜测吗？

师：还有不同的吗？（学生们纷纷摇摇头，全班没有其他的猜测）

师：刚才同学们特别会动脑筋，对于商的变化规律有5种猜测，其中有被除数不变、除数不变、商不变三种类型。那这些猜测是否存在，或者说这些猜测是否准确，我们可以用什么方法来验证呢？

生：我们可以像发现积的变化规律一样，也写几道除法算式看看。

老师点点头，赞许道：你真会学习，借助积的变化规律学习经验，采取列举法来验证，真好！

师：那我们以四人小组合作探究，任选黑板上2～3个商的"变化规律"，列举3～5道除法算式进行验证或发现吧！

（小组合作，教师巡视辅导。组员在组长的带领下，选取最典型的、最

能发现规律的算式进行整理和分析）

师：哪个小组想来汇报交流？（老师边仔细聆听边黑板板书）

生：我们小组验证了黑板上的规律①。除法算式是：80÷2=40，80÷4=20，80÷8=10。我们发现，被除数不变，除数依次扩大，商反而缩小。

师：能说具体点，怎样扩大，又怎样缩小呢？

生补充：被除数80不变，除数2乘2，乘4，商40却除以2，除以4。

其他小组学生：我认为应该将规律改为被除数不变，除数乘或除以几，商却除以或乘几。（教师修改规律①板书）

师：其他小组要像小组1学习，积极将自己小组研究的例子，验证的规律向我们大家汇报。哪个小组也来试试？

生：我们小组举了1000÷10=100，100÷10=10，10÷10=1，6÷2=3，12÷2=6，18÷2=9。我们发现除数10不变，被除数1000除以10，商也除以10；被除数除以100，商也除以100。除数2不变，被除数乘2，商也乘2；被除数乘3，商也乘3。

师：用一句简单的话概括？

生：除数不变，被除数扩大或缩小，商也扩大或缩小。

生：被除数乘或除以几，除数不变，商也乘或除以几。（师划去规律③板书）

生：我们列举的除法算式是90÷3=30，180÷6=30，270÷9=30，30÷1=30。我们发现被除数90乘2，除数也乘2，商不变。被除数乘3，除数乘3，商不变。被除数除以3，除数除以3，商还是不变。也就是说被除数乘或除以几，除数乘或除以几，商不变。规律⑤不对。

师：你们小组真会举例和归纳。（师划去相应板书）

生：我们小组举的例子也是商不变的。600÷6=100，700÷7=100，800÷8=100。

师板书，并说：你能具体分析这些算式吗？

生：被除数变大，除数也变大，商不变。

师：是变大吗？（师灵活地板书：660÷66=?）我把被除数600增加60成660，除数6也增加60成66，那商还是100吗？

学生们异口同声地说道：不是，是10。

师：那这些算式究竟有哪些变化规律呢？（师板书：100÷1=100）我

们可以给它们界定一个参照标准，这时，你们发现了其中的规律吗？

生异口同声地说：被除数乘 6，除数乘 6，商不变。被除数乘 7，除数乘 7，商不变。

师指黑板板书，全班齐声道：被除数乘或除以几，除数乘或除以几，商不变。

师：同学们，看来列举法可以帮助我们验证我们的猜测，从中发现商的变化规律，那是不是所有的除法算式都有这样的变化规律呢？

出示数学四年级上册第 93 页例 5 中的算式和表格，学生快速抢答，并指名学生说说：你发现了什么？

教学反思：小组合作探究，让学生有广度的想，活跃思维！

荷兰著名数学教育家弗赖登塔尔强调：学习数学唯一正确的方法是让学生进行“再创造”。也就是由学生本人把要学的东西通过亲自探究而发现或创造出来。其实儿童是天生的探究者，具有不可低估的探究潜力。教师的任务就是如何为学生创设出良好的探究情境，引发学生多角度多层次思考，学生在解决问题的策略、方法、手段等方面能充分发散，结果往往不唯一。但能让学生思维的空间最大，就最能激发学生想象力和创造性，培养学生的创新意识。片段二的教学一直让我回味无穷。它打破了我以往教学的死板模式——让学生观察例题，先教变化规律再教不变规律。而我是将学生完全置于主体的地位。由学生们展开对“商的变化规律”的不同猜测，到分小组合作展开举例探究，再随着每个小组的学生们随性选择验证不同的规律去进行验证交流，学生们虽“探究规律无序”，但“思维方法有序”。他们进行着思维的碰撞、交流、质疑等。正是在这有深度思考，有广度的交流中，“商的变化规律和不变规律”也脱颖而出。这个过程，我仅仅作为课堂学习的组织者，探究学习的合作者，正是跟着舞台的主角——学生们的思维火花，畅游在数学知识的海洋，感受着思维的体操旋律。

片断三：

师：今天我们学习了商的变化规律。请大家回忆一下，我们采用哪些学习方法来学习的？

生：我们先复习了积的变化规律和不变规律，再学习了商的变化规律。

生：我们借助了所学的知识，进行了学习方法的迁移。

生：我们还通过猜想，并分组举例除法算式验证我们的猜想。

……

师：是啊，我们进行了"知识迁移"、"举例猜想"、"合作验证"，并将商的变化规律进行了再次的"推广运用"。（教师板书学习方法，进行学法指导）学生们学得非常棒，很会合作，会思考！接下来我们就利用我们所学的商的变化规律，来解决简单的数学问题吧！

口算大比拼……

小马虎诊所……

猴王的故事……

……

教学反思：多样式巩固练，让学生有想法的用，提高学生运用能力！

鲜活的生活情境能调动学生直接生活经验参与，降低数学抽象性，学生既感亲切又感兴趣。因此，教师既要留心发现生活中的数学问题，也要善于把数学问题生活化，让学生感受数学源于生活，用于生活，数学就在自己身边，并提高学生解决生活问题的能力。对于刚刚探究出的规律，此时学生是激动的，更是兴奋的。借助这一初尝成功的喜悦，让学生们尝试利用"商的变化规律和不变规律"解决生活中的数学问题，让学生把想法得以实现，从而提高学生的运用热情和能力。富有童趣的"口算大比拼"、"小马虎诊所"、"猴王分桃"等多种样式的巩固练习，更是将数学课堂气氛推向了高潮。让我们更加不禁赞叹——学生太棒了！

附教学课例 2：

异分母分数加减法

学科：数学　　　年级：五年级　　　执教者：胡雯

一、教材解读

本节课教学内容是异分母分数加减法。它是在学生熟练掌握了通分和同分母分数加减法的基础上进行的教学。他既是分数加减法的重点，又起到了承上启下的作用，为接下来的学习分数四则混合运算打下基础。

二、学情分析

学生已经学习了整数加减法的意义及计算方法，分数的意义和性质，同分母分数的加减法，通过学习同分母分数加减法以及通分等内容，学生具备了一定的自主探究的能力。

三、教学条件

硬件条件：白板、黑板。

软件条件：学生已经具备分组合作学习的能力。

四、教学目标

(1) 让学生经历异分母分数加减法的计算方法的探究过程，认识将旧知识转化为新知识是获得知识的重要途径。

(2) 初步理解异分母分数加减法的算理，掌握异分母分数加减法的一般计算方法和验算方法，会正确进行计算和验算。

五、自学设计

(1) 预习课本第110～112页的内容。

(2) 你能提出什么问题？

六、学习活动设计（见表3-41）

表3-41 《异分母分数加减法》教学过程设计表

教学过程		
学生活动	教师活动	设计意图
活动1：回顾预习知识，提出相应问题。 预设：分母还是不变吗？ 为什么要通分？	提问、列举 提问：通过预习，你收获了哪些知识，又有哪些问题？	通过学生自己的提问，让学生的探究有方向性，渗透环保意识。
活动2：思考知识联系，复习已知知识。	提问：异分母分数的加减法可能和什么知识有联系？ 出示复习题： $\frac{7}{10}+\frac{1}{10}=$　　$\frac{4}{7}-\frac{2}{7}=$	通过思考知识联系，培养学生用已有知识解决未知问题的习惯。

续表

教学过程		
学生活动	教师活动	设计意图
活动 3：观察、回答、提问。	出示例一条件，你从中获取了哪些数学信息？ 根据数学信息，你能提出哪些数学问题？ $\frac{1}{4}+\frac{3}{10}=$	培养学生通过审题获取信息并提出问题的能力。
活动 4：小组合作探究，代表汇报，独立计算。	提问、巡视、指导。 探究问题： 1. 算式中的两个分数的分母不同，能不能直接相加？ 2. 你有什么办法？	在新旧知识的连接点上着力，利用知识间的迁移和渗透，放手学生通过小组合作探究，寻找异分母分数加法的计算方法。
活动 5：独立计算，演板。	提问、巡视。 $\frac{3}{10}-\frac{3}{20}=?$	利用类推，让学生自主把握异分母分数的加减法的关键——通分，掌握异分母分数加减法的计算方法。
活动 6：小组小结。	归纳、板书。 异分母分数加减法，先通分，然后按同分母分数加减法的计算法则进行计算。	进一步提高学生的概括、归纳能力。
活动 7：独立完成、板演、讲解、倾听。	出示练习，渗透验算。	通过练习，巩固学生对异分母分数加减法的方法掌握，同时渗透验算的思想，培养学生验算的习惯。
活动 8：组内谈收获。	全课小结 1. 我们这节课解决了哪些问题？ 2. 你有哪些收获？	通过组内全课小结，让每个学生都能说一说自己的收获，通过学生之间的补充，印象更深刻。

续表

<table>
<tr><th colspan="3">教学过程</th></tr>
<tr><th>学生活动</th><th>教师活动</th><th>设计意图</th></tr>
<tr><td>活动 9：倾听、观看。</td><td>出示第 112 页“你知道吗”的内容，提问：你从这段话里，了解了什么事情？</td><td>通过历史上各个国家对分数的“惧怕”，让学生更有成就，同时对分数知识的继续学习更有动力。</td></tr>
<tr><td>板书设计</td><td colspan="2">异分母分数加减法
例 1　$\frac{1}{4}+\frac{3}{10}=\frac{5}{20}+\frac{6}{20}=\frac{11}{20}$　　$\frac{3}{10}-\frac{3}{20}=\frac{6}{20}-\frac{3}{20}=\frac{3}{20}$
异分母分数加减法计算法则：异分母分数加减法，先通分，然后按同分母分数加减法的计算法则进行计算</td></tr>
<tr><td>家庭作业</td><td colspan="2">1. 异分母分数加减法，要先（　　），再按（　　）的计算方法计算。
2. 练习二十二的相关练习</td></tr>
</table>

七、教学反思

在这节课中，我重视了学生的提问，课上充分给学生提问时间，在新知环节中，我将课堂给予了学生，让学生在互相的对话中明晰知识的要点。在练习上也发挥了学生的主动性，让学生去寻找同学做法中的优缺点。但是下课后再反思这节课，还是感觉有很多的遗憾。

第一，这节课是异分母分数的加减法，所用到的知识点包括了公倍数、最小公倍数、通分、约分、同分母分数加减法等，但这些全部都是学生已学知识。能不能更进一步放手给学生研究的空间？

第二，开课给了学生 5 分钟的提问时间，学生有很多问题是浅而易见的问题，是不是可以在课前收集学生问题，将学生能自己解决的问题直接让学生在小组内自己解决，课上集中时间解决学生解决不了的问题？

第三，开课虽然给予了学生提问的时间，但是整节课还是以老师课前的预设在进行，是不是可以根据学生的提问进行教学？

第四，在用公倍数还是最小公倍数的方法进行通分的两种方法的对比中，是不是及时增加练习题目进行对比，比如$\frac{1}{33}+\frac{1}{99}$，$\frac{1}{12}+\frac{1}{10}$，让学生的印象更加深刻？

基于以上的思考，我重新设计教案如下（见表3-42）：

表3-42 《异分母分数加减法》教学过程设计表

教学过程		
学生活动	教师活动	设计意图
活动1：组内解决问题，代表汇报能解决的问题。	列举问题，分配任务，讲解书写格式。 1. 异分母分数加减法能直接算吗？ 2. 必须用最小公倍数来通分吗？为什么？ 3. 异分母分数加减法和同分母分数加减法有什么联系？ 4. 异分母分数加减法怎样验算？ 5. 异分母分数加减法能转化为小数来计算吗？ 6. 带分数怎样通分？ 7. 异分母分数加减法和整数加减法有什么联系？	通过列举课前收集到的学生的提问，让学生自己在组内尝试讨论解决，将简单问题直接组内消化，节约了提问时间和简单问题的讲解时间。在格式上教师直接讲解，让学生书写能统一规范。
活动2：全班根据小组不能解决的问题，群策群力、集中解决。	列举不能解决的问题 预设： 1. 异分母分数加减法能转化为小数来计算吗？ 2. 带分数怎样通分？ 3. 异分母分数加减法和整数加减法有什么联系？	集中学生的困难，集中学生的智慧，集中课堂上的黄金时间解决共性问题。在分析过程中，合理的出示相应的练习，让学生理解，比如$\frac{1}{3}+\frac{1}{9}$，用化小数的方法就不合适，再如41+123，1和3相加也是因为他们的计数单位是相同的才能相加。
活动3：独立完成，代表汇报。	基础练习。	主要以组内能自己解决的问题为主，设计基本练习，让学生基础知识得以巩固。

续表

教学过程		
学生活动	教师活动	设计意图
活动4：独立完成，小组交流。	拓展练习。	主要以组内自己不能解决的问题为主，设计拓展练习。
活动5：自主出题，交换完成。	自主出题。	让学生在自主出题的环节将学生对异分母分数加减法的理解更加强化。
活动6：小组小结。	归纳、板书。 异分母分数加减法，先通分，然后按同分母分数加减法的计算法则进行计算。	进一步提高学生的概括、归纳能力。
活动7：倾听、观看。	出示第112页“你知道吗”的内容，提问：你从这段话里，了解了什么事情？	通过历史上各个国家对分数的“惧怕”，让学生更有成就，同时对分数知识的继续学习更有动力。
板书设计	异分母分数加减法 （随机） 异分母分数加减法计算法则：异分母分数加减法，先通分，然后按同分母分数加减法的计算法则进行计算。	

“小组探究”活动在美术课堂“赏析环节”中的运用（中低年级段）

韦文艳

“赏析”是美术学习中一个非常重要的环节。美术是视觉的艺术，人们不仅通过眼睛看事物，更重要的是通过看到的事物体验这个世界带给自己的不同感受。我们只有通过不断地用眼睛看、用脑分析思考体验才能不断提高自身的审美能力，这个过程就是一个“赏析”的过程。

“小组探究”是新课标中指出的一个重要的学习活动方式。也是培养学生交流能力的活动方式。在美术课堂教学的赏析环节，小组探究活动的设计往往能起到更好的学习效果。

一、“小组探究”活动在美术课堂“赏析环节”中的运用的基本理念

1. 突破难点需要小组探究

在美术课的学习中“赏析”这个环节能解决学生学习的重难点。

“赏析”就是欣赏和分析的过程，是鉴赏的一个过程，是实现由感性阶段到理性阶段的认识飞跃。美术课中的“赏析”要通过看作品再用语言叙述出自我对作品的理解。在这个过程中，可以从艺术作品中掌握美术语言的表现能力，例如“线条的表现力”“色彩的表现力”“画面构图、组织的形式”等。同时还能感受到美术作品表达情感的能力。学生要达成这样的目标，有一定的困难，需要自己的赏析能力为基础，还需要与伙伴、老师之间的交流、讨论，从而更好地触发自己的审美灵感，获得更高的审美认知。

2. 小组探究让人人都有机会达成更高的“赏析”目标

人们常常说“将课堂还给学生”，就是要将解决问题的方式留给学生，“小组探究”的学习活动真正尊重学生，研究活动学生自主完成，教师只是引导者，只是学生学习的助手。

现代教学论认为，教学过程不仅是一个认识过程，而且也是一个交流与合作的过程。集体教学虽是重要的教学方式，但小组活动作为一种补充，对促进学生主动学习、学会交流、学会合作具有显著的优势。每个学生由于发展水平、个人家庭背景及兴趣爱好不同，对同一事物有不同的理解。学生在教师的组织和指导下，一起讨论和交流，可以彼此取长补短。同时，小组交流与合作也为学生提供了宽松的学习环境，使学生惧怕说错的心理压力大大减轻，更利于激发学生的创造性。

二、美术课堂“赏析环节”中的“小组探究”活动设计

这个学习活动目标明确，形式变化不大，但是对学生探究细节要求更严格。

1. 初步了解美术作品的表现内容

美术是视觉艺术，首先从直观入手，通过看美术作品，初步了解“作品表达了什么内容”。

这个问题看似简单，一目了然，但是针对中低年级的学生，仍然要求

学生说出来，作品内容是画家呈现的最终结果。

2. 初步分析美术作品运用了怎样的表现形式

美术表现形式很多，在中低年级重点掌握“形、色、纹”，这是表现的基本语言。这里面又包含“线条”这个更为具体的美术语言。

例如《画夜景》一课中，通过欣赏一组夜景图片，找出主要色彩，夜晚的灯光、烟花、星星等明亮的颜色。

例如《春天的色彩》一课中，通过欣赏代表春天的景色的图片，找出这些景色中的主要色彩。

例如《画中的线条》一课中，通过欣赏作品，找出这幅作品中的主要线条。

“色彩”“线条”就是表现画面的最重要的语言。学生通过赏析发现绘画语言的表现能力，在后面的学习中就会运用这样的表现语言了。这是美术学习中的难点之处。

教师在这里会引导学生用不同的活动形式找出答案。例如“找色卡的游戏”等。

3. 进一步感知作品表达的情感

美术作品是传递情感、表达情感的重要手段，是人们特别喜欢的一种表达自我意识感受的形式。这时需要小组成员相互交流表达，用语言阐述或叙述自己感受到的情感。

这个环节中，学生语言表达的差异性更加明显，必须有自己的思考才能转化为语言，表达有一定的难度，是美术学习领域中难度最大的环节。特别是“欣赏评述”学习领域中的学习更为重要。这里需要对小组成员有更严格的叙述要求，要求每一成员有序尝试用语言叙述。

三、美术课堂“赏析环节”中“小组探究”活动指导策略

1. 分组要求

将全班分成6人左右的小组若干。小组成员不宜太多，根据学生学习能力的强弱搭配小组。明确小组每一个成员都有自己的编号，其中有一位是组长，组长负责分发物品或组织小组内成员进行有秩序的交流活动。

2. 小组活动多样性

虽然是小组探究活动，如果仅仅是“看”、“说”，学生容易疲劳，特别

是中低年级学生更是需要丰富的活动激发他们的学习兴趣。画一画、摆一摆、找一找，这样的活动在小组内能更加集中、更加有序，并且学生人人参与，兴趣更浓。

3. 每一个成员都要参与

这一点在游戏活动中还比较容易实现，但是语言交流和表达活动需要有更具体的要求，有序性是“小组探究”活动的原则，这也是通过小组活动培养学生的规则意识。在小组中会出现很多学生相互礼让、配合等一系列的生成问题，这也是为学生提供更多自我解决问题的机会。

4. 问题的选择

学科意识要强，这个环节是美术课堂重要的学习环节，是掌握美术语言、感知情感的重要过程。所以，教师预设的“小组探究”问题，针对性要强，始终围绕本课学习的重难点和目标，问题设计要有层次，简单的问题不要出现每个小组成员回答的形式，一是浪费时间，二是耗费学生精力，容易让学生产生疲劳的感觉。这个环节要充分调动学生学习的兴奋点，集中精力参与学习。

附教学课例1：

农民画

学科：美术　　　年级：四年级　　　执教：韦文艳

一、教学目标

通过赏析农民画能找出农民画大胆的想象、无拘无束的表现手法、鲜艳的色彩和饱满的构图特点，并能模仿这些特点结合自己的生活实际，创作一张农民画。

二、学情分析

四年级学生综合能力较强，已经有了一定的观察和分析画面的能力，同时表达能力较强。学生已经具备很强的造型能力、画面的构图能力、色彩的搭配能力等；并有一定的生活经历，知识面较广，并能通过学习结合生活表现身边的生活情境。所以，在四年级的教学中应引导学生多观察分析艺术作品的美感，并通过学生相互间的交流学会分析的方法。

三、教学方案设计

（一）激趣导入

师：今天老师带了一组我国地地道道耕田种地的农民画的画——“农民画”。（板书：学画农民画）

农民画是我国民间艺术宝库中的一颗耀眼的明珠。一边欣赏一边想，为什么说农民画是耀眼的明珠，农民画带给我们什么样的感受，有什么特点。

生看师介绍：我国有三大农民画之乡——陕西户县、上海金山、山东日照，而且农民画还去过很多国家展览，也被多国博物馆收藏。

这是农民画家安塞张芝兰的作品，一半脸白一半脸红，很特别吧，西班牙有位世界闻名的大画家毕加索，看看他的画，人物形象也如儿童画般拙朴，是不是有异曲同工之妙？外国人称张芝兰为“东方的毕加索”。

欣赏农民画，请学生谈看画之后的感受。

生：色彩浓厚，特别鲜艳，画的是自己的生活。

（二）分组研究，创作实践

每一张农民画都有自己独特的特点，我们将分小组进一步研究农民画的特点，大家可以从四个方面进行讨论。

活动内容：

老师为学生提供了11张农民画，学生分成了10组，每组挑选一张自己喜欢的农民画，可以和你一样感兴趣的同学坐在一起讨论，为什么喜欢这幅画，你今天准备学习这幅画的哪些优点或者特点。讨论研究并填写表格，如果还有哪些更突出的特点请写下来。

分组要求，每张画一个小组，同时有意识地按画的形式分成三组：

分组1（3张画）：一个主题人物，占满画面，并添加丰富的以植物或动物为花纹的图案，色彩鲜艳。

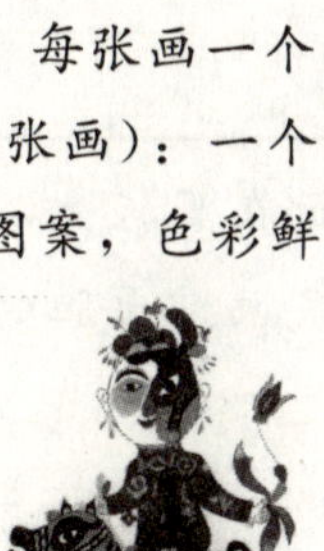

分组 2（6 张画）：以一个情景为主的画面，注重不同的视角，围绕情节添加背景（或环境），有主要的色彩，色彩对比强烈。

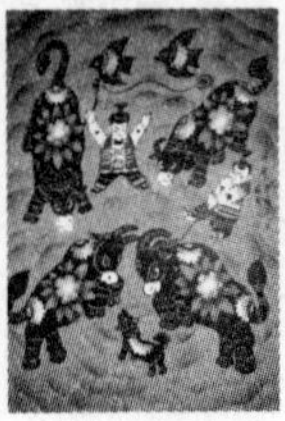

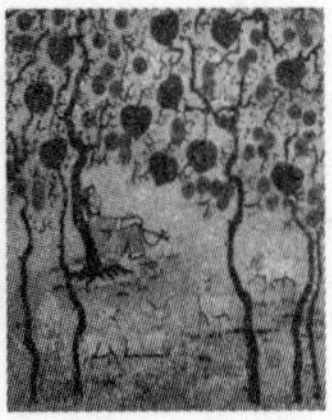

分组 3（2 张画）：均匀分布内容，画面特别饱满，没有更多的空隙，色彩鲜艳，有主要色彩。

四、研究表格

表 3-43　主体、情景构图因素表

主题（单选）	一个主体（人物或动物）		
	一个情景为主（填写具体）		
构图	独立式	围绕式	均匀分布式
外形	夸张	真实	
颜色	各种颜色	有主要颜色	
其他			

学习反馈、教师小结：教师把收回的画展示在黑板上，请学生根据自己填写的表格反馈研究结果。教师引导分析农民画“大胆的想象，无拘无束的表现，色彩和谐、鲜艳，构图形式多样”。

创作要求：①每人根据自己选择的农民画，改变内容，模仿形式与色彩特点，创作一幅新的作品。小组交流探索如何结合自己的生活同时学习农民画的特点进行创作。②内容结合自己的生活实际，寻找新的、更独特的观察视角。③独立完成。

（三）学生创作，教师辅导

请同学说说准备怎样模仿农民画？画什么？说出具体的画面安排。

辅导重点：①构图形式。②主题突出。③农民画的特色。④色彩鲜明、对比强烈、统一。

（四）作品展示，知识反馈与拓展

（1）作品展示，说优点、说美感、说新意。

（2）选择三类作品进行比较展示，并通过三种表格反馈知识，总结农民画特点。

五、课时分配

2课时。

六、教学反思

此次教学有这样几点收获：

（一）“合作式”活动要求明确，能围绕教学目标与重难点进行

当我们的课堂还沉浸在“传授—讲解—评价”的课堂教学模式时，“合作式”的课堂学习氛围开始展开了。这节农民画的学习过程中，充分运用了这样的学习方式，对“触发、交流、分享”的教学模式进行了探讨。活动的过程安排科学合理，起到了很好的、有效的作用。

这节课中主要在探讨农民画的不同表现形式、不同的构图方式中要求学生合作研究，将本课的重难点具体化。在美术基础知识的学习中，教师将学习分成了三大块：主体、构图、色彩，把农民画归纳出三种主要的构图方式：独立式、围绕式、均匀分布式。这样的归纳，能帮助学生在分析作品的过程中不停留在一个过于宽泛的构图认识上，而是帮助学生具体分析和感受三种不同的构图方式，对于构图有一个更为具体的形象思维，有利于学生对绘画作品的分析，有利于学生的后期农民画的创作，避免学生画面构图零散、主题不突出等问题，同时这也是美术学习中的重难点。所以，这一个环节教师通过将学生分组，每一组围绕一张农民画，借助教师为学生提供的表格内容进行讨论，了解构图特点，还有色彩特点等，解决

重难点。

通过分组分析，很快对农民画的认识不仅仅是色彩丰富、构思大胆了，而是知道有的农民画以一个主体为主进行大胆描绘，有的农民画围绕一个情景进行描绘，有的将画面画得满满的。还知道有的画面以一种色调为主，有的运用色彩的深浅搭配，有的用单色线描的形式……有了这些具体的美术语言，能帮助学生后期乃至以后更好地进行创作。

所以，这样的合作形式能紧紧围绕教学的重难点进行，方法科学，效果高效。

（二）小组全员参与，找出共性美感，探索个性感受

“合作式”的学习方式，不仅仅能让学生更好地掌握学习农民画的方法，还能面向全体学生，调动每一个学生的参与激情。

美术是一个“视觉艺术”，传统的课堂中，全班同学一起观看教师为大家提供的图片、幻灯片等，这样的视觉与学生有一定的距离，不能更好地深入探究作品的美。将学生分成小组，学生范围缩小了，距离艺术作品更近了，这样能更清晰、更深入地探究作品的美，掌握更多美术的语言。

在小组中还避免了全班性的提问、回答的局限性，每一个学生都有说话的权利和机会，大家没有课堂安静、规则的束缚，面对四五位同学可以畅所欲言，行为上的自由能带来思维上的自由。

大家共同研究的同时填写教师为大家准备的表格，能达成共同的审美感受，同时通过交流，学生还能表达属于自己的个性化的审美情感。例如当看到《羊》这张农民画时，有一个学生的独特见解，他发现了倒过来看这张画时的联想和感受，也许这些感受与学习农民画没有太大的联系，但是却能显示出学生在小组中思维的活跃和跳动，这在美术学习中是难能可贵的。还有一个学生发现了一张农民画中丰富变化的花纹和色彩如青花瓷般，这样的美丽深深地吸引了她，说明学生有了会发现美的眼睛，这是美术学科学习中的一个重要的能力培养。

（三）学生个性化作画，创作的作品全班共享

创新是一个民族或者国家的灵魂，源源不断的创新能力是一个民族或者国家生存与发展的基础。

美术课程培养创新精神具有独特的优势，所以美术课堂更是一个呵护创新火花的园地，为学生提供个性化创作的机会。同时为一张张与众不同的创作作品的展示提供了空间，所有的参与者可以共同分享多姿多彩的创作作品带给我们的美的盛宴。

瞧，有的学生把自己的脸分成了两半，一半红一半绿，他把自己的这张奇怪而色彩丰富的脸画得大大的，占满了画面，给大家一个强烈的视觉冲击；有的学生画中有自己坐在地上看书，周围是橙黄、橙红的枫叶飘落着，把大家带入了秋意正浓的意境；有的学生画中是一群翩翩起舞的美丽白天鹅，在湛蓝的湖水衬托下格外优雅……

教学的收获不仅仅来自于课堂中的满意，还有就是那些小小的遗憾，但是这些遗憾让课堂不断进步，让教学更加科学和完美。

此次教学中用到的“小组探究合作”的教学形式中，学生的交流习惯养成还不够，还有的学生没有更好地表达自己的情感和见解，这还需要进行一系列的交流训练，所以在平时的教学中要坚持开展这样有效的合作探究活动。

附教学课例 2：

添画

学科：美术　　　年级：二年级　　　执教者：祝昭琼

一、教材解读

本课属于“造型·表现”系列，通过教学让学生掌握根据图片情境添加适当内容的添画方法，提高学习美术的兴趣，培养学生热爱生活的品质。

编者的意图是通过本课的教学，培养学生的想象力和创新能力，训练和提高学生动手制作（剪、画、贴）能力，掌握图片添画的基本方法。

本课共占两页，为学生提供了作品欣赏和基本制作方法。学生通过欣赏作品，知道一张普通的风景图片经过动手添加，就会变得更加生机勃勃，富有情趣。

小组讨论、选择图片、合作完成作业的活动场面图片，提示教师和学生可选择使用的学习方法。

二、学情分析

开学第一课，许多孩子还沉浸在新年的快乐中。让课堂学习的快乐代替寒假生活的回味是第一课成功的关键，也能让孩子们在整整一学期里都充满对美术课的期待之情。因此，本课教学的趣味性显得尤其重要。但是，此课的用具准备给家长和孩子们出了难题：纯风景的挂历在现代生活中确实难找。为了帮孩子们解决用具上的困难，我上网查找各个有代表性的风景图片，如大海边、公园里、森林中、各城市著名旅游建筑点……这些令孩子们憧憬和向往的景区能进一步调动孩子们的激情。为了让这些图片能在八个班的常规教学中方便使用，我用透明胶过塑，再让学生们涂固体胶粘贴，拍下照片后即可拆下另一个班继续使用。

三、目标定位

(1) 知识与能力：认识一幅画需要不同的景物或事物来衬托、完善。

(2) 过程与方法：用绘画的方法表现想象中的事物并能根据画面需要安排位置。

(3) 情感态度与价值观：培养学生的观察能力、想象能力、构图表现能力与创造能力。

四、条件评估

此课学生活动较为复杂，首先要画，再剪，后贴，最后对学生作品进行展评，因此教师要预留大量学生活动的时间。所以，直奔课题，设置情景，小组合作，先学后教的教学方法也为此课的学生活动节省不少的时间。

五、自学设计

情景导入后，学生激情高，教师趁热打铁，引导学生关注到具体的动作后，让孩子们自由发挥，完成“门票”。

从学生作品中寻找出“不合格门票”请离开景区，通常教师们授课以讲授正确的方式为主，此刻，教师不讲，以学生作品中产生的不正确为反面例子，使得重点教学更浅显易懂，直观形象。

六、教学过程设计（见表3-44）

表 3-44 《添画》教学过程设计表

学生活动	教师活动	设计思路
活动一：每个孩子根据自己的回答，领取“门票”，画出自己的活动。	1. 如果你来到这里，你想干什么呢？ 2. 看看我想干嘛？教师出示自己的门票。 3. 你从哪看出我在游泳呢？ 4. 师板书：动作、服饰	直观形象，进入课题。 引导学生抓住表现人物的重点。
活动二：对自己的“门票”进行整理，并自由上台将“自己”贴在“园区”合适的地方。	景区“闭园”，有些“游客请离开景区”（太小、无色、没剪）。	生先画，师后授的方法，学生喜欢，授课的针对性更强。
活动三：各小组在“导游”带领下游玩“小景区”。	1. “小老师”找出你最喜欢的游客，为什么？（动作、服饰） 2. 师封“最受欢迎游客”称号。 3. 展示各组“游园景”。 4. 评选“最受欢迎游客”、“最文明游客”。	在课堂活动中贯穿环保意识培养，让学生懂得保护大自然的重要性，从而爱护身边的环境。

七、教学反思

“十二五”科研课题立项后，“合作式学习”让我沉思良久，佐藤学教授记录的自主学习的课堂，令我神往。在二年级美术课堂教学中，我努力做出合作的尝试。

《添画》一课属于造型、表现这一学习领域。作业要求学生能够根据各种不同风景画进行添画。此课既涉及绘画课业，又涉及制作课中的剪贴运用，属于美术技能的综合运用。为了让孩子们在较短的时间内看到作品由单一变得丰富、热闹，达到添画的目的，所以我将此课的作业完成方式设计为小组合作形式。在讲授此课时我力求做到以下几点：

1. 调动激情、创设情境

“一个好的开课，就是成功的一半。”这是教研员哈汉芳老师常常告诫我们的话，由此可见开课在一节美术课中所是举足轻重的。“带大家到一个风景优美的地方去玩玩吧。”让孩子们既疑惑又兴奋。无需组织教学，所有孩子的眼睛都齐刷刷地看到我身上。随后立即进入此课的新授部分“美丽的仙山天湖”（风景图片），“来到这儿你想干吗？”既然无法真正带孩子们走出教室，那就让他们的心灵得到一次“踏青游玩”吧。

随后所有的教学活动都紧紧围绕“旅游”来展开。“游园门票”的准备，“文明游客”的评选，“景区环境”的维护，各小组组长“小导游”的称谓等。课堂变成了小朋友的游戏——“过家家”。真正实现了孩子们“玩中学美”的低年级段教学模式，结合了区课题研究小组的美术课堂教学模式的运用。从二年级八个班的授课效果来看，这样的课堂深受孩子们的欢迎，让整整一学期的美术课都成了孩子们的期待，这样的开学第一课我个人觉得十分成功。

2. 注重细节、培养习惯

低年级段的学习重点是习惯的培养，这是我校的“六年成人计划”的训练目标。此课中，我将习惯的培养延伸到课外——怎样做一个文明的游客。

考虑到运用剪刀会产生纸屑垃圾，于是我为各小组准备了“景区垃圾桶”并教育孩子们“请随手将调皮‘捣蛋鬼’扔进垃圾桶内，不为景区带来一片纸屑”。在平时的美术课中我常常跟孩子们说：“别让小纸屑跑到袖子上、身上，最后跑到地上成了‘调皮捣蛋鬼’，请随手揉成团，捆住它的手脚，让它待在桌子角。”这样的话语孩子们爱听，也愿照做，比起生硬的提醒“把纸张捡起来”，孩子们更愿意接受。

另外，由于此课的特殊性，及时对学生进行课外行为文明的教育也是一个很好的契机。在学生作品展示这一环节中，有一个孩子为了好玩，在景区中画上木乃伊，而且我观察到，他这一行为吸引了不少孩子的效仿。于是我指出：“如果有吓唬游客的行为，也属于不文明游客，我也得请他离开景区。”绘画中的“自己”从心理学上分析，是现实生活中自己内心的投射。所以读懂孩子的绘画作品，并明确告诫孩子们什么该做，什么不该做，相信对孩子们的实际生活行为是有一定影响的。

从课后环境维护的效果来看，百分之九十五的孩子座位干净、整洁，极个别的孩子留下的部分纸屑，也并非故意为之。所以我想这节课的行为习惯教育我是成功的。

反思课后不足，特别是在我写完课堂实录以后，我发觉我上了一节很失败的课。整节课中我采用的仍是传统的一问一答的教学模式，除了在学生动手时是小组合作形式，在整个新授环节中，找不出一刻是合作、交流的时候。而且即使是学生合作，既没有小组分工，讨论也没有合作的目的性，所以这节课的合作也紧紧停留在形式上的合作，没有达到实际的意义。

不过，在这次参加研讨课的活动过程中，我更清楚地了解了小组合作式课堂的实质，在接下来的常规教学中，我会更进一步把合作式教学运用到课堂上，相信下一次的活动中，领导、专家会看到我的进步。

三、研究札记

“伙伴学习”课堂教学模式

——以“高效课堂”为追求的课堂学习共同体探索

崇仁寄宿学校在“十五”期间开展了“小学教师自主选择与创造教育模式”课题研究，提炼形成创造了29个教育教学模式，教师们在教学模式的研究与实践上有一定的基础；“十一五”期间开展“基于教育创造的教师主体性发展”的研究，在“高效课堂”的研究中做了一些积极的探索。“十二五”期间，学校确立了“以优质教育为取向的小学生学习活动整体建构”的研究课题，把研究的重点放在“课堂教学中学习活动的设计与教学组织策略”的研究上，我们也把学习型组织理念的元素融合到课堂教学之中，逐步探索和提炼具有学校特色的课堂教学模式——“伙伴学习”课堂教学模式。

一、“伙伴学习”课堂教学模式提出的背景

1. 社会背景

中国当前独生子女居多，这种特殊的家庭结构容易让孩子形成以自我为中心的特点，同时，厌学的孩子多，他们在家庭中缺少同龄或近龄的伙伴，也造成与他人相处和合作的障碍。但现代社会生活中，社会分工越来越细，竞争与挑战越来越强，许多工作需要共同配合、团队协作才能完成，如果缺乏这种意识和能力，也就很难适应社会发展的需要。

如果学校课堂教学采用“伙伴学习”模式将有利于学生的社会性发展，增强学生自信心，从而激发学生内在的学习动力，并能有效抑制普遍存在的厌学心理，改变学习的状态。

2. 学校状况

为改变课堂上教师讲（问），学生听（答）的现状，真正实现“以学定教”、“为学而教”的课堂教学理念，让学生成为课堂的主人，在“爱学”、“乐学”中培养学生自主学习意识和能力，促进其健康全面发展，崇仁寄宿学校在探索高效课堂的道路上，不断探索。早在2005年，崇仁寄宿学校就高度关注课堂效能问题，并识别了影响学生学习效能的“三类十项”基本因素，即教学因素（课堂管理、教师素养、教学交往、教学内容）、学习因素（学习动机、知识结构、学习方式、学习习惯）、环境因素（班级环境、家庭环境），并以洋思中学和杜郎口中学为实践参照，开展高效课堂的研究，提出了高效课堂“以学论教”的价值导向评价方案，课堂教学观察、评价从“学”、“练”、“效”三个维度进行，共设12个评价要点。同时拟定了13个“以学论教”的评析要点，把学生的“学”和教师的“教”整合在一起予以关照。这个阶段以落实“学”、“练”、“效”评价标准为载体，对学生的学习和教师的指导做了比较深入的研究，也形成了很多有价值的课例。

在总结前期高效课堂研究成果的基础上，我们进一步吸收了日本教育家佐藤学的学习共同体理论，结合学校学习型组织创建的经验，坚守以学定教、为学而教的理念，努力建设课堂中的学习共同体，力图达到“为学而教、不教之教”的课堂教学新境界。学校积极尝试探索了“伙伴学习”课堂教学模式。

3. 学生分析

与此同时，我们也发现大多数独生子女非常渴望与同伴在一起交流，共同解决学习与生活中的问题，在商讨中增进友谊，共同提高学习成绩。而且在相机诱导原理的作用下，相比与成人的交流，学生更喜欢和同学伙伴交流，其交流的质量也会很好。这种同伴交流的特征即是“伙伴学习”模式命名的条件。

二、“伙伴学习”课堂教学模式提出的理论依据

1. 哲学层面

哲学家马丁·布伯告诉人们，代表着西方哲学传统思想的人与世界的“我——它”关系表明我只是在世界之外去感知这个世界，而经验本身却在“我”之中，这就构成了自我与世界之间的鸿沟。削弱了“我”与“它”之间本可以有的亲密关系。这是一种对立，而不是一种交融的关系，带有威胁性，让人产生焦虑感。

与“我—它”关系相反，马丁·布伯强调建立“我—你”关系才是一种真正的有价值关系。因为“我—你”是互动关系，不是静态的，每个人对自然和人类社会的理解都不一样，大家在这种关系中互相交流，互相学习，关系平等，也就消除了对外部世界（人、社会与自然）的恐惧心理，也消除了潜在的焦虑。

“伙伴学习”课堂教学模式改变学生与周围世界的“我—它”关系，学生与同伴、教师、教材及关联资源变成了“我—你”关系，改变了以往的被动状态，学生是主观能动的。正是在“我—你”伙伴关系的领域中，“一切才是活生生的，现实的”，才会在互动中实现认知、情感、意志及思想行为的成长。

2. 教育学层面

叶澜教授在“新基础教育”中主张“交流过程论”，认为要使师生在教学过程中真正建立起特殊的“人—人”关系，就要把师生的教学活动当作不可剥离、相互锁定的有机整体，就要把教学过程看作是师生为实现教学任务和目的，围绕教学内容，共同参与，通过对话、沟通和合作活动，产生交互影响，以动态生成的方式推进教学活动的过程。教学过程中师生的内在关系是教学过程创造主体之间的交往（对话、合作、沟通）关系，这种关系在教学过程的动态生成中得以展开和实现。要在课堂教学过程中达到“多向互动”。这里的多向，包括教师与全体、部分或个别学生之间的不同性质的互动，也包括学生个体间、个体与小组或全班、小组与小组间多边式和不同性质的互动。在教学过程中，教师不仅要把学生看作“对象”、“主体”，还要看作教学“资源”的重要构成和生成者。每个学生都是学习的资源，个人的经验、认识，将在“伙伴学习”中得以充分呈现。

3. 心理学层面

儿童天性是喜爱与人交往的，乐于在同伴中表达自己的认识和见解，

也善于从同伴处获得新知。同伴间的氛围往往能够极大地影响学生的观念，激发学生的内驱力和意志力。教师如果善于运用伙伴之间的积极力量去引导学生，将会收到事半功倍的效果。

三、“伙伴学习”课堂教学模式的内涵界定

“伙伴学习”课堂教学模式坚守“以学定教、先学后教”的理念，倡导把教师、学生、教材视为同一个朋友式的伙伴学习平台，从而建立平等、互助的伙伴师生关系，尝试学生个体充分自学基础上的伙伴互帮互学、交流分享的学习方式，从而获得师生伙伴的共同成长，努力建设课堂中的学习共同体。

1.“伙伴学习”是基于“我—你”关系的学习

从学生学习的实质来看，“学习”就是学习者跟客观世界的交往与对话，跟他人的交往与对话，跟自身的交往与对话的三位一体的活动。从学习的现状来看，仅仅把教材当作学习对象内容来“对话”是非常欠缺的，这也是伙伴理论在课堂教学中具有积极价值的原因之所在。教师、同学都是学习者的伙伴，与他们对话，再加上与客观世界和自身的对话，就组成了学生学习活动主要表现方式，教师正是要利用伙伴之间的对话来促进学习的真实发生和效能的提高。

2.“伙伴学习”的核心思想就是为学而教

“学”是指与学生学习活动相关的内容。小学生的学习活动，是指小学生为促进身心发展而参与的身体的、心理的以及身心统一的各种活动。身体活动与心理活动虽然具有相对独立性，但在小学生的学习中，学习活动很多时候是身心统一或手脑并用的。“教”是与教师教学活动相关的内容，包括教学设计、教学的组织与实施、教学评价等，尤其是选择与设计学生的学习活动尤为重要。“为学而教”倡导教师转换角色，做学生学习的帮助者、组织者与促进者，在“先学后教、顺学而教、学练结合”的丰富的教学活动中关注、欣赏着每个孩子，帮助学生学会学习。

3.“伙伴学习”相对传统学习的变化

（1）教师教学观的变化。“伙伴学习”的实施要求教师树立新的学习资源观，即课程是学习资源、教师是学习资源、学生也是学习资源，他们彼此构成“伙伴”资源。生生伙伴，师生伙伴，家长伙伴，动态发展则扩大为学生的“学习圈”，形成学习共同体，积极促进和影响学生个体的有效学习。

（2）课堂组织结构与流程的变化。课堂组织形式发生了改变，由师生单向互动走向多向互动（教师与全体、部分、个别学生的互动，学生个体间、个体与小组或全班、小组与小组间的互动）。课堂结构流程也随之变化，由“先教后学”、“边教边学”转变为“先学后教”、“教学相长”。

四、“伙伴学习”课堂教学的基本模式

“伙伴学习”课堂教学模式拟分为基本式和变式。学校整体建构基本模式，教师可根据各自教学风格、不同学科、不同教学内容对基本模式进行个性的再造，形成不同变式。既有学校整体规范，又有教师独立创新，有模式但不模式化。

“伙伴学习”课堂教学模式的基本流程如下（见图 3-1）：

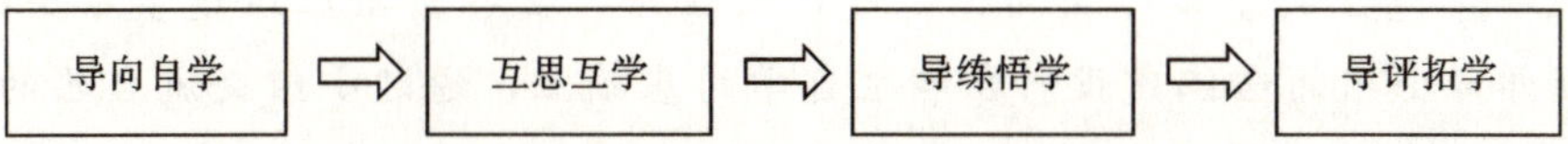

图 3-1　“伙伴学习”课堂模式流程图

1. 导向自学

小学生的年龄特点、身心发展规律决定了他们在学习目标的把握上、学习方式方法的选择上需要在教师引导下逐步形成与成熟。导向自学其实质意义是在教师较为清晰的目标任务引导下，学生展开充分的自学，把学习的主动权还给学生，让学生的自学能力得以发生与生长。

导向，即为学生的学习引导方向。学习目标不容易确定，需要老师全面掌握课程标准对不同学段学习的目标定位，还要对教材通盘把握，结合学情和教学内容，有序列、有层次、针对性地制定不同单元的教学目标，再细化到每一节课中，并用学习任务的方式呈现出来。自学提纲是重要的呈现载体，在学习活动的每一阶段都需要教师发挥导向作用。

自学，是学生在老师的指导下独立自主的学习。教师制定的自学提纲是学生自学的主要依据，也是学生课堂学习的重要基础。自学提纲，应该围绕课堂学习的基础目标和核心目标设计，有利于学生自学完成基础目标，对核心目标有独立的思考并形成自己的基本意见。自学可以放在课内进行，学生有了一定的自学能力和方法后，可以放在课外进行。以此让学生的自主学习成为一种习惯与常态。

2. 导思互学

学生在对学习内容进行自学的基础上，教师着重引导学生积极主动去思考，着重在思维习惯、思维品质、思维能力上引导学生在课堂中开展团队学习和经验分享。

导思，“学贵有疑，小疑小进，大疑大进”。学生学习中的疑惑是最近发展区的重要体现，教师在课堂中要把握学生学习的困难。在知识点疑难处、在学生思维障碍处加以引导，就能发现学生疑惑，引导学生质疑，教会学生质疑，梳理学生疑惑，训练学生的思维方式和行为方式，从而使教师在课堂教学中真正落实“为学而教”的理念和方法。

互学，主要是小组合作学习。借鉴杜郎口中学等已经证明的经验，参考佐藤学先生的“学习共同体”建设的理论，在各实验班组建学习小组，加强学习小组的组织建设。在学生自学的基础上，通过小组交流自己的学习收获和困惑，在生生互动中巩固基础性目标，促进对核心目标的深入认识。互学的要点有：①尽量保证每个学生都能参与到互动之中；②围绕自学提纲，由易到难，尽量形成学生之间的互动与对话；③学生之间的民主与平等，通过相互请教与帮助保障互学的有效。教师在此阶段也要了解不同学习小组的学习情况，把握学生的学习基础和困惑之所在，尽量引发和促进学生之间的学习。

互学还包括全班的交流、展示、讨论。可以分为两个基本阶段，基础目标的学习展示阶段和核心目标的对话达成阶段。核心目标的对话达成，是群学的主要任务，教师要在学生的交流之中，发现学生学习的进步和困惑，引导学生深入探索，从而经历比较全面、深刻的思维过程。教师在此阶段的作用尤为重要，及时发现生成性资源，围绕核心目标组织和指导，在积极的情感体验中引发学生思维向深度、广度和迁移度发展。

3. 导练悟学

学生在进行充分交流后，通过相应的作业、问题的解决来强化所学知识，帮助学生梳理学习过程、反思学习方法、检验学习效果。

导练，训练是课堂学习重要的存在方式，通过教师的引导，对知识的训练点、能力的伸长点和创造性思维的重点设计针对性、实效性的练习来巩固所学知识、发展学生思维。训练方式可以是分层训练，但基本原则是因课而异，因人而异。

悟学，即学生自己反省自学过程、自学方法，伙伴学习过程中信息的交流与分享，总结自己的学习收获，发现不足，明确改进方向。按照不同的课型，不同的内容，悟学反思的方式可以是自己或互相设计练习题，也可以是自己画思维导图，还可以是赏析同学的作品，提出自己的见解。

4. 导评拓学

教师在学生自主学习后，引导学生从兴趣与习惯、过程与方法、情感与态度三个维度开展评价，形成自评、互评、教师点评评价机制。

导评，通过教师的评价，引导学生自查自测。针对教学目标，逐步引起并培养学生自我反思、自查自纠的能力。教师的情境创设、语言激励等都是很好的方法。教师对学生的信任和期待、点拨和激发、铺垫和扶持都能很好地激发学生学习潜能。

拓学，引导学生对知识进行系统整理、方法提炼、学习活动再建。可以是拓展性训练，如语文一篇带多篇的阅读训练，阅读后的小练笔、课后的练习等。可以是课外知识延伸，教师提供与所学内容相关的课外知识、背景资料等。

五、“伙伴学习”课堂教学模式的操作策略

1. 自学提纲的设计要符合小学生的年龄特点

自学是本模式非常重要的环节，学生的互学、拓展等都是建立在自学的基础上进行的。小学生的自学能力需要教师系列化、循序渐进地培养，自学提纲的设计正是培养学生自学能力的重要载体。自学提纲的设计也可根据学生发展的状况、依学科、课程内容的不同，采取年组合作、师生合作、学生设计等多种方式进行。

针对基础性目标设计的自学要求要具体、明确。这样学生就能在自学的时候完全独立完成，针对核心目标的自学提纲，则需要设计辅助学生思考或动手实践的提示，不能无视学生基础，提出过高要求。针对拓展性目标提出的自学提示则重在提示学生提前搜集素材、查阅资料、观察生活等。

自学提纲也能起到引导学生用不同的学习方式学习的作用，语文教学中的读，数学教学中的探究，科学学科的实验操作等，都可以在自学提纲中提示给学生。

2. 学习小组的建立和培养至关重要

在大班额的课堂教学中，要想实现学生之间、师生之间的伙伴学习，必须建立学习小组。这是实现生生伙伴互动的良好平台，以保证每一位学生有机会与伙伴直接对话的平台。小组的组建与培养是保证伙伴学习课堂教学模式得以落实的基础。

3. 不同学科学习的活动设计应体现学科特点

不同的学科要设计与学习内容相适应的学习活动。体育学科的操作体验，艺术学科的情感体验等都可以在自学、互学、练习等教学环节中设计，不可千篇一律。

4. 教师的作用更为重要

伙伴学习课堂，首先就是师生、生生之间的伙伴关系的建立。这需要教师在班级中持续营造并与学生之间建立信赖、赏识的人际关系。在课堂上能耐心倾听学生的发言，并引导学生之间相互倾听，并做到串联学生之间的发言，引导学生思考与共同探究。只有这样，伙伴学习课堂才能名至实归。

六、“伙伴学习”课堂教学模式实践研究中的初步成效与问题

“伙伴学习”课堂教学模式的研究与实践，是学校课程文化进一步物化和深化的过程，也是一个不断深化课程改革，改进课堂教学效能的过程。它给崇仁寄宿学校课堂教学带来了很大的变化，主要体现在：

1. 变重教为重学

“伙伴学习”课堂教学的研究使传统备课方式面临着极大挑战，教师的教学设计改变传统的教为主线，转向学习“活动流”的设计，其着眼点在学生，着力点在学习是否真正发生。学习的效能是否在递进中螺旋提升。

2. 变单一认知学习为多维思维训练

“伙伴学习”课堂教学模式为学生快捷形成“知识树”和“能力树”奠定了坚实基础。学生通过与伙伴的交流，不断改善学习方法，优化学习方式，进而提升学习效能。

3. 变等待课堂为期待课堂

“伙伴学习”课堂教学为每个学生参与课堂学习提供了可能，课堂学习的强度、密度、兴趣度得以充分彰显，学生积极性高、思维活跃，期待课堂学习活动的到来。

由于“伙伴学习”课堂教学模式在我校还在进一步探索之中，还不够成熟，其中也存在一些急需解决的问题，主要表现为：

（1）学生合作学习的意识和能力的培养亟待加强。我们在小学生自学及合作学习能力的培养上还不够清晰，未能准确把握不同年级学生自学及合作学习能力可以达到的水平，也未能弄清不同阶段应重点培养的能力层级序列，这导致对学生学习前在状态和潜在状态的把握不足。

（2）教师观念的转变需要持续关注。由于“伙伴学习”课堂教学模式与传统课堂教学的差异较大，实验教师在专家、领导介入期间与自主实验期间的表现还有一定差距，其主要原因还是教学观念未能彻底转变，需要持续关注。

（3）教室空间不足一定程度上制约了“伙伴学习”课堂教学模式的推进。由于班额较大，学生小组学习、伙伴交流受到空间限制，师生交流也未能惠及每一个孩子，需要进一步创新。

“伙伴学习”课堂教学模式给我们课堂教学变革带来了希望，我们会坚守教师、学生共同成长的思想，沿着这条路坚定不移地走下去，进而实现“为学而教，不教之教”的课堂教学愿景。

让每一位学生的语文学习真实地发生

——基于对话学习理论的小学语文课堂教学变革

余国卿

语文课堂教学的效能低下是大家公认的事实，课堂上学生的语文实践活动形式相对单一，积极参与课堂学习的学生人数不多，部分优秀学生和教师一起串联的课堂学习全过程极容易忽视中下等学生的课堂存在……这些都导致不少的学生课堂学习效能低下，甚至没有发生真正的发展，意味着课堂学习并没有真正发生。为了改变这样的现状，让每一位学生的语文课堂学习真实地发生，需要从理论和实践两个领域做艰辛的探索。

一、对话学习理论为每一个学生的语文学习提供了新的审视视角

日本学者佐藤学对学习提出了自己的定义：学习是学习者与客观世界的对话、与他人的对话、与自我对话的三位一体的实践活动①。《语文课程标准》中也明确提出来："阅读教学是学生、教师、教科书编者、文本之间对话的过程。"王尚文先生认为语文教学作为对话，由多个对话者相互交织而成，多个对话者之间，多重对话之间相互碰撞、推动、补充、促进②。用对话学习理论来观照我们的语文课堂，需要认真反思这样几个问题：学生在课堂上真正发生过对话吗？学生的对话是三位一体的吗？学生对话的目的、方式和效果又是怎样的？

不可否认现在的语文课堂已经非常重视学生的学习主体地位，重视课堂上的民主、平等，重视学生之间的交流合作，但仍然没有摆脱教师控制下的教师中心课堂的窠臼，课堂学习状态仍然以听讲、答问为主，读书、思考很多时候是为了配合老师演绎课堂的精彩。这样的传统课堂，是很难顾及每一个学生，对话只会在局部或者某些领域内发生，很多学生的语文学习并没有随着课堂的流程而真正发生。

传承小学语文教学优秀经验，保证充分的自学，促进小组内的互学，优化班级内组际的交流与合作，是对话学习理论给我们小学语文课堂教学提出的现实道路。

二、对话学习引发了学生语文课堂生活的重构

要想让每一位学生的语文课堂学习真实的发生，就要尽量让每一位学生在课堂上有真正意义的三位一体的对话发生，并且这种对话能结合具体的教学目标、内容、条件、文体等有不同的侧重点，展示出与之相适应的方式和效果。

1. 自学为对话学习奠定基础

语文学习必须强调自学，这是语文课程的特点决定的。无论是阅读教学还是习作教学，学生的独立自学或者预习都是极其重要的，这是学生极

---

① 佐藤学. 学习的快乐——走向对话［M］. 钟启泉，译. 北京：教育科学出版社 2004：38-43.

② 王尚文. 语文教学对话论［M］. 浙江：浙江教育出版社，2004：4-5.

少数独立学习的时机，也是学生独自与文本或者教材、客观世界对话的契机，还是检验学生语文学习能力高低的重要载体。便于学生知晓自己的学习情况，发现学习困惑，为课堂上三位一体对话奠定了必需的基础。

自学需要在老师的指导下独立完成。语文教材的自学与一般意义上的阅读是有差异的，学生要努力读通读懂文章内容，学习基本的语文知识，体会文章情感，小学高年级以上还要揣摩文章的表达方法。隐藏在这些内容的背后的是语文能力的训练，是学生思维、情感的发展。所以从小学低年级开始，老师就会指导学生独立预习课文，培养学生自学能力，从最基本的读课文，圈画生字开始，直至查阅资料、写批注、质疑问难等，是一个持续不断的螺旋上升的能力训练过程。有些学校和老师使用导学案指导学生自学，有的老师经过长期的培养，按照基础加个性的方式指导学生完成自学。因为课堂教学需要考虑效率，老师一般会特别关注学习核心目标的自学情况，这是课堂学习能够围绕核心目标展开对话的前提。

自学需要良好的学习习惯作保障。自学会因为学生的语文基础的差异而呈现出各种不同的学习状态和效果，尤其是把自学放在课外完成的时候，非常依赖于学生良好的学习习惯作保障。语文学科的自学效果呈现很难像数学那样用几道题目来展示，更多的是需要学生好好读书，静心思考，默默体验，展示的方式也是各具个性，有的是精彩的朗读，有的是精辟的批注，有的是完整的答题，有的是规范的书写……除了一些基础性的语文知识的掌握外，老师是难以用统一要求来检查学生的自学，需要在长期的教学工作中引导学生形成良好的自学习惯，保证自学质量。

2. 小组学习带来课堂结构的变革

课堂对话需要新的课堂组织结构来保障每一个学生的参与权利。传统课堂中师生之间对话比较多，优秀的教师往往特别关注学生之间的对话，但囿于班额较大，仍然难以顾及每一个学生。在现实状况下，组建学习小组是保障每一位学生有机会实现三位一体对话学习的可行的举措。

小组是交流自学效果的最佳场所。学生的自学情况需要有交流的时空，在全班范围内，哪怕就是基础的生字词的学习和课文的朗读，也是很难让每一个学生有机会把自己的学习体会、困惑展示出来的。而在小组内，每一位学生都可以发表自己的意见，可以对组员的展示予以补充、讨论、辨析。分享彼此的经验，感受学习的快乐；交流学习的困惑，在讨论中解决问题；提出不懂的问题，留待全班交流……这都是小组能够做到的。小组内组员的搭配、分工、职责，都是需要老师科学安排，并利用各种机会指导学生提高组内对话的能力。尤其是尊重和倾听同伴发言，赏识和补充并形成相对完整的自学答案的能力，是非常需要老师的指导和训练的。

小组还是讨论、交流课堂核心问题，落实核心目标的主要平台。语文课堂教学总是有一定的核心目标的，往往会体现在老师所提出的核心问题上。这时也是需要学生在自学的基础上的小组讨论的，让每一位学生能把自己与教材、自我对话的心得，与伙伴讨论，再一次丰富自己对教材的认识，提升自己的能力。

组际交流带来课堂完全不一样的体验。组际交流可以在三个时机呈现：一是展示小组讨论的自学效果；二是围绕核心目标的小组互学后的展示；三是练习拓展时的分享与讨论。传统课堂中，主要是由老师来组织这样的组际乃至全班的交流的，要想让每一位学生最大限度地参与到对话之中，还是需要基于小组的展示来组织课堂教学。小组内每一个成员都要参与到展示之中，或朗读，或议论，或补充，或总结。其他小组在倾听的基础上，再实现组际之间的对话。对话的基础主要是小组讨论时所形成的集体意见，从而实现组与组之间的智慧的交流与碰撞。这样的语文课堂，不再是老师问学生答，而主要呈现为学生之间的交流、讨论、朗读、思考等。课堂组织结构、学习活动结构都会发生很大的改变，但其主旨都是为了促进每一位学生的学习真实地发生。

3. 继承和发扬传统语文教学的优点

基于小组学习的对话学习，并不排斥传统语文课堂的优秀经验，而是要继承和发扬传统语文教学的优点，更好地提高学生学习的效能。

不同的目标和内容，对话的侧重点和方式不同。语文教学受内容的限制比较大，不同的选文类型，学习的方式会有比较大的差异。小学阶段的童话故事、写景散文、小说、古诗、儿歌、记叙文、议论文、说明文等，学习的对话方式都会有各自特点。如写景散文更多地需要学生与文本对话，在品读、美读之时走进语言文字所描绘的美好画卷之中，从而感受领悟语言文字的魅力，学习作者的表达方法。类似的以情感体验为主的学习，同伴之间的对话则需少而精。再如小说的学习，需要对人物形象的感受与分析，对情节的梳理和明晰，可以在自学的基础上，展开充分的同伴对话活动，在交流中研讨，在讨论中明晰。这样的以探究研讨为主的学习，三位一体的对话显得尤为明显。

把握关键点，落实语文训练不能滑。传统的语文课堂中，教师非常注重对重难点的突破，会抓住关键，落实语文训练。但在落实训练的过程中，往往是教师主导过多，学习的重心下移不够，导致不少学生未能真正参与其中。所以需要在把握关键，落实训练的方式方法上，要充分调动每一位学生积极参与，引发学生围绕关键处夯实三位一体的对话过程。

三、对话学习对教师提出了新的挑战

重视每一位学生的学习，期望每一位学生在课堂上能产生三位一体的对话学习活动，对教师提出了新的挑战，关键是理念的更新和能力的升级。

1. 对课堂形态的新期望

课堂是学生学习的学堂，而非是激情演绎的荡气回肠的讲堂；课堂是几十个学生在老师的组织和引导下的真真实实的学习时空，而非是少数甚至几个人当主演，其他人做配角的舞台。考虑“每一个”是对生命的尊重，是教育均衡公平的需要。回到儿童的立场，审视如何让学习真实地发生，不追求行云流水的美丽，不追求精美绝伦的结构，不追求学生完美的表现，也不追求教师慷慨激昂的讲演。一切都以学生学习的需求出发，以激发学生与客观世界，与他人和自我的对话为己任，让语文课堂因为真实的学习而真切。

2. 功在课前，导在课中

教师更需要研究学生，研究每一个学生。了解学生的最近发展区，熟悉学生的语文学习基础，熟知他们的差异，培养自学和合作学习的能力。教师也需要研究教材，找到适合学生学习的有挑战意义的任务，设计好学生的学习活动。只有功在课前，才会有课堂的效能。

课堂上，教师既要能倾听每一位学生，每一个小组的声音，还要组织学生相互倾听。倾听中能发现学生对话的可能，在组织和引导中把学生的思维、情绪串联起来，适当的时机还要学会停留，对关键处引导学生多一番品析，多一次讨论，多一点争执。这种既有预设又是生成的引导，是教师课堂应做的事情。

语文课堂的变革是一项艰巨的任务，任何一种理论、一种实践主张都不一定能解决语文教学的所有问题，这也正是语文教学的魅力。需要千千万的语文教师立足语文课堂，做艰辛的跋涉，也需要理论工作者为语文教师打开更多的视窗，从而寻找到适合自己的学生，适合教师自己的语文教学之路。

（发表于《湖北教育》2013 年第 4 期）

从“嘴”到“脚”

——谈课堂变革的落实

余国卿

有位哲人说，世界上最远的距离是从“嘴”到“脚”。其意思是讲把说到的做出来不容易，做好更难。而世界的发展，不仅要“说”，更要“做”，“听其言，观其行”的古训至今都是外交官口中的常用语。在教育领域，尤其是课堂教学变革中，由“嘴”到“脚”就显得无比重要。

平时与老师们聊天，谈起课堂教学变革，几乎没有人不会讲理念，“把课堂还给学生”，“让学生成为学习的主人”，“倡导自主、合作、探究的学习方式”……这样林林总总的新课程改革的理念大家都能脱口而出。领导、专家更不用说了，课堂改革的经验层出不穷。然而，走进常规的课堂，走进没有精心准备的教室，看到的仍然是大部分老师紧紧掌控着课堂学习的每一个环节，每一个步骤，甚至每一个学生的发言，教师的讲仍然是课堂的主旋律。老师也会苦恼地说：“不是我不想改，而是学生不会学，放手的后果很糟糕。”看到这样的情景，不由得感慨：从“嘴”到“脚”，迫在眉睫。

从“嘴”到“脚”，既是行为方式的变革，也是思维方式的变革。尤其需要从学生的角度思考问题，采取行动，因为所有教育活动最终是要通过学生的自我教育才能发挥作用的。从学生出发，才可能让教育行为脚踏实地，让各种教育理念不再是在云端舞蹈，而能贴着地面行走。

从“嘴”到“脚”，要营造良好的学习氛围，让学生安全地学习。在课堂上我们经常能看到这样的一幕：老师请学生回答问题，一个学生回答了，不合老师意愿，老师仍会表扬该学生勇于发言，有自己的主张。老师继续请学生回答，聪明的学生很快就能揣摩老师需要怎样的答案，后面的发言一准能高度合乎老师意图。老师也很满意，高兴地组织学生向回答正确的学生学习。这样的课堂已经有很大的进步了，老师和学生不批评、嘲讽出错的学生，还能予以包容。但很难相信这样的课堂能培养出真正有独立见解，敢于和乐于表达自己真实想法的学生。一旦放手，他们揣摩谁的答案呢？所以，教学的改革要改掉以教师为中心，以教师为标准的课堂心态。让学生真实地表达自己的心迹，安全地袒露自己的学习历程，获得真实的发展。这要靠良好的学习氛围，靠民主平等的师生、生生关系。这一步，是课堂变革的前提，也是课堂变革的重要目的。

从“嘴”到“脚”，要管住教师自己的“嘴”，还给学生学习的时空。教师是靠“嘴”吃饭的，但不能过度使用自己的“嘴”。钱梦龙先生说过教师应有“三不讲”：“学生已经会的不讲，学生可以自己学会的不讲，讲了学生也不会的不讲。”这在告诉老师们不能用讲占据了学生学习时空。课堂教学变革取得卓著成效的洋思中学和杜郎口中学等都采取强制措施，规定教师的课堂讲话时间，可谓是管住教师“嘴”的典型了。现代心理学、神经学研究早就证明了，学生的学习都是自己学会的，不可能是教师讲会的，他们需要的是学习的动力、兴趣、方法、过程和各种帮助。

从“嘴”到“脚”，最重要的是要帮助学生“张开嘴”、“迈开腿”。每一个学生都是天生的学习者，千万不要忽视他们的学习力和创造力。如果用玩电子产品的学习力来考评，估计没有多少老师比得上学生。我们的课堂学习如果有了这样的吸引力，还需要老师含辛茹苦吗？所以课堂教学的内容及学习活动方式的呈现要贴近学生，尽量关联学生的生活经验，激发学生学习的兴趣。就如有老师结合买彩票这样的生活实例来组织数学统计与概率的学习，学生很有兴趣。

帮助学生，通过自学做好课堂学习准备，训练学生，提升自学和合作学习能力，是学生课堂上“张开嘴”、“迈开腿”的关键所在。很多时候，学生之所以不敢表达自己的观点，是因为他没有做好准备，没有充分的把握。如果能自学充分，对学习的内容有一定的了解和自己的看法，课堂上就少一些缩手缩脚。当下，帮助学生自学的方式很多，有的用自学单，有的用教材本身……无论用什么，都是一种支架罢了，适合就好。

训练学生的自学和合作学习能力更是需要教师的亲力亲为和坚持不懈。学生如何做自学笔记，如何提问，如何查找资料，如何展示自己的自学心得，小组内如何交流讨论，如何展示集体成果，这些都需要老师利用各种机会，详细予以指导和训练。我们都很欣赏那些在课堂上能落落大方、有条不紊、严谨周密表述自己学习过程和结果的学生，而他们背后则隐藏着老师有规划、有步骤的长期训练。天赋固然天生，能力需要训练。这个训练的过程，就是师生“张嘴迈腿”的过程。

从“嘴”到“脚”，还需要学校给予教师更多的解放和支持。国内的课堂变革理念百花齐放，但其根本几乎一样，都是努力要解放学生的时空，让学习真正成为课堂的中心。这种颠覆式的变革，颠覆的绝不仅仅是课堂传统，还颠覆了教师和学生的生活方式，创生的是一种全新的课堂形态。老师需要相对宽松宁静，而又有伙伴合作的工作环境，需要勇于实践，而又有不能失败的胆识与信心。

向着正确的方向，勇敢去走，脚下就会踩出路。从“嘴”到“脚”，就是一段追寻理想的行程。

（发表于《湖北教育》2015 年第 8 期）

走向学习中心不容易

——执教《检阅》后的反思

俞秋明

在班级中试验进行学习共同体的建设已经几个月，回想刚开始从那种“初生牛犊不怕虎”的劲头，到实际操作中千头万绪无从梳理，到后来明确思路总结反思，再到实验深入却变得“谨小慎微”，这期间的感触真是“良多良多”啊！

感悟一：“预习作业”变“自学导航”

在语文课堂进行学习共同体的建设中，为了让学生能够充分接触文本，开展自学，从而为小组合作学习奠定基础。我开始尝试设计学生的预习作业。在设计过程中，我借鉴了上学期分校在《纪晓岚吟诗》这一课中设计的预习作业，说是“借鉴”还不如说是“依样画葫芦”，在没有深刻理解导学案作用的情况下，生搬硬套，最后试用导学案的结果可想而知：在学生没有接触文本的情况下，当我发给学生预习作业时，原本想象中的学生一边读课文一边有层次的完成导学案的情形并没有出现。全班绝大多数学生在草草浏览完一遍课文后就开始埋头的完成“作业”。盼望学生在预习作业引导下读书的情景不见踪影。即使我反复提醒学生要多读课文，仍然听不到读书声。“不对，这不是预习作业应起的效用。”在驻校专家杨老师的提醒下，我拿出了笔开始做记录……原来设计的是：

边读边想：

1. 我读了（　　）遍课文，我了解到《检阅》这篇课文的内容是这样的：起因：波兰首都华沙准备（　　　　　）。经过：儿童队员们开会讨论一件（　　　）事情，（　　　　　　）博莱克安排在（　　　　），讨论后决定（　　　　　），让大家都能看见，大家都（　　　　　）鼓起掌来。结果：在国庆节检阅仪式上博莱克同全队（　　　　），似乎（　　　）。检阅台上的人和成千上万的观众给予了（　　　　）。

2. 我最喜欢课文的这一部分：（词、句、段）____

我喜欢博莱克的伙伴们，因为我从他们身上看到：____

我喜欢博莱克，他让我感受到：________________________

显然在这个预习作业中，“刺激”学生反复读课文的力度不够，学生仍然是在草草浏览课文后就凭借印象答题。（显现出孩子们在阅读习惯上的一个大问题：阅读思考是凭印象，而不是忠实地基于文本）在预习作业的设计上，如何激发学生反复朗读课文，为引发学生学习思考，提出自学问题做好铺垫就成为重点。我发现学生把“预习作业”等同于过去的“课前预习”，学生受“预习”思维的影响，仍然是“等着教，等着学，等着听”。为从根本上改变学生思维，“预习作业”被改成了“自学导航”。最后这个部分修改成：

边读边想：

1. 我读了（　　）遍课文，听伙伴读（　　）遍，他读得真棒！我知道了《检阅》这篇课文的主要内容是：起因：波兰首都华沙准备（　　　　）。经过：儿童队员们开会讨论一件非常（　　　　）的事情，把（　　　　）的博莱克安排在（　　　　），讨论后决定（　　　　），让大家都能看见，大家都（　　　　）鼓起掌来。结果：在国庆节检阅仪式上博莱克同全队（　　　　），似乎（　　　）。检阅台上的人和成千上万的观众给予了（　　　　）。

2. 我最喜欢课文的这一部分：（词、句、段）我最喜欢课文中的（　　　、　　　、　　　、　　　）。

我喜欢读课文中的第（　　）段，第（　　）段第（　　）句。

我喜欢博莱克的伙伴们，因为我从他们身上看到：________________

____

我喜欢博莱克，他让我感受到：________________

感悟二：导学重在导问

提示：

请首先提出你的问题，接着倾听伙伴们的问题，然后跟小组的伙伴交流自己对这些问题的看法，最后思考自己的问题，是否需要修改？

（以下三个提问，可以选择一个提出自己的问题，也可从三方面提出自己的问题）

1. 在读到（　　　）这个词语时我有问题：________________

____

2. 阅读课文第（　　）段，第（　　）句时，我有问题：________

____

3. 读完课文我有问题：________________

课堂实录：（在小组学习中，我将小组学生分编了四个号位，每个学生根据特点处在相对应的合作学习号位中）

教师：同学们，现在我们就将自己提出的问题在小组进行交流。并确定小组认为最值得研究的问题，由每个小组的四位同学代表小组发言。

一个小组交流纪实。

一号位：我先说。我读课文第九段时，有问题："为什么队长说把博莱克放在第一排时，大家脸上露出笑容，情不自禁地鼓起掌来？"

三号位：我来说我的问题："在读第四段时，有一名队员说话了，'还有一件棘手的事情'，'棘手'是什么意思？"

二号位：我说，就是该把博莱克放哪的事情，"棘手"就是不好办，蛮麻烦。

一号位：国庆节检阅中把博莱克放在检阅队伍的那个地方的这件事情很棘手。

（三号位的同学，看着小组成员，若有所悟）

四号位：我问的是：为什么大家会给博莱克掌声呢？为什么说博莱克不是一般的队员呢？

二号位：因为博莱克跟全队保持一致。

三号位：他还是个残疾人。

二号位：我读第六段时队员们说："劝他不去？要不把他放在队尾？再不就把他放在队伍中间？"这些问题究竟是说的，还是想的？

一号位：好，问题提完啦。我们待会提那个问题。

四号位：我觉得"棘手"这个问题好，是抓住词语来提问。

一号位：我觉得（二号位）的问题可以，那么多问号在一起，值得研究！

三号位：我也觉得（二号位）的问题可以。

一号位：（四号位）你拿笔把问题记下来，（二号位）你再把问题说一遍。记吧！

（四号位动笔，"我们小组提出的问题是……"）

在以上实录中，学生提出的问题有难有易，但每一个问题都是学生根据课文内容，自己思考提出的。同时一部分问题在小组内就已经通过互学形式解决，这种学生与学生之间的学习，对于他们的影响是最深刻而自然的。在选择问题的过程中，受平时学习的影响，孩子们掌握了提问要抓重点词语的方法。这是平时教学效果的呈现，同时孩子们确定问题的理由既幼稚又有道理，"问号多的地方一定值得研究"。

在平时教学中，虽然教师也鼓励孩子们提问，但是当问题收集后，教师总会千方百计把自己的问题强加到孩子的问题中，最后孩子们研究的还是教师想研究的问题。作为成人，我们的问题是基于成人的思维层次和知识含量产生的，而让我们的孩子也像成人那样思考显然脱离实际。孩子的问题虽然幼稚一些、简单一些，那就是一种常态，也正是我们教师需要帮助孩子们提高的地方。

感悟三：关于老师的“讲”

第一小组说完，接下来是第四小组、第三小组……一个又一个学生站起来说，有滔滔不绝的，有张口结舌的，有不知所云的……我呢？作为教者，我想说，可我不能随便说，更不能多说。

在课堂上，我能算是一个能“侃”的老师，想着自己侃侃而谈，学生们羡慕不已的样子，对于我来说是一种陶醉。可是学习共同体的建设，学生在课堂上变成了绝对的主角，打破了我的这种陶醉。读书让孩子们读，问题让孩子们提，探讨让孩子们议，解答让孩子们说——我在哪？我这么一个在课堂上能说会道的老师在哪？在班级学习共同体的建设中，我感到自己很“憋”，非常“憋”！有时为了让自己的“讲课瘾”得到发泄，于是在下午的代管课上，我要求学生端正坐好，让自己把上午的内容狂讲一通，讲完后顿时人就舒服了。随着试验的不断推进，我开始思考，正是因为教师的侃侃而谈，让孩子没法再谈，同时也让孩子们养成了思维上的依赖——“反正老师会讲的，我听就行啦”。现在每次我走进教室上课前，我都会自言自语一会：“我要少说话，我要少说话。”慢慢“憋”自己吧！

感悟四：学生不能只当观众

所有的家长在送孩子上学时都会说这么一句话“上课一定要听老师讲啊”。

一位学生站起来表述自己小组讨论的结果，说得真好！我的内心都不禁佩服，可是再看看我们班上的学生，唉！有的低着头，有的眼睛发直，情况最好的是眼睛看着发言的学生，但谁也不能保证他把同学的发言都听进去了。

在以往的语文课中，老师在占据着绝对的主导地位，哪怕在是一些研究课上，貌似鼓励学生提出问题、解答问题，按照学生的思路开展课堂学习，其实很多时候老师都是用一双无形的手去牵引着学生学习。高明的老师只不过是把自己的想法很隐蔽的转接到学生身上，借学生的口说自己的话。最终学生在课堂中最主要的学习方法就是听老师讲，听老师说。因为老师说的内容往往是最关键的内容。而在学习共同体中，老师变成了倾听者，学生掌握着话语权，这种转变对于一个从小到大已经被训练得习惯听老师说的学生来说是多么困难啊！孩子们从跟老师学，变成跟自己的同学学，关注的中心变了，这个过程绝不可能一蹴而就。培养孩子们从听讲对象，到养成既表达又倾听的习惯，需要我们拿出行之有效的训练方法加以培养。

感悟五：关于发言机会

听一节建立学习共同体的实验课，老师说："同学们，现在让我们把发言的机会留给那些发言少的同学吧！"

坐在我对面的一个小男生，立马低下头不服气地小声嘀咕了一句："我说话不少，我是机会少！"

听到他的这句话，我顿时想……是啊，在我们平时的课堂上，对于学习后进生，表达能力差的学生，我们会有意识地"施舍"一些无关紧要的发言机会给他们，还美其名曰自己照顾到了所有学生。其实孩子们不是傻瓜，他们清楚老师是否在课堂发言中尊重了他们，是否在乎他们的发言。在学习共同体的建设中，是否尊重每一个小组成员，给小组每一个成员充分阐述自己观点的机会，是学习共同体建设成败与否的关键，但是小组之间的竞争会让小组成员自然而然地把更多的展示机会留给那些能力强的学生，而另外一拨学生呢？他们在这个小集体中同样会逐渐失去自己的话语权，变成小组中无关紧要的那一部分，就像我上面所说到的那个小男生一样。

学习共同体的建设一定需要一个民主、平等的机制来保证，在这个机制保障下，每一个小组成员都是平等的，每一个小组也是平等的。

感悟六：面向大家

"请你面对大家说！"

"请你转过去面对大家！"

……

前一段时间，为了让学生能在课堂中更好地进行学习讨论，我把学生的位置变成了两排相对着坐。于是在发言的时候就出现背对全班大多数同学的情况。于是我就开始提醒“转过来说”，此时一个值得思考的现象产生了。几乎所有的孩子“转过来说”都是“面对我说”，似乎他们的发言听众只有我。由此深思下去，就能找到我们的孩子不会小组合作学习，不会倾听他人发言的原因。从幼儿园开始，孩子们发言交流的对象，老师永远是第一选择。老师是孩子们课堂交流和发言的最后总“归宿”，而他的同学们是一直被忽视的。同学们会认为：“你发言不是给我听的，我也不需要听你的发言啦！”看来在我们平时的教学中，不论是在形式上，还是在内容上，有很多方面是在阻碍孩子自学、互学、自悟、倾听……

学习共同体建设的试验已进行了两个月，我越来越感受到建立学生学习共同的价值。在试验过程中，我们不断发现老师教的问题和学生学的问题，而这些呈现出来的原生态问题正是困扰我们语文课堂教学的症结所在。我将继续不断坚定地将这条路走下去。成功与否暂且不去强求，我只知道在这个过程中我就一定会收获很多！

简简单单教语文

——“伙伴学习”课堂教学中的时间管理

黄玲

在参加校“伙伴课堂”课题实验组的初期，学生交流反馈耗时的问题，常常困扰着我和我的学生们。例如上《我终于回来了》、《丰碑》这些课文时，原本安排的教学内容只上到一半就下课了。学生交流时，观点比较散乱，且会经常重复同学已经说过的观点，忽略了关键问题的探究。学生的思维总在一个低水平的平面上徘徊。看起来热热闹闹，可实际上不论从积累还是思考，学生都没有任何的提高。孩子们的学习成绩也明显下降。在无数次教学研讨过程中，在和课题实验组老师们的一次次交流、碰撞中，我认识到自己把佐藤学先生倡导的“要实现所有儿童的学习权利”理解为：课堂上每一位学生要自由地说出自己的人想法，忽略了学生的倾听、思考及反馈时语言的简练，所以在实际操作的过程中碰壁了。我开始调整自己的方向，把语文课堂化繁为简，即简化课堂结构，简化教师引导，简化学生语言。只有这样，才能更合理地管理“伙伴学习”课堂教学中的学习活动时间。

一、简化课堂结构

2013 年 4 月 18 日，我上了“伙伴课堂”研讨课——《傻二哥》。这节课的结构分为三个活动板块：活动一：学生研讨课文哪一个方面最能表现傻二哥“傻灵傻灵”的特点？活动二：学生研讨课文中的哪些写作手法值得你学习？活动三：当堂练笔，读中学写。

这节课的课堂结构就是本着简练、清晰的原则设计的。本课直奔学生感悟语言，运用语言能力的培养，省略了激发兴趣、过渡导入等不必要的环节；改变了过去以教材为中心的传统，不再是泛泛地读一读、说一说，让学生习得教师所传递的知识、技能，而是以学生为中心设计教案，真正关注的是学生在课堂上的活动质量。三个板块的设计也不仅仅源于教材或课程标准中的年级段标高，而是从学生实际情况出发，诚实面对学生的起点开展学习活动。因为中心问题来源于学生，课堂讨论的问题贴近学生的真实需求，所以学生在课堂上表现得非常积极，每个同学都是全身心投入。因为时间安排合理，课堂效率大大提高。

这堂研讨课，我最大的收获是：一堂课只能围绕如何提高学生语言运用的能力设计一个问题。在以后的教学中我一直坚持用新的方式设计课堂结构，收到很好的教学效果。例如：上《花脸》这课时，围绕从哪些地方可以看出我喜欢花脸？引导学生展开讨论，整堂课结构简练、合理；学生们认真倾听、简练表达；课堂效率高，受到高度评价。

二、简化教师引导

这个“简”对我来说是一个巨大的挑战。我平时在课堂上的语言很随意，很容易成为话唠。不仅占用了课堂上宝贵的时间，还常常会干扰学生的思维。为了改变这一习惯我在解读教材上狠下苦功。

“伙伴课堂”上老师的语言虽然少了，但是，老师到底该在什么时候说话？怎样用最简单的语言，串联学生的发言这确实奥妙无穷，需要前期对教材有很深入的研究。例如，《鲁智深行侠桃花庄》这课，班上许多男生在读《水浒传》时已经都读得很深了，所以上课前我很担心他们在课堂上会说出我听不懂的内容。所以我就把《水浒传》拿出来，把相关的章节又从头到尾看了一遍，把自己忘了的那些人物的名字又都回忆起来。还在网上下载了大量的评论《水浒传》、评论鲁智深的文章。例如国学网北京语言大学彭庆生的《侠义精神的历史传统与提升》、新浪博文《论水浒英雄的侠义精神》，此外收集有关侠义精神的成语等。

深入解读教材后，教师还需要有足够的教学机智驾驭课堂。教师必须是学习共同体的一员，而不是游离状态。在学生犹豫不决、缺乏自信时，及时鼓励，可用一次点头、一个微笑，而不一定是语言；在学生有精彩的表现时，我会竖起大拇指或用简练的语言及时肯定；在学生的语言散乱时，及时用简短的语言进行总结；在学生离题或停滞时，教师不能急于呈现结果，而要真正体察学生的困境，并将这种困境与教材串联、与其他学生的发言串联、与学生以前学过的知识相关联，指明思考的方向。例如：教学《傻二哥》王琳艺在朗读傻二哥吆喝的内容时，同时做了动作。教师就应该顺势引导学生们把他的动作与教材内容之间建立的联系，让学生在课文中找到相关句子，体会作者的写法。

三、简化学生语言

在教学《嫦娥奔月》、《月球之旅》等课文时，我训练学生在小组讨论的时候，学会抓紧时间，小组成员分工合作，每个同学重点说一个方面的问题，尽量地说深入一些。全班交流的时候，别的小组发表过的观点，本小组就不用再说，但是可以用各种不同的形式来表达，如：有感情地朗读、抓重点词句、联系生活、联系插图、做动作、演一演等。这一个训练过程是一个非常艰苦的过程。主要问题出在很多学生不善于倾听同学的发言，以自我为中心，只把自己准备好的内容说完。这样就很难形成课堂上同学与同学之间的互动。为了帮助学生简练的发言，形成生与生之间的交响，很多时候课堂上我会要求学生停下来，由我来示范，他们此时应该怎样规范的表达。例如：《月球之旅》一课，全班同学交流“在奔赴月球的过程中，宇航员是怎样生活的”，这个问题的时候，学生1说：“他们睡觉的样子和吃饭的方式很特别。写吃饭时先告诉我们饭是特制的，与我们吃的饭完全不一样；再讲吃饭的顺序，可见吃饭不容易。”

学生2发言时继续说："我也觉得他们吃饭的方式很特别，他们吃饭时……为了解决宇航员在飞向月球途中的生活问题，科学家想了许多办法，很了不起。"

听完学生的发言，我会提示说："你发言的前半部分已经有同学说过了，你就不必再重复，可以说：'我同意你的观点，而且我觉得为了解决宇航员在飞向月球途中的生活问题，科学家想了许多办法，很了不起。'这样你的发言就至少节省了一大半的时间。"这样做虽然比较耗时，但是磨刀不误砍柴工，当学生养成了简练回答问题的习惯以后，课堂效率就会大大提高。

"在合作学习的课堂里，每一位儿童与教师一道奏响着同声相应、同气相求的交响曲。"这是在倾听和思考的过程中产生的。一定要改变学生们急于表达自己观点的习惯，在反复训练的过程中不断提高学生边听边想的能力，最终养成良好的倾听习惯。

我和我的学生们在课堂上努力做到以上三个方面的"简化"，经过几年的实践，现在几乎每一堂课我们都上得轻松自如，课堂效率大大提高，成果显著。因为孩子进步明显，本班崔永康的家长甚至送来了感谢信和锦旗。家长和孩子们信任的目光将是我继续投身课堂教学变革的强大动力。

六字预习法

汪亭

我的思考：

每次看到侄儿的语文书，总是一片空白，我就怀疑他预习了吗？上课听讲了吗？为什么一篇课文学完了，还空白一片。不解！

学校开展"十二五"课题研究，我看见好多实验的语文老师都在进行"导学案"的设计，我一看，满满当当一张纸，这不又是做练习吗？不明白。

我在想：要想上好语文课，培养学生好习惯很重要，尤其是课前自主预习的习惯很重要。为何不好好用好一本书，就在书上做预习呢？

我的尝试：

教这个班，从一年级起，我就训练学生在书上勾勾画画，随着年段增长，逐步将预习要求明确为六个字：标—读—思—找—写—查。

标：标自然段。

读：读书三遍，做到正确、流利、有感情。

思：思考课后习题2（鄂教版教材编排的课后习题2多半是统领全文学习的核心问题），质疑提问。

找：找好词圈起来；老师布置“勾画圈点批注题”，学生找到相应的词句勾画并写批注。

写：生字表中易错字；形近字组词；多音字组词。

查：查词典释义，查资料补充，家长检查签字。

我的体会：

将预习作业写在书上，学生作业负担减轻，很多学生总是很积极认真地“超额”完成，因为预习越充分，课堂上发言越积极。到了五年级，课堂上仍然是“小手如林、书声琅琅、议论纷纷”的状态。

我是“学困生”

——学生合作学习和自主学习中的一点感悟

黄秋萍

接手六年级这四个班，知道了他们的英语基础有多么的差，才明白了自己一脚踏进了重灾区。这时班级英语成绩的两极分化非常严重，有的班级已经达到了一半对一半的程度。在这样的班级中，课堂上指望学困生能够听讲都是非常的困难了，因为他们不仅仅是没有听讲的习惯，更重要的是，他们听不懂。能够让这些娃娃们上课不去闹得别人听不了讲，就是不简单，就是不容易了！

六年级这几个班开展合作小组学习已然成为美丽的泡沫，学生们对合作中的评价机制早已没有了任何兴趣和激情，有的班级的孩子看着我无比兴奋地为他们加分时，无限同情道：“老师，谁加分啊？我们早就不搞了！”

那份郁闷哦……

一、下次课上课的就是你！

八班会闹腾，嗓门大是有了名了的，OK，下节课，请几个闹腾的最狠的学生来上。这闹事的伢绝对不是优生，他们中等偏下还要下点，比及格强点。

好吧，别把眼睛瞪得那么的大！上课的就是你们仨了！

我记得不停提醒他们，这三个孩子也就真的当了事，提前备了课，还正儿八经做了课件，要给我审，我充分放手，充分信任，三个孩子才欢天喜地地颠去教室了。看样子，至少这三个学生是自己学会了。

上课前，我就坐在了黄亚童——有名的闹事大王的座位上，静静观察。

果然，黄亚童三个从打铃开始，就感受到组织纪律的无比艰难。他们完全无法控制这一帮高声贝的同学们！

他们不是学优生，无论他们怎样去控制纪律，根本就没有人去理睬他们。吵闹声、喧哗声此起彼伏。三位小老师满含着委屈走到我的面前："老师，求求你了，帮帮我们吧！"我狠了心："我上课时，你们帮过我维持过纪律吗？我只能保证现在我不闹你们。"

孩子们没辙了，他们使出了浑身解数，小脸蛋涨得通红，平时闹得翻天的黄亚童，拿着记载学生纪律的名单，伏在讲台的电脑上吧嗒吧嗒掉起了眼泪。

不少学生也开始焦急地看着我了，目光中满是求援："老师，你就管管吧，他们管不了的！"

我几乎就要站起来了，不行，一定要让这三个学生自己搞定！我咬咬牙，硬是坐着，淡然地看着周围的喧闹。

终于，大部分学生自己开始意识到现在是上课的时间，老这么下去，有些过分，慢慢收敛了一些。那三个小老师马上抓住时机，整顿好纪律，开始上课。

刚开始，有爱学习的孩子对他们不服，禁不住问我："老师，这一课你会重上吧？这是新课啊！"我摇头："他们上了就上了，就一次。"

渐渐的，我发现他们做的课件中有"内容"，有语法，有发音讲解，重难点把握的还真是那个事。他们还没有自己满堂言，不停地点同学回答问题，同学们还蛮踊跃的。

课后的反馈，这一个长长的故事，这个班掌握的最好。因为是他们自己学的，是学生按自己的思维教的，他们的想法质朴、简单，或许是更加适合孩子们的。

这三个闹腾孩子课后很感慨：“当老师好难啊！”但是他们兴趣却上来了：“老师，以后有机会我们还想帮您上课。”

以后还会让学生上课，越难的课文越交给学生，尤其交给学困生。激发他们自主学习的欲望，让他们自己去讲解，去教授，或许不失为一剂良方。

二、天啊！还有比我更差的！

对于几个从一年级起，英语就无法突破40的学生而言，他们的30多分绝对是猜出来的，每次猜就只能得这样的分数。也真是悲催了，这都六年级了，还能指望他们上60？

长年积攒下来的问题，使这样的一批孩子没有一点点语感，没有家庭的教育，没有学习的习惯，最重要的是没有了学习的动力和自信。

每天他们都在自暴自弃和垂头丧气中度过，但凡有那么一点点良心的老师，真的就忍心不管他们了吗？

他们是最需要关爱的孩子。

可是，每天放学，想请他们来补课就如同上演猫和老鼠的游戏，他们在躲着老师。有的是因为怕面对老师的责怪，有的则是觉得自己很没有面子。

好不容易抓来了，一遍遍教，转眼就忘记，好艰难地记住了一点点，第二天早上一问，全部都忘记了。我都佩服我的耐心了。有一个家长好不容易回个电话，对我说她竟然是管不住自己的伢，让我多管管，我居然对她更多的是同情。

没办法了，我只好先教会50分的孩子，然后请求他们帮帮我，再去教那些30分的孩子。

我在一旁观察这几个孩子，发现30分的孩子不敢问我的问题，都会问50分的孩子，50分的孩子也有自己记不住的时候，我及时不露声色地提示他一下，于是50分的孩子反反复复地教，还手把手告诉30分的孩子，要有方法，他的方法让我忍俊不禁，但的确很适合他们，是很好的方法。

就这样，他们可以学到很晚，每天放学，自己就拖着书包来了，50分的学生找我问，30分的学生眼巴巴地等50分的学生学会，赶快凑上前学。

我听到50分的学生打电话给家长："以后我每天要辅导同学学英语，晚点来接我啊！"我想他妈妈听了心里是不是会很激动，至少50分的学生感慨了："天啊！还有比我更差的！没想到我这么棒！"

不知道30分的学生能不能考到60分，但是至少这几个孩子在课堂上不再放弃了，他们开始努力在课堂上尽可能的听懂，课下主动去找50分的学生帮助。这就是合作的力量。

我想如果要个100分的学生去帮助30分的学生，无疑对他们都是折磨。小小的关爱和智慧，让他们感受到的是自身发出的阳光，自信了，自觉了，有动力了，比什么都重要。

淡定

——公开课随感

王俊

公开课第二天晚上，微信收到小X的语音："王老师，我公开课犯了错误，我没脸见你了。"

我语音回他："没脸见我啊，那就找块布把脸遮着，露出两只眼睛来吧。"

他发了几个鬼脸表情过来，接着就是语音过来："那我有脸来了。"呵呵，我回他："就是嘛，还是让我看见你帅帅的脸。也免得在家到处找布。"小家伙居然又回我一句："我家还真没有布呢……"

我和小X说的是在全新阶梯教室里上课的事。他们小组因为一些纠纠葛葛，从他开始传了小C的铅笔，经过二传之后被投手藏在了抽屉里。结果在写字环节，认真的一门心思要得到我的奖励礼物的小C站起来绕过小组的桌子找笔！众目睽睽呀……我赶紧从身边小组抓起一只多余的笔就冲过去了……

那个汗呀……就再一次地哗啦啦了。

这节教研课呀，那还真不是吓出了一身汗，那基本上从第一个"惊险"出现后，我的汗就没有干！

首先是小C，全班开始读书了，他趴着彰显了他的个性。我走过去，耳语一句，搞定！一节课那个投入呀，无论是读书、写字，还是我要求的“原位坐好”、“面向老师灵活调整坐姿”那个听调那个行动力，让我感动呀……

接着是电脑显示屏。我知道它是非常高科技的触摸式电子显示屏，可是没有想到它怎么就那么灵敏了。我的手臂轻轻地挨着它了，就起到了点击一下鼠标左键的效果。我没有意识到，没有挪动位置，结果我的PPT就在我手臂的轻抚下刷刷刷已经切换到了最后一页了。那些看热闹的娃娃们呀，我的天机就这样被他们看透了啊……

汗，瞬间，就从我后背弥漫……

“这真是高科技呀！它和你们一样灵活聪明呀。”背上心里冒着汗，嘴上过渡一句为自己减减压。继续！要知道，教龄13年的老教师——我，可是头一次执教低年级段科研课。别说科研课了，教二年级我根本就是13年的来头一遭。所以，面对高年级段教材和课堂的那种淡定和自信，我实在是找不到！不仅找不到，而且有很多因为不知道怎么办但是又很努力自己摸瞎的被烙上深深高年级段教学风格的有错觉的做法。好吧，说直白了，就是在这之前，我被专家“深刻地指导了”，差点就不适合低年级段教学了。所以，这一节课，我真的是如履薄冰啊！起了4个4点半的早床写、改教案，备课，自己上课……

哎，有时候，将勤还真的补不了拙。还是得有“怎么办”的学习才会让自己在摸瞎的热情中，真的落实些什么哦！

所以，这一流程的教学学习，让我收获还有，在学生、孩子和自己的成长里，我会更多地去学习、带着他们去获得“我们需要做什么的方向”和“我们需要怎么做的方法”……

刚搞定可爱的电脑，就听着“一盏灯、两盏灯……”的声音从我右前方清晰地传来。乖乖！谁呀！妈呀……是那个平时上课连言都不怎么发的小W呀！我的小乖乖呀，难道你一直都没有把从上课就坐在你身边的老专家看到眼睛里去？

昨天不是让你们数灯、数摄像头了吗？怎么，昨天没有数尽兴啊！你要接着数，可以！可是你不要数出声音来啊；你要数出声音来，也可以，你挑数学公开课数；你偏要语文课数，那你就等专家爷爷去看别的小组的时候啊！可是，你为什么偏偏就要挑选专家爷爷坐在你身边的时候，用那清脆响亮的声音，数灯呢！

淡定！淡定！

继续，交流！

小P发言，小家伙连声音带肢体语言地说着！我的天啦！他身后的小X，你想干什么？瞬间，我明白了，小家伙力图把小P的板凳送到桌子下面去。我的神呀！那后果是什么？小P说完，一屁股坐到地板上，然后就成了绝对的焦点……哦，我不敢往下想了！轻盈地走到他们身边，给了小X一个严厉的微笑，手按了按板凳……

一口长气，一秒钟解决了危机……

不要以为，我的汗就可以不再被吓出来了！

我眼皮底下的一个小组，那是从15分钟后就开始唱戏了。大组长翘了盘子（生气了），和组员小L拧上了。我对他们微笑示意，没反应……我对他们摸头示意，没感觉……我趁着假装参与他们小组合作学习，清清楚楚明明白白口头警告，没效果……执著的两个孩子，硬是到最后发展到了起立打算挽起袖子……的阶段！果断地把其中一个调整座位！

神呀，这两个熊孩子，就非要挑这个时候拆我的台呀！

……

不过，这一切的状态都还只进了我的眼里。听课的老师们倒是反应还不错。这些小状况，是平时课堂上都有出现的。只不过，在课堂上，可以采用比较果断的隔断方式搞定。再加上新的、高科技的环境，让7岁左右的孩子兴奋了一些、快乐了一些也属正常！再经过我的文字加工，可能更具喜感一些。

后来，这些孩子的写作把他们的课堂故事讲得可清楚可通顺可流畅了。作为语文老师，不得不感叹——果然生活是文学的源泉呀！有了真实的故事，才有写作的素材呀！

娃娃们，GO啦……面向我们更加有意思的生活……

后 记

说起崇仁寄宿学校，业界友人都会联想到“崇仁尚德”，这是崇仁寄宿学校几十年办学凝聚而成的品牌形象。随着教育追求的深入，崇仁团队对“德”的理解也在不断深入。也因此，崇仁之德由习惯、品德的教育，迈入对学生学习态度、学习方式、学习效能的观照，并且坚定地认为“为学而教”、“不教之学”乃师之大德。所以，课堂教学变革的梦想一直萦绕在每个崇仁人的心间。

2011 年，学校“十二五”规划及课题研究起航，把课堂教学变革作为第一子课题及最重要的任务。一场静悄悄的课堂革命就此在崇仁寄宿学校校园里展开了。

这本书就是这五年课堂改革历程的印迹，记载了我们在课堂教学领域改革的一些理性思考和实践探索，呈现的都是每个阶段、每一个课例的阶段性形态 。毫无疑问，这些想法与做法都是基于当时的水平而形成的，可能在以后乃至现在看来，有很多都是需要进一步改进的，我想这也是课改发展的必经阶段。

文字表达的内容是有限的，尤其是这样的成果性的文字，是无法把过程的精彩与复杂全部展示出来的。崇仁每一位老师在这么多年的实践探索之中，她们的心路历程，她们的精彩瞬间是无比丰富的，无论本书是否选用了他（她）们的课例，都不能遮盖这几年在课堂教学变革中每一位老师的汗水与智慧。每节课从教学设计到上课，以及后来的课后反思和二次重构，最少都得一个星期。更难能可贵的是，这种课堂的研究，也带来了崇仁教研组以课程文化为核心的伙伴团队建设。同课同构，同课异构，一人上课，集体研究，师生同台，共同上课，这是崇仁教研组、课题组日常工作的常态。我们还创造了青年教师朝阳行动导师团、崇仁科研成果博览会这样颇有创新意味的组织和活动，坚守了十几年的科研日工作。在崇仁寄宿学校，课堂教学的研究是一种快乐，是一种状态，代表着崇仁寄宿学校教师专业主义的生活方式。这样的过程历练已经变成一种文化的自觉，流淌在崇仁寄宿学校教师的血脉之中，亦将成为学校教学长青的重要力量。

文本的篇幅有限，尤其是面对全校教师参与的大课题的成果整理，有太多的材料让编者难以割舍，又不得不舍弃。学习中心课堂的理论结构决定了在每一个领域都需要实践的印证，所以在考虑研究的针对性上，不得不把一些颇有价值的实践成果置于此书之外。这里特向许多做了实践研究又没有成果入选本书的老师致以歉意，谢谢大家的包涵！

在艰难而欣喜的研究历程中，专家学者发挥着非常重要的作用。陈佑清、孙建成、柯尊信、杨国珍、董耀红、夏家发、史国华、廖玉兰等驻校专家，省、市教科院，区教科室、教研室的研究员，不仅以高超的教学艺术引领着我们，更以其追求卓越、勇于创新的人格魅力感染着崇仁伙伴。每一次研究课，每一篇教学札记都饱含着他们的心血和智慧。崇仁的老师非常幸福地与他们一起走在教育研究的道路上，体验着研究性学习与工作的快乐。特别是华中师范大学的陈佑清教授，在此书中集中阐释了他对学习活动的理性思考与实践指导，使我们的团队有了更高的理论朝向与追求。

感谢华中师范大学出版社的编辑老师们，为我们的成果一再修改、审稿，为此书的质量提供了专业保障。

编者

2016年9月